LES

FRONTIÈRES

DE

LA FRANCE

PARIS. — IMPRIMERIE L. POUPART-DAVYL, RUE DU BAC, 30

THÉOPHILE LAVALLÉE

LES FRONTIÈRES DE LA FRANCE

OUVRAGE COURONNÉ PAR L'ACADÉMIE FRANÇAISE

Cinquième Édition.

PARIS
J. HETZEL, LIBRAIRE-ÉDITEUR
18, RUE JACOB, 18

LES FRONTIÈRES DE LA FRANCE

PREMIÈRE PARTIE.

CHAPITRE PREMIER.

LES FRONTIÈRES DE LA FRANCE SOUS LES GAULOIS ET LES FRANCS.

La *Gaule*, ou la région française, est limitée naturellement au couchant par l'océan Atlantique, au nord par la Manche et la mer Germanique, au levant par le Rhin et les Alpes, au midi par la Méditerranée et les Pyrénées. Ainsi, un littoral qui se développe pendant près de trois mille kilomètres sur trois mers, deux vastes chaines de montagnes les plus élevées de l'Europe, un fleuve large, profond, qui a treize cents kilomètres de cours, telles sont les limites de cette contrée, dont l'heureuse situation faisait dire à Strabon : « Il semble qu'une divinité tutélaire éleva ces chaînes de montagnes, rapprocha ces mers, traça et dirigea le cours de tant de fleuves pour faire un jour de la Gaule le lieu le plus florissant de la terre. »

Mais les limites de la région française ne forment pas toutes de bonnes frontières. Des deux côtés où elle est avoisinée par des peuples qui sont de race celtique ou latine, et qui ont tant d'affinités avec elle par les mœurs, le langage, la religion, elle a pour limites les barrières formidables des Alpes et des Pyrénées ; des deux côtés, au contraire, où elle est avoisinée par des peuples de race germanique, et qui diffèrent d'elle par la croyance, l'idiome et les idées, elle a seulement pour barrières, d'abord un étroit bras de mer, facilement franchissable, qui l'isole à peine des îles Britanniques ; ensuite un fleuve qui unit plutôt qu'il ne sépare la Gaule de la Germanie. En effet, le Rhin est, naturellement, une limite politique plutôt qu'une frontière militaire ; la région qu'il parcourt de Bâle à la mer ne forme qu'un tout géologique, au milieu duquel il se fraye un chemin ; les pays de ses deux rives sont si semblables de climat, de sol, de productions, d'habitants, qu'ils semblent indivisibles; enfin la Gaule et la Germanie, venant à se confondre, pour ainsi dire, dans ce terrain neutre, sont appelées perpétuellement à influer, à réagir l'une sur l'autre. Nous verrons comment ces conditions géographiques ont fait les destinées, les périls et la grandeur de la France.

Cependant les limites de la Gaule, dans les temps anciens, étaient réellement de bonnes frontières : ainsi, les Alpes et les Pyrénées n'avaient point de passages et étaient presque infranchissables ; le Rhin lui-même se trouvait bordé d'innombrables dérivations, d'immenses forêts, d'impénétrables marécages qui en rendaient les approches très-difficiles. Aussi ce fut moins par la force que par la ruse, et en tournant, pour ainsi dire, ses frontières naturelles, que les Romains parvinrent à s'introduire dans la Gaule. Ils y entrèrent par les Alpes maritimes comme alliés des Marseillais, fondèrent quelques colonies entre la Durance et la mer et firent de cette *province* la base de leurs envahissements ; puis ils s'avancèrent dans l'intérieur en profitant des divisions anarchiques des peuples gaulois, et, sous le prétexte de les protéger contre les Germains qui commençaient à attaquer le Rhin, ils se rendirent maîtres du centre du pays. C'est là qu'ils rencontrèrent les plus grands obstacles naturels dans le plateau d'Auvergne, dont les volcans étaient à peine éteints, les aspérités encore toutes fraîches, les pentes et les approches partout hérissées de forêts, enfin qui était alors la citadelle naturelle de la Gaule.

Les frontières de ce pays, malgré leurs obstacles sauvages, furent donc incapables d'empêcher la conquête romaine; mais, après cette conquête, elles prirent une grande importance et devinrent, du côté du Rhin, la barrière de l'empire romain contre l'invasion germanique, ou, pour mieux dire, la barrière de la civilisation contre la barbarie. Alors fut établi sur la frontière rhénane un vaste système de défenses : on fit de la zone de terrain située le long du fleuve, depuis sa sortie de l'Helvétie jusqu'à ses embouchures, une suite de colonies militaires; on y éleva des postes, des places fortes, des camps, dont l'emplacement fut choisi avec une profonde intelligence des lieux, c'est-à-dire au confluent des rivières qui ouvrent des routes dans l'intérieur, ou bien dans les éclaircies des grandes forêts qui les bordent, partout enfin où manquaient les obstacles naturels. La plupart des grandes villes ou des places de guerre qui existent encore sur la rive gauche du Rhin sont nées de ces camps ou postes romains. Ainsi en est-il de Strasbourg (*Argentoratum*), de Mayence (*Moguntiacum*), de Coblentz (*Confluentes*), de Cologne (*Colonia Agrippina*), de Neuss (*Nova castra*), etc. Huit légions, formant vingt à vingt-cinq mille hommes, étaient cantonnées dans tous ces camps pour défendre la frontière du Rhin.

Cette frontière si belle, si bien gardée, fut attaquée inutilement pendant plus de deux cents ans ; puis, vers le milieu du troisième siècle, l'empire étant déjà en décadence et les légions décimées par l'indiscipline, elle fut franchie, mais temporairement. On rejeta les barbares au delà du fleuve, et, comme le recrutement des armées romaines devenait de plus en plus difficile, l'empereur Probus confia la défense des camps du Rhin à des colonies qu'il fit venir de la Germanie. Ces colonies sont les premières couches de la population germanique qui habite aujourd'hui la rive gauche du Rhin, et elles firent ainsi de cette partie de la Gaule une sorte de continuation de la Germanie ; on forma même du pays qu'elles occupaient deux provinces nouvelles, qui prirent les noms de *Germania prima*, *Germania secunda*.

Au moyen de ces colonies germaines, on obtint environ cent ans de repos; puis la frontière fut encore franchie par les Francs, qui saccagèrent quarante-cinq villes et firent reculer la population à plus de trente lieues du Rhin. Julien les vainquit et les força de repasser le fleuve; mais leurs attaques ne cessèrent plus : les camps étaient ruinés, les villes dépeuplées; les frontières n'avaient plus pour défenseurs que des barbares soldés par les empereurs; enfin la population, formée de colons, d'esclaves, d'opprimés, tendait la main aux envahisseurs. Aussi le dernier jour de l'an 406, « le fleuve qui sépare deux mondes, » suivant l'expression de Salvien, fut définitivement franchi; l'Europe septentrionale déborda sur la Gaule, « tout ce qui se trouve, dit saint Jérôme, entre les Alpes et les Pyrénées, entre l'Océan et le Rhin, fut dévasté; et l'on vit « cette contrée, illustre par sept siècles de victoires[1], » envahie par cent peuples différents de mœurs, de langues, d'armes, de costumes. Pour retrouver un pareil passage du Rhin, une pareille dévastation de la Gaule, une pareille invasion des peuples du Nord, il faut traverser quatorze siècles et passer de la fin de 406 à la fin de 1813. Alors aussi, cette

[1] Josèphe, l. II, ch. XVI.

frontière du Rhin si redoutable, avec tous ses camps, ses défenses, ses places de guerre, fut inutile; alors aussi, un grand empire, un autre empire romain, fut détruit; alors aussi, cent peuples divers, victorieux après de nombreuses défaites, mirent le pied sur la tête des Gaulois en disant : « Malheur aux vaincus! »

Les frontières naturelles restèrent les frontières de la Gaule sous la domination des Francs; elles prirent même une nouvelle importance lorsque ces barbares, ayant vaincu les autres envahisseurs, restèrent les seuls maîtres du pays et se furent confondus avec la population gauloise. Alors ils eurent à défendre, non pas seulement comme les Romains, la frontière du Rhin, mais en même temps que cette frontière, qui était attaquée par les Alamans, les Frisons, les Saxons, celle des Alpes que menaçaient les Lombards, celle des Pyrénées que menacèrent d'abord les Visigoths, ensuite les Arabes. Les Francs ne rétablirent nulle part le système de camps, de places, de défenses artificielles des Romains; leur épée fut suffisante à arrêter les nouveaux envahisseurs, et la victoire de Clovis à Tolbiac témoigna que ces maîtres de la Gaule étaient résolus à faire respecter la frontière du Rhin. Ils se trouvèrent même entraînés, dans cette lutte, à poursuivre les Germains sur leur propre territoire, donc à étendre leur domination au delà des limites naturelles de la Gaule. Mais la barrière du Rhin s'en trouva amoindrie et comme effacée ; la couche germanique de la rive gauche devint plus étendue et plus épaisse ; et en même temps que la partie orientale de la région gau-.oise ne semblait plus, par sa population, qu'une extension de la Germanie, la Germanie presque entière devint la conquête de la Gaule franque. Enfin, de tout ce mélange, de toute cette confusion, de toute cette réaction des deux régions l'une sur l'autre, il résulta que, sous Charlemagne, la Gaule ne fut plus que le centre d'un grand empire, qui s'étendait au nord et au levant jusqu'à l'Elbe et au Danube, en Italie jusqu'au Volturne, en Espagne jusqu'à l'Èbre. Cette grandeur contre nature fut chèrement payée, et l'extension de la Gaule au delà de ses limites, cette extension que nous avons vue de nos jours si malheureusement imitée par le moderne Charlemagne, eut, au neuvième comme au dix-neuvième siècle, les plus funestes conséquences.

Les peuples qui avaient été agrégés de force à cet empire éphémère cherchèrent à s'en séparer ; la bataille de Fontenay et le traité de Verdun (842) effectuèrent cette séparation, et la Gaule, devenue la *France*, perdit pour des siècles ses frontières naturelles. Elle fut éloignée du Rhin et des Alpes, ne posséda plus que nominalement les Pyrénées, fut réduite enfin à une limite artificielle et très-confuse qui touchait en partie l'Escaut, la Meuse, la Saône, le Rhône. Toute la longue bande de territoire comprise entre cette limite d'une part, d'autre part entre le Rhin et les Alpes, resta indépendante, mais serrée, convoitée, disputée par la France et l'Allemagne, flottant continuellement entre ces deux régions, incapable à jamais de former un État, une nation, partagée en plusieurs parties, dont les principales furent d'abord les royaumes de Lorraine et de Provence.

Alors commença pour la France une existence nouvelle, l'existence la plus périlleuse, la plus laborieuse, qui, à travers dix siècles de combats, d'efforts, de revers, de succès, n'est pas encore terminée. Réduite à n'être plus qu'un des royaumes démembrés de l'empire de Charlemagne, elle tendit sans cesse, sans repos, à reprendre sa position et sa grandeur, en s'efforçant de regagner sinon sa frontière naturelle, sa frontière gauloise, au moins quelques-uns des pays qui l'en séparaient et dont elle pût se faire une barrière contre ses ennemis. Ce fut la tâche glorieuse imposée à ses rois.

Cette tâche semble ignorée des derniers princes de la deuxième race, alors que l'unité territoriale n'existe plus, que la France se trouve partagée en cent petits États rivaux ou ennemis, que la patrie, étant réduite au sol que mesurent les pieds, le sentiment national devient insaisissable. Et cependant ce n'est pas sans surprise qu'on voit Charles le Chauve et ses successeurs, malgré leur nullité, leur impuissance, revendiquer les royaumes de Lorraine et de Provence, et s'efforcer, de leurs débiles mains, de rendre à la France quelques lambeaux de ses limites naturelles.

CHAPITRE II

SOUS LES CAPÉTIENS ET LES VALOIS.

Avec les rois de la troisième race, le travail de reconstruction du territoire français commence réellement, et il se confond naturellement avec le grand travail d'*unification* nationale, qui a été l'œuvre de la dynastie capétienne. A partir de Hugues Capet, la politique traditionnelle des rois de France consiste à reculer, à étendre les limites de leur petit domaine jusqu'à ce qu'il atteigne les limites de l'ancienne Gaule. Ce n'est point l'œuvre d'un homme, ni d'un règne, ils le savent; mais chacun d'eux n'en apporte pas moins sa pierre à cet édifice, dont la construction doit durer des siècles, avec une foi profonde, un dévouement constant, l'habileté la plus persévérante. Ce n'est pas un ambition vulgaire qui les anime, mais une mission de famille qu'ils remplissent patiemment, obstinément. Ils n'ont pas de plan à ce sujet, pas de théorie, mais ils ont un souvenir confus de la grandeur de Clovis et de Charlemagne ; ils ont enfin tout simplement, et comme la nation elle-même, l'idée, le sentiment, l'instinct de l'unité française.

Nous n'avons pas à suivre les phases diverses de ce grand travail, qui comprend la meilleure partie de l'histoire de notre pays. Disons seulement que le domaine royal, ou le royaume de France, qui sous Hugues Capet avait pour villes extrêmes ou pour frontières Orléans et Beauvais, avait déjà pour limites sous Philippe-Auguste, au midi, la Charente et le plateau d'Auvergne ; au levant, l'Yonne ; au couchant, la Mayenne ; au nord, la Somme et la Manche ; que sous saint Louis, au moyen de la conquête du Languedoc, il touchait aux Cévennes, aux Pyrénées et à la Méditerranée ; que sous Philippe le Bel il s'agrandit encore de la Champagne et du Lyonnais ; enfin que sous Philippe de Valois il touchait, par l'acquisition du Dauphiné, à la seule partie des Alpes qui, jusqu'en 1792, nous ait servi de frontière.

Sous ces rois si peu puissants et tout occupés à conquérir péniblement leur royaume pièce à pièce, le Rhin semble à jamais perdu, mais le souvenir n'en est point effacé : les chroniques et les légendes rappellent sans cesse la grandeur de la France sous ses premiers rois, le règne merveilleux de Charlemagne, qui, « avec ses chevaliers françois, avait conquesté les Allemaignes, » et une idée instinctive, mais persévérante, ineffaçable, pousse de ce côté les diverses parties de la France, encore bien qu'elles soient divisées et ennemies.

Ainsi, sous Louis VI, ce roi qui régnait à peine sur trois ou quatre de nos départements modernes, on vit toute la France féodale se porter avec ardeur sur la Meuse pour repousser l'attaque d'un empereur germanique, « tant est grande la puissance de ce royaume, dit l'abbé Suger, lorsque tous ses membres sont réunis. » Plusieurs tentatives furent faites sous saint Louis, sous Philippe le Bel, sous Philippe de Valois, pour donner la couronne impériale à un prince français et rendre ainsi à la France son influence sur les pays germaniques. Enfin, l'empereur Albert d'Autriche ayant sollicité l'alliance de Philippe le Bel, celui-ci, de l'avis de ses barons et de ses évêques, ne l'accorda qu'à cette condition : « que le royaume de France, qui ne s'étendait que jusqu'à la Meuse, porterait jusqu'au Rhin la limite de sa domination[1]. » On ne voit pas que cette convention ait eu

[1] Guill. de Nangis, anno 1299. — Gilb. de Fracheto, dans les *Historiens de France*, t. XXI. — « Annuentibus rege Alberto, ba-

aucun fruit; mais elle ne témoigne pas moins des aspirations nationales en plein moyen âge; d'ailleurs, si Philippe le Bel ne régna pas directement sur la rive gauche du Rhin, il avait à sa solde et à sa dévotion, comme nous le verrons faire à Louis XIV, la plupart des princes de la France rhénane, les évêques de Verdun et de Metz, l'archevêque de Cologne, les comtes de Luxembourg, de Hainaut, de Namur, etc. On sait d'ailleurs quels efforts il fit pour réunir la Flandre à la France.

Dans cette laborieuse reconstruction du territoire français, les rois capétiens profitèrent habilement de la situation exceptionnelle de leur domaine primitif, de leur *bonne ville* de Paris. Le bassin de la Seine, au premier aspect, semble une contrée insignifiante; il n'offre qu'un terrain mollement ondulé, sans grands accidents naturels, creusé à peine par des vallées en pente douce, coupé par des eaux lentes et à lit plat, couronné par de bas plateaux, ouvert de tous les côtés par les rivières qui le sillonnent. Mais ce bassin est contigu aux grandes plaines de l'Escaut et de la

ronibus et prælatis regni Theutonici, concessum est quod regnum Franciæ quod solummodo usque ad Mosam illis in partibus se extendit, de cætero usque Rhenum fluvium potestatis suæ terminos dilataret. »

Meuse, par lesquelles il touche à l'Allemagne ; au bassin de la Loire, par lequel il plonge dans la France méridionale ; au bassin de la Saône, par lequel il communique à la Méditerranée. Il est donc destiné à être un centre d'attraction, d'influence, même de domination pour tout ce qui l'environne. La ville de Paris surtout semble admirablement posée pour grouper autour d'elle les provinces françaises, et l'on peut affirmer que c'est du choix providentiel de cette capitale qu'a dépendu la grandeur de la France. Placée plus au levant, elle eût été absorbée par l'influence germanique ; placée plus au couchant, elle eût subi l'influence stationnaire de l'élément celtique ; placée plus au midi, ainsi qu'ont tenté de le faire les derniers Valois, elle eût subi l'influence méridionale, c'est-à-dire celle de peuples braves, spirituels, brillants, qui ont donné à la nationalité française de précieux éléments, mais à qui la nature n'a pas départi les qualités solides, énergiques, persévérantes des populations du Nord. Celles-ci, en effet, habitant un pays qui n'a pas de frontières naturelles, où les fleuves eux-mêmes forment des routes pour l'invasion, ont dû avoir constamment l'œil ouvert et l'épée à la main contre le danger extérieur, et c'est ce qui a fait leur force, leur gloire et la fortune de notre pays. Que la capitale eût été à Bourges ou à Tours, loin du Rhin, loin des invasions germaniques, loin des périls et des épreuves de la guerre, et l'on peut dire que les destinées de la France étaient manquées.

Deux provinces surtout, outre l'Ile-de-France, aidèrent les rois capétiens dans cette glorieuse tâche : ce furent d'abord la Picardie, ensuite la Champagne, qu'on peut appeler les provinces fondamentales de la France, celles qui ont donné au caractère national ses plus vigoureux éléments, celles qui ont fait les plus constants efforts, les plus grands sacrifices pour la défense du pays; provinces longtemps frontières, exposées de siècle en siècle aux ravages des Anglais, des Bourguignons, des Espagnols, des Impériaux, et qui n'avaient à opposer à l'ennemi que les murailles de briques de leurs chétives cités et les poitrines robustes de leurs modestes habitants.

Le plus grand obstacle qu'eut à briser la royauté vint des provinces méridionales, de leur résistance à l'unité française, de leurs rêves d'indépendance. Comment songer au rétablissement des frontières gauloises, quand les peuples de la Provence, du Languedoc, de la Guyenne, étaient ennemis de la

France, alliés ou vassaux des princes de l'Italie, de l'Espagne, de l'Angleterre, cherchant à former des États à part? Aussi, quand on considère les différences de mœurs et de sentiments qui séparent encore aujourd'hui les populations du Midi de celles du Nord, on ne peut qu'admirer l'audace et l'opiniâtreté des rois capétiens pour conquérir et *franciser* ces provinces méridionales devenues presque étrangères, et comment cette lutte les conduisit à deviner le rôle politique de la France, par rapport à l'Espagne et à l'Italie.

L'action ordinaire de la France se porte naturellement du côté du levant et du Rhin : c'est par là que son influence trouve son expansion naturelle, c'est par là qu'elle reçoit l'influence du reste de l'Europe. De ce côté aussi sont les rivalités les plus animées, les inimitiés permanentes, les dangers les plus grands. Pour qu'elle puisse lutter efficacement contre ces dangers, pour que son action s'étende de ce côté dans toute sa force et sa liberté, il faut qu'elle n'ait rien à craindre sur les deux frontières naturelles que lui donnent les Alpes et les Pyrénées; il faut que les deux péninsules que la nature lui a annexées comme deux sortes de satellites, et dont les populations sont de même race et de même croyance, soient continuellement ou sous sa domination, ou sous son influence, ou dans son amitié. Avec ces deux sûretés, elle a ses aises pour lutter contre ses ennemis ordinaires du Rhin et de l'Océan, elle jouit de toutes ses facultés, elle dispose de toutes ses ressources, elle peut aller en avant, car elle n'a rien à craindre sur ses derrières. Au contraire, que ces deux sûretés viennent à lui manquer; au moment où ses ennemis ordinaires l'attaquent par le Rhin, que les barrières naturelles des Alpes et des Pyrénées s'ouvrent perfidement contre elle, et elle se trouve contrainte à faire face de tous les côtés, à disperser ses forces et ses coups; toute sa puissance en est amoindrie et paralysée; enfin elle peut être réduite à subir la loi de ses ennemis.

Les rois capétiens comprirent cette nécessité fatale de la position géographique de la France; et comme les provinces méridionales s'appuyaient, dans leurs chimériques tentatives d'indépendance, sur l'Italie et sur l'Espagne, ils cherchèrent à les priver de ces appuis, et, pour ainsi dire, à les *tourner*, en étendant l'influence de la France sur les deux péninsules. C'est ce que firent principalement Louis IX et ses successeurs. Ainsi le frère du saint roi devint, par son aide, roi de Naples et de Sicile, vicaire impérial du saint-siége, *pacifica-*

teur de la Toscane, chef des républiques lombardes, enfin, à divers titres, maître de l'Italie. Philippe III acquit la Navarre pour son fils, prit sous sa protection les princes de la Castille, chercha à faire la conquête de l'Aragon. Philippe IV suivit la même politique. Cette extension de la puissance française dans les pays *latins* qui l'avoisinent annula les résistances et les essais d'indépendance des provinces méridionales, principalement du Languedoc et de la Provence, et facilita leur réunion à la couronne.

Grâce à ces expéditions en Espagne et en Italie, grâce surtout aux croisades, qui furent, comme l'on sait, *les gestes de Dieu par les Francs*, la France avait, à la fin du quatorzième siècle, une puissance au dehors plus grande que sa puissance du dedans, et sa renommée, son influence, son *territoire moral*, s'étendaient bien au delà de ses étroites limites. En effet, n'était-elle pas la première nation de l'Europe quand ses enfants régnaient en Syrie, en Chypre, en Arménie, à Constantinople, à Athènes, à Naples, à Majorque, en Navarre, en Bohême, en Hongrie; quand l'on pouvait aller, pour ainsi dire, de Paris à Jérusalem en ne marchant que sur des terres françaises? Y avait-il alors un point politique dans la Méditerranée où les Français n'eussent pris ou tenté de prendre position, quand ils possédaient presque en même temps Marseille, Naples, Messine, Malte, Corfou, Durazzo, Athènes, Constantinople, Rhodes, Chypre, Ptolémaïs? Cette mer, qui donne à celui qui la domine l'empire de l'Europe, n'était-elle pas alors, comme tant de fois nous l'avons désiré, un lac français?

Cette grandeur sembla disparue et la formation du territoire oubliée pendant les guerres avec les Anglais; mais ces guerres si désastreuses eurent un résultat important pour l'unité française : elles formèrent l'esprit national, elles développèrent le sentiment de la patrie, jusque-là étouffé dans le morcellement féodal; elles le répandirent jusque dans les paysans et aux derniers confins du territoire. Jeanne d'Arc, cette gardeuse de bestiaux née dans une enclave champenoise de la Lorraine, près des terres de l'Empire, fut la sublime expression de ce sentiment, de ce progrès national. D'ailleurs, les guerres contre les Anglais amenèrent l'affranchissement et la réunion de plusieurs provinces intérieures, principalement de la Guyenne, ce débris de l'Aquitaine, qui avait déjà subi trois conquêtes, et qui a fait la plus longue résistance, la plus constante opposition à l'unité française.

A la fin de ces guerres, c'est-à-dire sous

Charles VII, nos frontières sont formées par la Picardie, la Champagne, le Berry, le Bourbonnais, le Lyonnais, le Dauphiné, le Languedoc et la Guyenne, outre la Méditerranée, sur laquelle on ne possède pas la Provence, et l'Océan, sur lequel on ne possède pas la Bretagne : elles sont donc à peu près les mêmes qu'avant la guerre de Cent Ans. Alors la tâche imposée à nos rois recommence, et dès l'abord leur ambition semble bien supérieure à leur puissance ; ainsi le faible Charles VII, à peine échappé des serres de l'Anglais, tourne les yeux vers le Rhin. Les princes d'Allemagne l'avaient supplié d'intervenir en Suisse contre les paysans révoltés ; il se mit en marche avec ses compagnies d'aventure, en déclarant (1444) « que le royaume de France a été depuis beaucoup d'années dépouillé de ses limites naturelles, qui allaient jusqu'au fleuve du Rhin, et qu'il est temps d'y rétablir sa souveraineté. » Mais les pays où il porta ses armes, l'Alsace, la Lorraine, les Trois-Évêchés, séparés depuis six cents ans de la France, résistèrent : « Nous ne voulons point être de ce royaume, » dirent les habitants de Metz, contents des libertés municipales dont ils jouissaient dans l'Empire germanique. Aussi Charles VII échoua-t-il dans ses tentatives de conquête sur les pays voisins du Rhin ; mais la royauté française avait témoigné que l'idée traditionnelle de la frontière rhénane n'était pas oubliée ; elle avait poussé une sorte de reconnaissance militaire de ce côté ; enfin elle profita de cette excursion aventureuse pour entamer avec les Suisses des relations qui devaient amener une précieuse alliance.

Il se fit à cette époque une tentative funeste pour l'unité territoriale de la France, qui a suspendu pendant plusieurs siècles son développement, et dont les malheureuses conséquences ne sont pas encore effacées. La bande de territoire située entre la Meuse et le Rhin, entre le Rhin et les Alpes, était restée, sauf le Dauphiné, dépendante de l'Empire d'Allemagne; elle était partagée entre plusieurs États, et n'avait plus, comme nous venons de le voir, que de faibles relations avec la France; elle avait même gagné du terrain aux dépens de notre territoire par la Flandre, province vassale de la couronne, trois fois échappée à l'unité française, et qui avait tourné ses sympathies du côté de la Germanie et de l'Angleterre. Une branche de la famille des Valois, ayant réuni par mariage ou par héritage une partie de ce territoire, eut la pensée de conquérir le reste, d'en faire un tout et de créer un royaume intermédiaire entre la France et la Germanie. Ce fut le rêve ambitieux de Charles le Téméraire, qui possédait, outre les deux Bourgognes, les provinces des Pays-Bas, qui fit la conquête de la Lorraine et de l'Alsace, enfin qui convoita la Suisse et la Provence. Mais ce projet, désastreux pour l'avenir de la France, présentait des difficultés insurmontables dans les antipathies des peuples, dans leurs positions géographiques, et d'ailleurs il manquait de base, car le point de départ de la puissance bâtarde de Charles le Téméraire était la Bourgogne. Or, il n'est pas de province plus éminemment française, il n'en est pas dont les destinées et la mission aient été plus nettement marquées par la nature. En effet, la Bourgogne est assise dans les trois bassins contigus de la Seine, de la Loire et de la Saône; elle touche ainsi à Paris et à Lyon, ouvre le grand chemin du Nord vers le Midi, avoisine le Rhin, le Jura et les Alpes, enfin est l'un des boulevards naturels de la France. Il était donc impossible de l'isoler de l'unité française, et Charles le Téméraire sans la Bourgogne n'était plus qu'un vassal des empereurs germains, « contemnant le nom de France, la gloire de son front et le plus clair de ses titres [1]. »

[1] Ph. de Commines.

Louis XI usa sa vie et ses talents à détruire la puissance du prince bourguignon, mais il n'y réussit qu'en partie. Il parvint à réunir, d'une part, la Provence, ce qui compléta notre frontière de la Méditerranée; d'autre part, la Bourgogne, ce qui porta notre frontière du levant sur la Saône. Il réunit encore l'Artois, la comté de Bourgogne et le Roussillon, ce qui complétait nos frontières du nord, du levant et des Pyrénées; mais son successeur fut contraint d'abandonner ces trois provinces pour acquérir la Bretagne; lui-même ne put empêcher le reste des possessions bourguignonnes, c'est-à-dire les dix-sept provinces des Pays-Bas, de s'en aller dans la maison d'Autriche; et cette partie de l'ancienne Gaule sembla pour jamais séparée de la France et réunie à l'Allemagne.

Malgré les acquisitions de Louis XI et de Charles VIII, acquisitions précieuses, puisque, outre la Bourgogne, elles donnaient à la France les deux grandes provinces qui font sa force maritime, la Provence et la Bretagne, nos frontières se trouvèrent, au commencement du seizième siècle, dans une situation plus dangereuse qu'au temps de Philippe de Valois, et cette situation vint principalement des révolutions que subirent les deux autres régions latines, l'Espagne et l'Italie.

Ces régions, pendant les deux siècles précédents, n'avaient offert aucun danger pour les frontières de la France : divisées en plusieurs États rivaux ou ennemis, elles n'étaient occupées que de leurs propres affaires, l'Espagne de sa lutte contre les Maures, l'Italie des querelles de ses républiques, étant incapables d'ailleurs d'aucune influence en Europe, et n'ayant que de médiocres relations avec la France. Quant à celle-ci, son action sur les deux péninsules avait été limitée : ainsi, en Espagne, trois maisons françaises, de Champagne, d'Évreux et d'Albret, régnèrent successivement sur la Navarre; en Italie, les princes de la maison d'Anjou firent plusieurs tentatives sur le royaume de Naples. Mais dans le seizième siècle les choses changèrent : les royaumes hispaniques, sauf le Portugal, se trouvèrent, par le mariage de Ferdinand d'Aragon et d'Isabelle de Castille, réunis sous la domination d'une seule famille. Cette famille parvint à acquérir le royaume de Naples, la Sicile, la Sardaigne, et, par ses alliances, elle devint la puissance dominante en Italie. Enfin le mariage de Jeanne la Folle, fille unique de Ferdinand et d'Isabelle, avec Philippe le Beau, fils de Maximilien d'Autriche, ayant produit le prince qui fut Charles-Quint, celui-ci se trouva maître des Pays-Bas, des royaumes d'Espagne, des États d'Italie, enfin de l'Allemagne, par la couronne impériale qu'il mit sur sa tête et qui ne devait plus sortir de sa famille. Le royaume de France se trouva donc enveloppé et menacé sur toutes ses frontières par les possessions d'une seule maison, qui l'étreignait dans ses étroites limites et cherchait, pour ainsi dire, à l'y étouffer.

Dans cet immense danger, tout agrandissement semblait impossible, et la politique des rois de France paraissait réduite à une stérile défensive. Ils firent davantage : ils cherchèrent à se débarrasser de l'étreinte de leur ennemie, en tournant la puissance autrichienne, en la coupant en plusieurs tronçons, enfin en l'inquiétant dans ses propres possessions. L'Italie fut le théâtre habilement choisi de cette grande lutte : Charles VIII, Louis XII, François Ier, Henri II, s'efforcèrent de dominer cette péninsule, d'abord par l'acquisition du royaume de Naples, ensuite par celle du Milanais, enfin par celle du Piémont : à mesure que la guerre se prolongeait, la conquête se resserrait pour se rapprocher de notre frontière. Ils cherchèrent aussi à reprendre le royaume de Navarre dont leurs successeurs ont gardé le titre jusqu'à nos jours ; ils tentèrent plusieurs fois de s'emparer de la Flandre et du Luxembourg; enfin Henri II profita des troubles de l'Allemagne pour recouvrer une partie de l'ancien patrimoine français.

Les princes protestants de l'Empire s'étaient ligués avec le roi de France contre Charles-Quint; pour prix de ses secours, « ils trouvèrent bon qu'il s'impatronisât des villes qui appartenoient d'ancienneté à l'Empire, mais qui n'étaient pas de la langue germanique, c'est-à-dire de Metz, Toul et Verdun. » Henri II s'avança, en effet, sur les terres impériales ; mais, d'après les traditions de ses pères, il annonça hautement qu'il allait reprendre l'ancien héritage des rois de France, le *royaume d'Austrasie*, et qu'il irait jusqu'au Rhin. Si l'on en croit un contemporain, La Vieilleville, cette déclaration excita un grand mouvement patriotique : « Toute la jeunesse des villes se déroboit de père et mère pour se faire enrôler, les boutiques demeuroient vides d'artisans, tant étoit grande l'ardeur en toutes qualités de gens de faire ce voyage et de voir la rivière du Rhin (1552). » Henri II s'empara sans obstacle de Toul, Metz et Verdun ; mais quand il voulut attaquer Strasbourg et les autres villes de l'Alsace, il éprouva une telle résistance, « qu'après avoir abreuvé ses chevaux dans le Rhin, » il dut renoncer à la conquête de l'ancien royaume d'Austrasie. Metz, Toul et Verdun, acquises à titre provisoire et sous la réserve qu'elles restaient « terres d'Empire », n'en furent pas moins une conquête très-importante pour le rétablissement des frontières de la France. C'étaient des étapes vers le Rhin ; c'étaient les positions militaires qui dominent la Lorraine, province ouverte naturellement au courant germanique par les vallées de la Meuse et de la Moselle, et au moyen de laquelle on tourne la Bourgogne et la Champagne. En effet, ces trois places sont situées aux sommets d'un triangle intérieur, « comme trois clous fichés en cette terre et qui la tiennent soumise » ; aussi, à partir de cette époque, la Lorraine se trouva ouverte à toutes les invasions françaises ; elle couvrit la Bourgogne et la Champagne tant de fois ravagées, et devint militairement une province de la France.

Les Trois-Évêchés ne furent pas les seules acquisitions faites dans l'intérêt de nos frontières, et qui résultèrent des guerres d'Italie ; la France resta maîtresse de Pignerol, Exilles, Saluces et de plusieurs autres places du Piémont, qui, à défaut de la frontière naturelle des Alpes, nous ouvraient les portes de l'Italie. Ces places mettaient d'ailleurs dans notre sujétion des princes fort importants par leur position géographique, les ducs de Savoie, dont nous parlerons plus loin.

Enfin, pendant les guerres d'Italie, la France conclut avec les cantons catholiques de la Suisse une alliance dite *paix perpétuelle*, avec les cantons protestants un traité de neutralité, qui ont eu sur les destinées de notre pays la plus heureuse influence, en faisant en quelque sorte de l'Helvétie une extension militaire du royaume. En effet, les cantons s'engagèrent à n'ouvrir leur territoire à aucune armée ennemie de la France; ils couvrirent ainsi, en attendant que la possession de l'Alsace et de la Franche-Comté devînt une protection plus efficace, nos provinces du levant, si faciles à envahir; enfin ils se mirent à la solde des rois de France, qui levèrent non-seulement dans les cantons catholiques, mais dans les cantons protestants, des troupes qui formèrent, dans le dix-septième siècle, jusqu'à douze régiments et comptaient vingt mille soldats. Cette alliance ne fut presque jamais altérée ou interrompue; elle a duré autant que l'ancienne monarchie. Les vingt mille soldats donnés presque constamment par la Suisse à la France ont suivi l'armée française dans toutes ses fortunes et partagé glorieusement toutes ses destinées; pas une victoire, pas une défaite à laquelle ils n'aient contribué largement de leur sang; la bravoure et le dévouement de ces frères d'armes ont, autant que la barrière formidable de leurs montagnes, contribué à établir la grandeur de la France.

Les guerres de religion suspendirent le travail de reconstruction de nos frontières; mais la pensée n'en fut pas perdue, car les derniers Valois, au milieu des tempêtes où ils régnèrent, eurent une politique aussi active que nationale: l'habileté de nos diplomates voilait la faiblesse anarchique où était tombée la France. Charles IX et Henri III voulurent donc, comme leurs pères, donner suite à la politique des frontières naturelles; mais tous les deux y trouvèrent leur ruine.

Les Pays-Bas, tant de fois convoités, si malheureusement perdus sous Louis XI, étaient devenus une possession de la branche espagnole de la maison d'Autriche; ils s'insurgèrent contre la tyrannie de Philippe II, et demandèrent des secours à la France. C'était une occasion unique de réunir à la couronne, sinon toutes les dix-sept provinces, au moins celles qui avoisinaient notre frontière. Mais à cette époque les passions religieuses faisaient oublier les intérêts politiques, et la majorité de la nation regardait une guerre contre Philippe II, le champion de la foi catholique, comme une trahison. Cependant Charles IX, sollicité par les protestants français de suivre la politique de ses pères, voulut porter assistance aux insurgés; mais dès qu'il eut laissé partir un corps de sept à huit mille hommes qui devait délivrer Mons, assiégé par les Espagnols, les catholiques se soulevèrent, la Sainte-Barthélemy éclata; alors la royauté se hâta de se mêler au massacre, de se jeter à corps perdu dans la politique catholique, et les Pays-Bas furent abandonnés.

Cependant l'insurrection continua, et pour obtenir les secours de la France, les Pays-Bas prirent pour souverain le duc d'Anjou, frère de Henri III; puis, ce prince étant mort, ils se donnèrent solennellement au roi de France. Henri III désirait vivement accepter cette magnifique possession; il en était pressé par ses plus intimes conseillers, principalement par le plus grand diplomate de cette époque, François de Noailles, évêque d'Acqs; mais la sainte Ligue était là, menaçante, prête à un soulèvement s'il faisait cet outrage à Philippe II; aussi, dès qu'il eut donné quelques paroles d'espérance aux députés des Pays-Bas, les catholiques prirent les armes, et le malheureux roi paya de sa couronne et de sa vie ses velléités d'agrandissement national.

Un acte plus obscur de ce prince témoigna que la pensée traditionnelle des rois de France n'était pas abandonnée, malgré l'ardeur des passions religieuses. La ville de Genève était, comme l'on sait, la Rome du calvinisme; elle formait une petite république alliée des Suisses, mais que convoitaient les ducs de Savoie. Ces princes étaient les seuls vassaux de l'ancien royaume de Bourgogne qui eussent échappé à l'unité française; ils s'étaient formé sur les deux revers des Alpes, et surtout avec des pays français, un État que François Ier et Henri II avaient essayé de détruire, parce qu'ils le jugeaient un obstacle inquiétant pour l'unité territoriale de la France. En effet, ils possédaient sur le versant français des Alpes le comté de Nice, autrefois vassal de la Provence, la vallée de Barcelonnette, le duché de Savoie, et dans le Jura, la Bresse, le Bugey, le Valromey, le pays de Gex, etc. De l'autre côté des Alpes, ils n'avaient que la petite pricipauté du Piémont et le comté d'Asti; encore cette partie était-elle ébréchée par les possessions françaises de Pignerol, du marquisat de Saluces et de plusieurs autres vallées italiennes. S'ils parvenaient à s'emparer de Genève, ils tenaient l'entrée du Rhône, l'une des parties les plus vulnérables de la France, ils menaçaient Lyon et pouvaient donner la main aux protestants du Midi. Henri III, le vainqueur de Jarnac et de Moncontour, par deux traités faits en 1579 et 1584, prit sous sa protection la république calviniste de Genève, et l'arracha ainsi à l'ambition des ducs de Savoie. Cette politique fut suivie avec soin par les Bourbons, et les traités de 1579 et de 1584 ont été renouvelés par eux jusqu'à la fin de la monarchie.

CHAPITRE III.

SOUS HENRI IV, LOUIS XIII ET LOUIS XIV, JUSQU'AUX TRAITÉS DE NIMÈGUE.

L'œuvre de la formation de nos frontières avait été embarrassée depuis trois siècles par de nombreuses entraves : guerres des Anglais, guerres des Bourguignons, guerres d'Italie, guerres de religion ; mais pendant le règne de Henri IV elle est reprise avec succès, avec méthode, avec une parfaite intelligence de la grandeur nationale. Les Bourbons en font la pensée dirigeante de leur politique et l'affaire principale de leur gouvernement; mais ils y trouvent de grands obstacles. Il y avait des siècles que les pays distraits de l'ancienne Gaule n'étaient plus français; du côté du Rhin surtout, la couche germanique était devenue de plus en plus épaisse et difficile à pénétrer; les intérêts, les mœurs, la langue séparaient des peuples que la géographie seule réunissait; enfin, plus le *rapatriement* avait tardé à se faire, plus il devenait laborieux et exigeait d'efforts et de sacrifices. Aussi les Bourbons, malgré leur habileté, leur persévérance, malgré les grands hommes qu'ils employèrent à cette œuvre, malgré les victoires dont ils la décorèrent, ne parvinrent-ils qu'à réunir une partie de l'ancien territoire, et ils n'y parvinrent que ville par ville, morceau par morceau, à force de guerres et de négociations, par une lutte opiniâtre, en ayant contre eux presque constamment la moitié de l'Europe. Nous verrons quelle cause capitale les a empêchés d'en faire davantage.

Henri IV, en montant sur le trône, apporta à la France deux petites provinces, héritage de ses pères, le comté de Foix et le Béarn, par lesquels la frontière des Pyrénées se trouva continuée et n'eut plus à attendre que l'acquisition du Roussillon. Ensuite, et d'après l'exemple de Henri III, il chercha à détourner sur l'Italie l'ambition des princes de Savoie, en leur enlevant une partie de leurs provinces françaises; il échangea donc le marquisat de Saluces, débris de nos conquêtes d'Italie, contre la possession plus modeste et plus utile de la Bresse et du Bugey, qui mit notre frontière du levant sur le Jura, dans le voisinage de nos alliés de la Suisse et de Genève notre protégée. Les ducs de Savoie commencèrent à se *défranciser*.

Dans ses grands projets de remaniement de l'Europe, Henri IV voulait faire bien davantage. Il eût arraché l'Italie à la domination de l'Autriche, en donnant au pape le royaume de Naples, aux Vénitiens la Sicile, au duc de Savoie le Milanais, et il aurait fait de tous les États italiens une confédération indépendante à la fois de l'Autriche et de la France, mais attachée naturellement à celle-ci par la communauté de race, de langue et de religion. D'ailleurs, la France eût complété sa frontière des Alpes par l'acquisition de la Savoie. « Tout ce qui parle naturellement français, disait-il, doit être sujet du roi de France. » Du côté de l'Allemagne, il voulait réunir la Lorraine par un mariage, puis le Luxembourg, le Limbourg, les duchés de Clèves et de Juliers, « comme pays assis sur notre frontière et qui portent droit sur les Provinces-Unies; » enfin absorber même lesdites provinces. « Conjoindre entièrement et inséparablement la France avec les Pays-Bas, disait Sully, est le seul moyen de remettre la France en son ancienne splendeur, et la rendre supérieure à toute la chrétienté[1]. »

On lit à ce sujet dans le *Corrolaire des Histoires* d'Agrippa d'Aubigné : « Est à noter qu'il ne venoit au roy aucune augmentation en apparence que l'étendue de son règne (royaume) au mont Cenis et aux rivières anciennes qui en faisoient le partage vers la haute

On sait comment la mort de Henri IV mit à néant ces grands projets. Richelieu les reprit : il croyait « que la France devoit avoir les limites que lui fixa la nature ; » mais il ne les reprit que dans la partie qui pouvait être mise en pratique, c'est-à-dire le reculement de notre frontière sur les points les plus vulnérables, et aux dépens de la maison d'Autriche, qui continuait à serrer la France de tous les côtés. Il intervint à cet effet dans la guerre de Trente Ans, et parvint à arracher des lambeaux importants de territoire sur l'Escaut, sur la Meuse, du côté du Rhin, sur les Pyrénées. Il ne put voir la fin de son œuvre, mais Mazarin la continua avec la plus habile persévérance, et, grâce au génie de Turenne et de Condé, il consolida à jamais les conquêtes françaises par les traités les plus glorieux et les plus utiles, le traité de Munster ou de Westphalie, conclu en 1648, et le traité des Pyrénées, conclu en 1659[1].

et basse Allemagne ; mais il attachoit à soi inséparablement tous ceux qui auroient eu des plumes de cette dépouille et se rendoit arbitre et chef sur eux sans titres par effet, comme le pratiquoien les Romains sur leurs alliés. »

[1] Les prétentions de la France à reprendre la rive gauche du Rhin ne furent mises en avant par la diplomatie qu'avec beaucoup de précautions et de ménagements, mais elles furent énoncées hardiment par les écrivains, qui presque tous étaient inspirés par Richelieu et Mazarin. Parmi les nombreux écrits, publiés sur ce sujet

Par l'article 44 du traité de Munster, il est déclaré que « la souveraine puissance sur les évêchés de Metz, Toul et Verdun, les villes de même nom et leurs dépendances, nommément sur Moyenvic, appartiendra desormais à la couronne de France, et lui sera incorporée à perpétuité et irrévocablement, en la même façon que jusques à présent elle avait appartenu à l'*empire romain.* » Quant à la Lorraine, qui avait été trois fois conquise sous Louis XIII, la France continua de l'occuper, et nous allons voir ce qui fut réglé à ce sujet par le traité des Pyrénées.

Par l'article 47 du même traité, il est dit : « Sa Majesté Impériale, tant pour soi que pour toute la maison d'Autriche et l'Empire, renonce à tous les

à l'époque des négociations du traité de Munster, on peut citer surtout celui de Lefèvre Chantereau ayant pour titre : *Si les provinces de l'ancien royaume de Lorraine doivent être appelées terres de l'Empire;* 1 vol. in-8°, Paris, 1644; dédié à la régente mère du roi. L'auteur y démontre, par des raisons contestables, mais qui répondaient au sentiment populaire, que la monarchie des Bourbons devait reprendre le royaume d'Austrasie, dont le royaume de Lorraine n'était qu'un débris, et que ce royaume avait toujours fait partie de la France; « que le gouvernement de la reine mère du roi avait donc des raisons pour retenir la Lorraine et revendiquer d'autres terres entre Rhin et Meuse, comme le bas Palatinat, les duchés de Berg et de Juliers, les évêchés de Liége, de Mayence et de Trèves, *prenant partout le Rhin pour borne de la France*, sans que le corps germanique pût se plaindre qu'on blessât son intégrité, puisque dans l'origine ces pays ne faisoient pas partie de l'Allemagne. »

droits de propriété, seigneurie, possession et juridiction qu'elle avoit en la ville de Brisach, au Landgraviat de la haute et basse Alsace, au Sundgaw, et en la préfecture provinciale des dix villes impériales sises en Alsace, savoir : Haguenau, Colmar, Schelestadt, Weissembourg, Landau, Oberenheim, Rosheim, Munster en la vallée Saint-Grégoire, Kaisersberg et Turkheim, et en tous les villages qui en dépendent, lesquels droits elle transporte au roi très-chrétien et à son royaume[1]. »

Comme on le voit, la ville impériale ou république de Strasbourg n'était pas comprise dans la cession de l'Alsace; mais cette exception se trouvait en partie compensée par la possession de Brisach, située sur la rive droite, et par le droit, concédé au roi très-chrétien, d'avoir garnison dans Phi-

[1] L'art. 50 confirme plus explicitement cette renonciation :

« L'Empereur, l'Empire et l'archiduc Ferdinand-Charles quittent et dispensent les ordres, magistrats, officiers et sujets desdits lieux et seigneuries de la servitude et des serments par lesquels, jusqu'à ce jour, ils leur avoient été obligés et sujets à la maison d'Autriche, et les remettent et obligent à la sujétion, obéissance et fidélité du roi de France, et ainsi établissent cette couronne en une pleine et juste souveraineté, propriété et possession d'iceux, renonçant à perpétuité pour eux et les leurs à tous les droits et prétentions qu'ils y avoient, s'obligeant d'y faire aussi renoncer le roi d'Espagne et d'en délivrer telles patentes que la France désirera. »

lipsbourg, forteresse qui donnait une deuxième entrée de l'Allemagne [1]. D'ailleurs l'article 54 disait : « On ne pourra construire aucun fort sur le Rhin, au delà de la rivière, c'est-à-dire du côté de l'Allemagne, depuis Bâle jusqu'à Philipsbourg. » La possession du Rhin nous était donc assurée sur ses deux rives, et la France touchait enfin ce grand fleuve, dont elle était séparée depuis huit siècles.

La conquête de l'Alsace, province toute germanique de race, de langue et de mœurs, mais géographiquement toute gauloise, fut la conquête la plus hardie, la plus heureuse de la maison de Bourbon. Elle ne donna pas seulement un riche territoire, des positions militaires, une belle frontière, mais une population brave, disciplinée, vigoureuse, qui devait se franciser avec une merveilleuse facilité : en moins d'un demi-siècle, il n'était

[1] Art. 49. « Le roi très-chrétien aura droit de tenir perpétuellement garnison dans la forteresse de Philipsbourg, pour sa défense, d'un nombre de soldats non suspect au voisinage et qui sera aussi entretenu aux dépens de la France, laquelle aura aussi tous passages libres dans l'Empire, tant par eau que par terre, pour les soldats, vivres et toutes autres choses, toutefois et quantes que Sa Majesté très-chrétienne en aura besoin; la propriété de ladite forteresse, sa juridiction, ses revenus, sujets vassaux et tous les droits demeurant comme par le passé à l'évêque et chapitre de Spire, et le droit de protection, de passage et d'y tenir garnison à la couronne de France. »

point de province plus jalouse de son existence française, mieux disposée à la lutte et aux sacrifices ; elle mettait déjà sa gloire à être le principal boulevard de la France.

Le traité des Pyrénées donna à la France : 1° l'Artois, moins les villes d'Aire et de Saint-Omer ; 2° les villes flamandes de Gravelines, de Bourbourg et de Saint-Venant ; 3° la partie du Hainaut qui renferme Landrecies, le Quesnoy, Avesnes ;

[1] Avesnes fut cédée par un article particulier (art. 40), et en compensation du pardon accordé par Louis XIV au prince de Condé. On sait que l'Espagne avait menacé de faire à ce prince un État indépendant et sur la frontière française, si la France ne le rétablissait pas dans ses biens et dignités : la ville d'Avesnes faisait partie de cet État projeté, ainsi que le duché de Juliers, appartenant au duc de Neubourg, allié de la France. C'est ce qui est exprimé dans l'article 84 du traité.

« Pour ce qui regarde les charges et gouvernements des provinces dont le prince de Condé étoit pourvu et qu'il possédoit avant sa sortie de France, Sa Majesté très-chrétienne auroit longtemps et constamment refusé de l'y rétablir, jusque à ce que, étant touchée de la soumission dudit prince, elle s'est enfin portée à lui accorder ce qui suit, à certaines conditions dont lesdits rois ont convenu : Savoir est que le roi catholique, au lieu de ce qu'il avoit l'intention de donner audit prince pour dédommagement, tirera la garnison espagnole qui est dans la place et citadelle de Juliers, pour laisser ladite place et citadelle libres à M. le duc de Neubourg ; comme aussi que Sa Majesté catholique mettra entre les mains de Sa Majesté très-chrétienne la ville et place d'Avesnes, entre Sambre et Meuse, avec ses appartenances, dépendances, annexes et domaines (laquelle place d'Avesnes Sa Majesté catholique avoit, entre autres choses, intention de donner audit prince) ; moyennant ce que dessus, c'est-à-dire en compensation de ladite remise et cession

4° Philippeville et Mariembourg, dans le comté de Namur; 5° Thionville, Momtmédy, Ivoy et Marville, dans le Luxembourg.

Ces places, qui semblent à première vue dispersées et comme prises au hasard, avaient toutes une grande importance militaire, et leur choix témoigne que l'établissement d'une frontière artificielle, à défaut de la frontière naturelle, était déjà dans les projets de Mazarin et qu'il les transmit à Louis XIV. En effet, l'acquisition de l'Artois, de Gravelines et de Saint-Venant préparait, en enveloppant la Flandre, la conquête de cette province, et surtout de Dunkerque et de Lille; Landrecies, le Quesnoy, Avesnes, couvrent la route naturelle de l'Oise, si favorable à l'invasion, comme nous le dirons tout à l'heure; Philippeville et Mariembourg avaient le même objet, et un seul mot suffit pour indiquer leur importance : ce sont deux des quatre places que la coalition de 1815 nous a enlevées pour avoir une clef de notre frontière [1]; de plus il fut convenu, à cause de la position avan-

de ladite place faite au roi très-chrétien pour être unie et incorporée à jamais à la couronne de France, et de la sortie de la garnison espagnole de l'autre place, en faveur d'un prince ami et allié de Sa Majesté très-chrétienne, ladite Majesté donne audit prince le gouvernement de la province de Bourgogne et Bresse, » etc.

[1] La négociation relative à l'acquisition de Philippeville et de

cée et isolée des trois places d'Avesnes, de Philippeville et de Mariembourg, que le roi d'Espagne ne pourrait fortifier aucun lieu qui couperait les communications de ces places entre elles ou avec

Mariembourg témoigne que Mazarin, et sans doute Turenne, qui le conseillait, avaient une intuition merveilleuse des intérêts et de l'avenir de la France. Les troupes françaises s'étaient emparées pendant la guerre de deux petites et fortes places : *La Bassée*, qui menaçait Lille; *Bergues-Saint-Vinox*, qui menaçait Dunkerque. Lille et Dunkerque ne nous appartenaient pas encore, et l'Espagne savait combien elles étaient convoitées par la France; aussi Mazarin, dès le commencement des négociations, avait-il déclaré qu'il ne consentirait jamais à la restitution de La Bassée et de Bergues. Don Louis de Haro en avait pris son parti, quand tout à coup on lui proposa d'échanger ces deux places si importantes contre Philippeville et Mariembourg, c'est-à-dire contre deux bicoques éloignées de la frontière française, enclavées dans les possessions espagnoles. Il accepta avec empressement, et la France, devenue maîtresse de quatre places entre Sambre et Meuse (Avesnes et Rocroy, Philippeville et Mariembourg), eut la trouée de l'Oise fermée et la frontière champenoise assurée contre l'invasion étrangère. Voici l'article du traité relatif à cet échange :

« Art. 30. En cinquième lieu, Sa Majesté très-chrétienne ayant fermement déclaré ne pouvoir jamais consentir à la restitution des places de La Bassée et de Bergues-Saint-Vinox, châtellenie dudit Bergues et fort royal bâti sur le canal, près de la ville de Bergues, et Sa Majesté catholique ayant condescendu qu'elles demeurassent à la France, si ce n'est que l'on pût convenir et ajuster un échange desdites places avec d'autres de pareille considération et de commodité réciproque, les seigneurs plénipotentiaires sont enfin convenus que les deux places de La Bassée et de Bergues seroient échangées avec celles de Mariembourg et Philippeville, situées entre Sambre et Meuse, leurs appartenances, dépendances, annexes et domaines. Et partant, Sa Majesté très-chrétienne rendant, comme il sera dit, à Sa Majesté catholique, lesdites places de La Bassée, de Bergues Saint-Vinox et sa châtellenie et fort royal, avec leurs dépen-

la France[1]. Quant à Thionville, Montmédy et autres lieux conquis dans le Luxembourg, ils achevaient d'isoler la Lorraine de l'Allemagne, et rendaient cette province entièrement dépendante de la France. Enfin toutes ces places, en reculant la frontière de vingt à trente lieues, permettaient de

dances, Sa Majesté catholique fera mettre en même temps entre les mains de Sa Majesté très-chrétienne lesdites places de Mariembourg et de Philippeville, pour en demeurer saisie Sadite Majesté très-chrétienne et en jouir effectivement et de leurs appartenances, dépendances, annexes et domaines, en la même manière et avec les mêmes droits de possession, souveraineté et autres avec lesquels elle jouira et pourra jouir par le présent traité des places que ses armes ont occupées en cette guerre et qui lui doivent demeurer par cette paix. Et même, en cas qu'à l'avenir Sa Majesté très-chrétienne fût troublée en la possession et jouissance desdites places de Mariembourg et Philippeville, pour raison des prétentions que pourroient avoir d'autres princes, Sa Majesté catholique s'oblige de concourir à leur défense et de faire de sa part tout ce qui sera nécessaire afin que Sa Majesté très-chrétienne puisse jouir paisiblement et sans contestation desdites places, en considération de ce que elle les a cédées en échange de La Bassée et de Bergues-Saint-Vinox, que Sa Majesté très-chrétienne pouvoit retenir et posséder sans trouble et en toute sûreté. »

[1] Art. 53. « Comme les trois places d'Avesnes, Philippeville et Mariembourg, avec leurs appartenances, dépendances et annexes, sont cédées par le présent traité au roi très-chrétien, pour être unies et incorporées à la couronne de France, il a été convenu et accordé qu'en cas qu'entre lesdites places et la France il se trouvât aucuns bourgs, villages, lieux ou pays qui, n'étant pas desdites appartenances, dépendances ou annexes, dussent demeurer en propriété et souveraineté au roi catholique, Sa Majesté catholique ni ses successeurs, en aucun temps, ne pourront fortifier lesdits bourgs, villages, postes ou pays, ni faire aucunes fortifications nouvelles entre lesdites places d'Avesnes, Philippeville et

prendre un repos bien mérité à la Champagne et à la Picardie, ces provinces si voisines de la capitale, toujours menacées, tant de fois envahies et dont la défense paralysait tout l'élan du royaume. « Quelques avantages que nous ayons sur nos ennemis, disait Mazarin, la surprise d'une seule ville de la Somme ou de la Marne nous oblige à courir au cœur et à diminuer nos forces employées au loin. » Après huit siècles d'efforts et de souffrances, les villes picardes et champenoises ne devaient plus revoir l'ennemi, si ce n'est en 1814 !

Le traité des Pyrénées donna encore à la France le Roussillon et le Conflans, avec la partie de la Cerdagne qui se trouve sur le versant français, « les monts Pyrénées, dit le traité, qui ont anciennement divisé les Gaules des Espagnes, devant faire dorénavant la division des deux mêmes royaumes[1]. » La frontière des Pyrénées, commencée

Mariembourg, par le moyen desquelles fortifications lesdites places ou aucunes d'icelles vinssent à être coupées d'avec la France ou leur communication entre elles embarrassée. »

[1] Art. 41. « Pour ce qui concerne les pays et places que les armes de France ont occupés dans cette guerre du côté d'Espagne, comme l'on auroit convenu en la négociation commencée à Madrid en l'année 1656 que les monts Pyrénées, qui avaient anciennement divisé les Gaules des Espagnes, feront aussi dorénavant la division des deux mêmes royaumes, il a été convenu et accordé que le roi très-chrétien demeurera en possession et jouira effectivement de

sous Philippe le Hardi, se trouva, par l'acquisition de ces trois petites provinces, définitivement complète. Leur réunion se fit sans obstacle, et les places de ces pays devinrent, pendant les longues guerres de Louis XIV, l'un des meilleurs remparts du royaume ; mais le Roussillon, qui semble naturellement séparé de la France par la chaîne des Corbières, qui était resté pendant des siècles attaché à la Catalogne, qui avait ses lois, ses coutumes, sa langue à part, demeura pendant longtemps étranger à la France, et c'est seulement à l'époque des guerres de la Révolution qu'on le vit donner des gages éclatants de son dévouement à la patrie commune.

Le traité des Pyrénées essaya de régler la question interminable de la Lorraine, conquise et occu-

toute la comté et viguerie de Roussillon, et de la comté et viguerie de Conflans, villes, places, châteaux, bourgs, villages et lieux qui composent lesdites comtés et vigueries de Roussillon et de Conflans, et demeureroient au roi catholique la comté et viguerie de Cerdagne et tout le principat de Catalogne. Bien entendu que s'il se trouve quelques lieux de ladite comté et viguerie de Conflans qui soient dans les monts Pyrénées du côté d'Espagne, ils demeureront aussi à Sa Majesté catholique, comme pareillement, s'il se trouve quelques lieux de ladite comté et viguerie de Cerdagne qui soient dans les monts Pyrénées du côté de France, ils demeureront à Sa Majesté très-chrétienne. Et pour convenir de ladite division, seront présentement députés des commissaires de part et d'autre, lesquels, ensemble de bonne foi, déclareront quels sont les monts Pyrénées qui doivent diviser à l'avenir les deux royaumes et signaleront les limites qu'ils doivent avoir. »

pée depuis plus de trente ans par les troupes françaises. Il fut stipulé que cette province serait restituée à ses princes, mais sous les conditions suivantes : « que le duché de Bar, le comté de Clermont, les prévôtés de Stenay, Dun et Jametz, avec leurs dépendances, appartenances et annexes, seraient à jamais unis et incorporés à la couronne de France; que les fortifications de Nancy seraient détruites et ne pourraient être rétablies; qu'une route militaire à travers la Lorraine serait ouverte pour les troupes que Sa Majesté très-chrétienne voudrait envoyer en Alsace ou à Philipsbourg, » etc. Le duc de Lorraine refusa d'accéder à ces conditions, et le pays continua d'être occupé et gouverné par la France jusqu'en 1698.

En résumé, les traités de Westphalie et des Pyrénées sont les plus solides qu'ait jamais faits la France ; ils ont assis la puissance et le territoire de notre pays sur des bases telles qu'aucun revers, aucun désastre, aucune révolution n'a pu les ébranler[1]. Mazarin en compléta les effets par les actes suivants.

1° Il forma avec les trois Électeurs ecclésiasti-

[1] Le traité des Pyrénées, quoiqu'il mît fin à une guerre de vingt-quatre ans, fut néanmoins blâmé par la plus grande partie de la noblesse, c'est-à-dire par le cœur de la nation, comme contraire à

ques dont les États étaient sur la rive gauche du Rhin, et avec les maisons de Bavière, de Hesse, de Brunswick, une *ligue*, dite *du Rhin*, qui mettait tous ces princes dans la dépendance et à la solde du roi de France[1], étendait militairement la frontière française sur la rive gauche du Rhin, et donnait en réalité à la France le protectorat de l'Allemagne. L'armée de cette ligue, forte ordinairement de trente mille hommes, s'appelait : « Armée de Sa Majesté très-chrétienne et des Électeurs et princes ses alliés. »

l'intérêt et à l'honneur de la France, comme un témoignage d'incapacité de la part de Mazarin.

Au nombre de ces opposants étaient Turenne, «le grand général, qui roulait dans sa tête le triomphe de la Flandre », et un gentilhomme normand, plus fameux comme bel esprit que comme homme de guerre, et qui fut pourtant l'un des plus valeureux lieutenants de Condé, Saint-Evremond, que nous venons de citer. Celui ci écrivit au maréchal de Créqui une lettre où il couvrait de sarcasmes la politique *généreuse et chrétienne* du cardinal envers les Espagnols, et le louait ironiquement de n'avoir pas étendu plus loin nos frontières.

« Il a jugé que la France se conserverait mieux unie comme elle est et ramassée pour ainsi dire en elle-même que dans une vaste étendue, et ce fut une prudence dont peu de ministres sont capables, de songer à couvrir notre frontière quand la conquête des Pays-Bas était entre ses mains. » (*Œuvres de Saint-Evremond*, publiées par Desmaizeaux, t. Ier.) Cette lettre ne fut pas rendue publique, mais elle courut en beaucoup de mains. L'auteur n'en fut connu qu'après la mort de Mazarin : on lui en fit un crime d'État, et il fut forcé de s'exiler en Angleterre, où il mourut.

[1] On payait une pension de trente mille écus à chacun des trois électeurs, à l'électeur palatin, etc.

2° Il parvint à soustraire définitivement les cantons suisses à la suzeraineté impériale, fit reconnaître leur indépendance, et renouvela avec eux des traités qui, ainsi que nous l'avons dit, nous donnaient vingt mille soldats, et faisaient de l'Helvétie une sorte d'annexe militaire de la France.

3° Il répara les défauts de notre frontière des Alpes, à laquelle manquaient la Savoie et le comté de Nice, et tint en bride les ducs de Savoie, qui n'avaient pas cessé d'être hostiles à la France, au moyen de : 1° la possession de Pignerol et des vallées voisines, qui donnait à la France la clef des Alpes ; 2° la possession de Casal, qui était la clef du bassin supérieur du Pô ; 3° l'alliance ou la vassalité du duc de Mantoue, qui mettait à notre disposition cette ville, la plus importante de l'Italie orientale. Pignerol, Casal, Mantoue, donnaient donc à la France la possession du bassin du Pô ; et comme les destinées de la péninsule dépendent de ce bassin, l'Italie entière était, sous des apparences indirectes et modestes, sous la domination française.

Mazarin voulait faire davantage : il voulait d'abord acquérir la Savoie, puis « étendre nos frontières jusqu'au Rhin de toutes parts. » — « C'était, disait-il, la vraie sûreté pour la durée de la paix, laquelle nous trouverions dans notre propre puissance. » Pour arriver à ce grand résultat, il maria Louis XIV à une infante d'Espagne, afin de lui ménager dans l'avenir l'acquisition des Pays-Bas. « Cette possession, disait-il, formeroit à la ville de Paris un boulevard inexpugnable, et ce seroit alors véritablement qu'on pourroit l'appeler le cœur de la France. La frontière seroit ainsi étendue jusqu'à la Hollande et aussi jusqu'au Rhin par la rétention de la Lorraine et de l'Alsace, et par la possession de Luxembourg et de la comté de Bourgogne. »

Louis XIV continua l'œuvre entreprise par Richelieu et Mazarin, « pour assurer et étendre les limites du royaume, » et il s'y fit aider principalement par le grand homme qui avait été le soutien de sa couronne pendant les guerres de la Fronde. Turenne, après la mort de Mazarin, fut le principal conseiller, et l'on pourrait dire le précepteur politique du jeune monarque; il prit, sans titre, sans fonction, sans que les ministres même en fussent jaloux, la plus grande part au gouvernement. « Il connaissait mieux que personne, dit son historien, la situation, la force et les intérêts politiques du royaume. » Aussi il n'y eut pas une grave décision prise sans son approbation, pas une affaire importante qui ne sortît de ses mains. C'était avec lui que Louis XIV apprenait les détails de la guerre et traçait des plans de campagne ; c'était avec lui qu'il rédigeait les instructions particulières qu'il donnait à ses ambassadeurs, ou préparait les affaires qu'il devait exposer à son conseil. Celle de l'extension des limites de la France fut donc l'objet de nombreuses et secrètes consultations entre le roi et Turenne. Celui-ci, à part les Pays-Bas, qui lui semblaient une acquisition désirable, regardait comme dangereux de porter la frontière du royaume jusqu'au Rhin. Les pays à conquérir étaient séparés depuis si longtemps, ils étaient devenus si étrangers à la France, qu'un agrandissement de ce côté, en ne donnant que des forces douteuses, pouvait devenir un affaiblissement réel Enfin, en laissant ces pays à l'Allemagne, on pouvait, comme on l'avait pratiqué depuis la guerre de Trente Ans, en faire des annexes militaires de la France.

En effet, la rive gauche du Rhin, à part les Pays-Bas et les territoires appartenant aux Électeurs de Brandebourg, était principalement possédée par des princes allemands qui trouvaient dans l'alliance et l'argent du roi de France un moyen d'être indépendants de l'Empereur. Ces princes étaient l'évêque de Liége, les trois Électeurs ecclésiastiques, le prince de Birkenfeld, le duc de Deux-Ponts, etc. Ils s'appelaient eux-mêmes les *Allemands de France*, et formaient dans l'Empire un parti dont la Ligue du Rhin avait grandi l'importance. Grâce à des conventions diverses, plusieurs fois renouvelées, plusieurs fois violées, mais que garantissaient presque toujours des subventions pécuniaires, la France pouvait, surtout en temps de guerre, occuper presque tout leur territoire, y établir des magasins, garnir de troupes leurs forteresses, enfin y lever, de la même façon qu'en Suisse, de nombreux soldats, que les princes de ce pays s'honoraient de commander. Louis XIV eut ainsi continuellement dans ses armées jusqu'à douze régiments d'infanterie et six régiments de cavalerie, composés d'Allemands, commandés par des princes voisins du Rhin, et qui prirent la plus grande part à toutes nos guerres, même en Allemagne. Louis XV suivit cet exemple, et sous son règne le nombre des régiments allemands s'éleva jusqu'à vingt-cinq[1].

[1] Voici les noms de quelques-uns de ces régiments : Furstemberg, Royal-Allemand, Salm-Salm, Lamark, Hesse-Darmstadt, Nassau, Royal-Deux-Ponts, Royal Bavière, Royal-Liégeois, etc. Voir l'*Histoire des troupes étrangères au service de France*, par Fieffé.

La rive gauche du Rhin, au XVIIe siècle, était donc, sous le rapport militaire, une autre Alsace. Turenne, dans la guerre de Trente Ans, avait longuement pratiqué ces pays, ainsi que les mercenaires cruels et pillards, mais braves et solides, qu'on y recrutait; il tenait donc à ce qu'on les ménageât, à ce qu'on eût soin de les *laisser d'Empire*, à ce qu'on ne touchât pas à leurs souveraineté. Aussi ce fut d'après ses avis que Louis XIV, dans les projets qu'il avait conçus « pour soutenir et augmenter la puissance de la France, » se borna à des conquêtes moins étendues, et qu'on peut résumer ainsi : acquérir les Pays-Bas sur l'Espagne; détruire la république des Provinces-Unies et en prendre la partie méridionale; obtenir par des traités particuliers l'occupation durable des Électorats ecclésiastiques et des autres pays de la rive gauche du Rhin. On donnait ainsi à la France, sinon complétement ses limites naturelles, au moins des frontières très-éloignées, et les plus redoutables qu'il y eût en Europe.

Ce grand plan de conquêtes n'eut point tout le succès que ses auteurs en attendaient. Louis XIV acquit d'abord par achat l'importante place de Dunkerque; puis il tenta la conquête de ces

Pays-Bas qui ont si souvent échappé à l'unité française. A la mort de Philippe IV, roi d'Espagne, il revendiqua ces provinces au nom de la fille de ce prince, devenue reine de France. « Le roi s'assure, disait-il dans sa déclaration de guerre, que ces peuples n'oublieront pas que les rois de France étaient leurs seigneurs naturels avant même qu'il y eût des rois de Castille, qu'ils aimeront à rentrer dans le sein de leur ancienne patrie. » Mais il ne put qu'ébrécher les Pays-Bas, et, forcé de s'arrêter devant la coalition de l'Angleterre, de la Hollande et de la Suède, il signa le traité d'Aix-la-Chapelle (1668), par lequel il acquit seulement une partie de la Flandre et du Hainaut, « pays, disait-il, qui ont de tout temps appartenu aux rois de France et fait partie de leur domaine. » La frontière du royaume, au nord, se trouva ainsi reculée et consolidée au moyen des places de Furnes et Bergues sur la Colme, d'Armentières et Courtray sur la Lys, de Lille sur la Deule, de Ath sur la Dender, de Douay sur la Scarpe, de Tournay et d'Oudenarde sur l'Escaut, de Charleroy sur la Sambre. Ces places étaient singulièrement *pêle-mêlées*, comme disait Vauban, avec les places qu'on laissait en arrière à l'Espagne, mais c'était des étapes pour pénétrer plus tard jusqu'aux confins des Pays-Bas, et faire tomber d'elles-mêmes les places qu'on semblait délaisser.

Après ce traité avantageux, et qui n'était qu'un répit donné à l'Espagne, Louis XIV fut sur le point d'arriver à ses fins par deux traités, l'un avec l'Empereur, qui partageait éventuellement la monarchie espagnole et donnait à la France les Pays-Bas; l'autre avec le roi d'Angleterre, qui partageait les Provinces-Unies et donnait à la France la partie méridionale. « Le véritable moyen de parvenir à la conquête des Pays-Bas, écrivait Louvois à Condé, est d'abaisser les Hollandais et de les anéantir, s'il est possible. » (Janvier 1671.) Mais le succès de ces traités fut empêché par les événements de la guerre de Hollande, la coalition qui s'ensuivit, les efforts que dut faire la France pour lutter contre la moitié de l'Europe. Louis XIV descendit de la hauteur de ses grands projets, et fut réduit par le traité de Nimègue (1678) à n'arracher à l'Espagne que la Franche-Comté, avec quelques villes de l'Artois, de la Flandre et du Hainaut[1].

Ces villes, bien choisies, se serraient, s'ap-

[1] Mignet, *Négociations relatives à a succession d'Espagne*, t. 1.

puyaient, se complétaient l'une l'autre, et faisaient à la France une véritable frontière. Les principales, Cambray, Bouchain, Valenciennes, Condé, situées sur l'Escaut, Maubeuge, située sur la Sambre, couvraient la trouée de l'Oise, et nous verrons quelle importance elles ont eue dans l'histoire de nos frontières. Aire et Saint-Omer complétaient la possession de l'Artois. Dans la Flandre, Ypres, Werwick, Warneton, Poperinghe, Bailleul, Cassel, avaient pour objet de fermer le plat pays compris entre la mer et la Lys. On rendit d'ailleurs à l'Espagne les places trop avancées dans les Pays-Bas, et qui semblaient des amorces pour des conquêtes ultérieures, Charleroy, Ath, Courtray, etc., ce qui indiquait des idées réfléchies de modération et, comme nous le verrons tout à l'heure, la conception d'un nouveau plan pour la défense de la France. Enfin le traité de Nimègue donna à la France une possession aussi précieuse que celle de l'Alsace, la Franche-Comté, qui compléta notre frontière du levant et nous donna la Suisse pour voisine. « C'est une province, dit Louis XIV, grande, fertile, importante, qui par sa situation, sa langue, et par des droits aussi justes qu'anciens, devoit faire partie du royaume, et par qui, m'ouvrant un nouveau passage en Allemagne, je le fermois en même temps à mes ennemis.»

S'ouvrir des passages en Allemagne était, comme on le voit, une des grandes pensées de Louis XIV. On dominait ainsi les pays de la rive gauche du Rhin qui n'appartenaient pas à la France, et on les isolait des secours qu'ils pouvaient tirer de l'Empereur et de la Diète germanique; enfin, comme le disait Vauban, « on les tenoit constamment sous notre couleuvrine. » Louis XIV avait déjà Brisach; il se fit encore donner, par le traité de Nimègue, en échange de Philipsbourg qu'il consentit à rendre, Fribourg, qui était la clef de la Forêt-Noire, et par laquelle il pouvait tourner les villes *forestières*[1] et pénétrer dans la Souabe; enfin il s'assura

[1] Les villes *forestières* sont les petites villes de Rhinfeld, Seckingen, Lauffenbourg et Waldshut, situées sur le Rhin, entre Zurzach et Bâle, et dont les ponts ouvraient des passages au nord dans la Souabe, au midi dans la Suisse. Elles appartenaient à la maison d'Autriche, ainsi que le pays de la rive gauche du fleuve, appelé *Frikthal*, et elles lui ont appartenu jusqu'au traité de Lunéville, où, comme nous le verrons, la France les donna à la Suisse. Au moyen de ces villes, l'Autriche menaçait la neutralité des cantons et la frontière française, mais elle ne sut s'en servir que pour de chétives opérations. Dans la guerre de Trente Ans, la France avait employé plusieurs fois ces passages pour entrer dans la Souabe, et pendant la guerre de Hollande, elle en avait convoité la possession pour compléter celle de Brisach et de Fribourg, et se donner ainsi une entrée nouvelle en Allemagne. Les Suisses, mécontents de ce dessein, sollicitèrent Louis XIV, « leur grand allié et confédéré », de déclarer les villes forestières *neutres*, ainsi que celles du lac de Constance. Le roi y consentit, « comme ne pouvant don-

d'autres passages par la possession militaire de la Lorraine.

Cette province, depuis les traités de Westphalie, avait été deux fois réunie à la couronne ; ses places étaient démantelées ou occupées par les troupes françaises ; des magistrats français gouvernaient ses villes ; on y levait des troupes et des impôts comme dans le reste du royaume ; mais ses princes, réfugiés en Allemagne, avaient refusé tout accommodement, toute concession. Le traité de Nimègue les rétablit dans leur duché, mais à la condition qu'ils céderaient à la France Nancy, Longwy, Marsal et quatre routes militaires ; ils refusèrent. Louis XIV continua à occuper la Lorraine et l'on dut croire que la possession complète de cette province n'était plus qu'ajournée. « C'était, dit-il dans ses Mémoires, un passage à nos troupes pour l'Allemagne par l'Alsace, une porte jusqu'alors ou-

ner une plus grande marque de confiance envers « les louables cantons, » mais à la condition que les troupes impériales évacueraient ces villes, que les troupes suisses les occuperaient et s'engageraient solennellement à défendre cette neutralité. L'empereur refusa d'accéder à cet arrangement, et il envoya de ce côté un corps d'armée qui avait le projet d'entrer dans la Franche-Comté. Ce corps d'armée fut complétement défait à Rhinfeld par le maréchal de Créqui. Les villes *forestières*, comme nous le verrons, ont joué un grand rôle dans l'histoire des frontières de la France, et surtout en 1814 !

verte aux étrangers pour entrer dans nos États; c'était le siége d'une puissance voisine prenant part de tout temps à toutes les brouilleries du royaume; enfin, c'était l'ancien patrimoine de nos pères, qu'il était beau de rejoindre au corps de la monarchie, dont il avait été si longtemps séparé.»

Si nous résumons les acquisitions faites sous le règne de Louis XIV jusqu'au traité de Nimègue, nous trouvons que la France s'était agrandie, au nord, de l'Artois et d'une partie de la Flandre et du Hainaut; au levant, de l'Alsace et de la Franche-Comté; au midi, du Roussillon. Donc, en 1678, les frontières de la France (en y comprenant la Lorraine) étaient à peu près celles de 1792 ou de 1814, et même, si l'on regarde à l'extérieur, elles étaient beaucoup plus fortes et plus solides. On avait mis quarante-trois ans à faire ces acquisitions; ainsi, malgré le génie de Richelieu, de Mazarin, de Turenne, de Condé; malgré cinquante victoires et les efforts de la diplomatie la plus habile; malgré cinq cent mille hommes sacrifiés dans cinq grandes guerres, la France, en un demi-siècle, n'était parvenue qu'à reprendre cinq ou six des petites provinces détachées du cadre naturel de l'ancienne Gaule. Pour de si minces conquêtes, pour de si légitimes réunions, elle avait amassé contre elle, contre l'ambition de ses rois, une tempête de haines et de calomnies. L'Angleterre, la Hollande, l'Allemagne, l'Espagne, voyaient la liberté, l'indépendance de tous les États menacée; elles ameutaient les peuples « contre le pays, disaient-elles, qui veut réduire l'Europe en servitude; » enfin, elles répandaient partout cette fable stupide d'une monarchie universelle rêvée par les Bourbons, fable qui a été pendant un siècle un épouvantail et un instrument de guerre contre la France.

La guerre de Hollande, si pompeusement entreprise, qui devait donner au royaume ses limites naturelles, et qui se terminait par une seule province et quelques villes gagnées, avait été une grande leçon. Louis XIV, après cette guerre, commença à tempérer ces projets d'agrandissement qu'il croyait « du droit de sa couronne » et à écouter des conseils de modération; avec son esprit juste et ce sentiment de l'intérêt national qui a fait sa grandeur, il songea à s'arrêter. « Aller plus loin, écrivait l'un de ses ministres, serait mettre à l'aventure tout ce qu'on a acquis avec tant de peine. Le roi et ses sujets ont également besoin de repos. » Et pendant que ses ennemis le croyaient perdu dans l'orgueil de ses victoires et tout occupé de nouvelles ambitions, Louis XIV commença à se fortifier dans ce qu'il avait acquis, à borner la grandeur de la France dans les limites des derniers traités, à suppléer à ce qui leur manquait par un vaste système de défenses artificielles et un habile réseau d'alliances politiques, enfin à condenser la France dans une indestructible unité.

C'est dans cette œuvre, la plus belle de son règne, que Louis XIV est vraiment et sans réserve le grand roi. Rien de moins éclatant et qui éveillât moins l'envie, rien de plus habile et de plus sûr : tous nos points vulnérables devaient être couverts ou directement par nous-mêmes, ou indirectement par nos voisins ; en même temps la triple ligne de forteresses qui faisait de la France un camp retranché de vingt millions d'hommes, la ceinture de petits États neutres ou alliés qui complétait et garantissait notre frontière, nous donnaient, si besoin était, une base formidable pour des agressions extérieures. Tout fut prévu, étudié, combiné avec un art parfait, une minutieuse intelligence des lieux, le sentiment national le plus éclairé, le plus pratique. Tout fut fait aussi sans bruit, sans éclat, comme un travail ordinaire et obscur; les pièces, les documents, les détails ont été à peine connus des contemporains : cela s'appelait tout simplement le *Règlement des places de la frontière;* mais l'œuvre existe, sa grandeur se révèle d'elle-même, elle a fait pendant un siècle le salut de la France, elle est la gloire éternelle des trois personnages qui l'accomplirent : Louis XIV, Vauban et Louvois. Il faut leur ajouter le marquis de Chamlay, brave et savant gentilhomme qui, sous le titre de *maréchal général des logis*, fut le chef d'état-major des armées de Louis XIV, que Luxembourg appelait une carte vivante et Turenne son bras droit, qui fut enfin le géographe, le secrétaire de ce grand travail, unique dans l'histoire moderne, qui n'a jamais été suffisamment connu, ni suffisamment admiré (1).

(1) Voir, pour le marquis de Chamlay, *les Mémoires de Saint-Simon*, et une note du *Journal de Dangeau*, t. Ier, p. 283.

CHAPITRE IV.

APERÇU GÉOGRAPHIQUE DES FRONTIÈRES DE LA FRANCE EN 1678.

Il n'entre pas dans les limites de ce résumé historique de faire la description des frontières construites par Louis XIV; néanmoins, nous devons, pour l'intelligence des faits qui vont suivre, donner un aperçu ou, comme l'on disait alors, un crayon du plan de Vauban[1].

A l'époque de la paix de Nimègue (1678), les frontières de la France étaient marquées : 1° par une ligne conventionnelle qui allait de Dunkerque à Lauterbourg, près du Rhin, en y comprenant la Lorraine, qui était occupée de fait par les troupes françaises; 2° par le Rhin, depuis le confluent de la Lauter jusqu'à Bâle, moins la ville et le terri-

[1] Je renvoie naturellement à la description physique et militaire de la France qui se trouve dans ma *Géographie physique, historique et militaire,* p. 90 à 234 (6e édition).

toire de Strasbourg; 3° par une ligne mal définie qui séparait la Franche-Comté de la Suisse et suivait en partie la crête du Jura ; 4° par le Rhône, depuis Genève jusqu'au confluent du Guil ; 5° par une ligne de convention qui allait du confluent du Guil au mont Tabor, dans les Alpes Cottiennes; 6° par la crête des Alpes Cottiennes et Maritimes, moins la vallée de Barcelonnette, jusqu'au pic de Lausanier, vers les sources de la Stura ; 7° par une ligne de convention qui suivait en partie le cours du Var. De l'embouchure du Var au cap Cerbera, l'on avait la côte de la Méditerranée; puis du cap Cerbera à l'embouchure de la Bidassoa, on avait à peu près pour frontière la chaîne des Pyrénées; enfin, de l'embouchure de la Bidassoa au cap Saint-Mathieu et du cap Saint-Mathieu à Dunkerque, on avait le golfe de Gascogne et la Manche.

La plus importante, la plus vulnérable de ces frontières, est celle du nord-est, qui va de Dunkerque à Bâle, en ayant Paris pour *point objectif*; elle est comprise dans les bassins de l'Escaut, de la Meuse, du Rhin (lesquels ne sont réellement qu'un seul et même bassin), et n'est séparée que par des hauteurs insignifiantes du bassin de la Seine, au centre duquel est Paris. Si l'on tire une ligne de Dunkerque à Bâle, deux autres lignes de Dunkerque et de Bâle à Paris, on obtient ainsi l'*aire stratégique* de cette frontière, c'est-à-dire le champ naturel des opérations qui, partant de l'extérieur, ont Paris pour objet, et qui trouvent pour y arriver trois routes naturelles, celles qui sont ouvertes par les vallées de l'Oise, de la Marne, de la Seine, dont nous parlerons tout à l'heure.

L'aire stratégique de la frontière du nord-est est désavantageuse pour la défense et favorable à l'agression, à cause de la nature du pays. En effet, la France septentrionale est généralement composée de plaines faiblement accidentées : les hauteurs qui séparent les cours d'eau ne sont que des collines ; les cours d'eau eux-mêmes ont leur direction perpendiculaire à la frontière, et ouvrent par conséquent des routes naturelles à l'ennemi. Aussi ce pays a-t-il été dans tous les temps parcouru par des armées envahissantes : ce fut le grand chemin des barbares pour arriver dans la Gaule ; c'est par là que successivement les Anglais, les Bourguignons, les Impériaux, les Espagnols, ont pénétré en France ; c'est par là que les masses armées de l'Europe sont arrivées en 1814 et en 1815. Nous l'avons déjà dit : cette situation géographique, si pleine de dangers, a fait la grandeur de notre patrie.

Ajoutons que ces pays plats, unis, ouverts, que ces fleuves si commodes à l'invasion ennemie, n'ont pas été moins favorables à l'agression, à l'initiative, à l'expansion françaises. C'est de là que sont parties tant de fois nos armées pour occuper ou conquérir les parties de l'ancienne Gaule séparées de la France nouvelle; c'est par là que le Rhin a été franchi par nos idées et par nos armes, que nous avons porté dans la Germanie, sous Charlemagne le christianisme, dans la guerre de Trente Ans l'indépendance et la liberté religieuse, sous l'empire de Napoléon la liberté civile et les réformes sociales de 1789.

Revenons à la frontière du nord-est et à l'œuvre de Louis XIV et de Vauban.

Une telle frontière étant donnée, et la nature n'ayant presque rien fait pour elle, il fallait nécessairement la ceindre d'obstacles artificiels. Le plan fait par Vauban et Louvois, dont Chamlay traça les cartes, que Louis XIV discuta dans tous ses détails, fut de la plus grande simplicité et basé uniquement sur l'examen approfondi des localités.

La ligne conventionnelle de cette frontière est coupée par trois grands cours d'eau, l'Escaut, la Meuse, la Moselle; elle est flanquée au nord par la mer, au sud-est par le Rhin. De plus, l'espace entre la mer et l'Escaut est coupé par la Lys, l'espace entre l'Escaut et la Meuse par la Sambre, l'espace entre la Moselle et les Vosges par la chaîne des Vosges. Il suit de là que la frontière du nord-est se trouve coupée ou flanquée par huit lignes successives d'accidents naturels, assez voisins les uns des autres, et qui partagent cette frontière en quatre grandes parties ou sept sections : 1° l'espace entre la mer et l'Escaut, subdivisé par la Lys ; 2° l'espace entre l'Escaut et la Meuse, subdivisé par la Sambre ; 3° l'espace entre la Meuse et la Moselle ; 4° l'espace entre la Moselle et le Rhin, subdivisé par les Vosges.

Armer chacune des huit lignes qui flanquent ces sept sections de deux ou trois places, garnir les intervalles ou trouées qui se trouvent entre ces lignes d'une ou plusieurs défenses placées ordinairement sur des affluents, enfin former de tous ces points fortifiés et des accidents naturels qui les appuient les huit fronts d'une vaste citadelle dont Paris serait le réduit : tel fut le plan de Vauban.

Trois parties de cette frontière excitèrent surtout sa sollicitude : ce sont celles qui se trouvent à l'origine ou sur le chemin des trois grandes vallées qui convergent sur Paris, c'est-à-dire des vallées de l'Oise, de la Marne et de la Seine, routes naturelles de l'invasion étrangère.

L'origine de la vallée de l'Oise, qui ne se trouve qu'à soixante-dix lieues de Paris, entre l'Escaut et la Meuse, fut armée par quatre places sur l'Escaut, Condé, Valenciennes, Bouchain, Cambray; une place entre Escaut et Sambre, le Quesnoy; deux places sur la Sambre, Maubeuge et Landrecies; quatre places entre Sambre et Meuse, Philippeville, Marienbourg, Avesnes et Rocroy; trois places sur la Meuse, Givet avec Charlemont, Mézières et Sedan. Nous verrons comment cette partie de la frontière sauva la France en 1712, en 1793; qu'elle montra son importance même en 1814; enfin nous dirons que, pour s'assurer ce grand chemin de Paris, les alliés, en 1815, l'ont démantelée en nous enlevant *Philippeville* et *Mariembourg*, qui sont situées près des sources de l'Oise.

La deuxième vallée, celle de la Marne, n'a pas son origine sur la frontière, mais on y peut arriver vers Vitry, par l'espace entre Vosges et Moselle, où l'on ne trouve que les faibles obstacles de Marsal et de Toul. C'est pour garantir cette entrée de la France, qui se trouve protégée seulement sur ses flancs par les places de la Moselle (Metz, Thionville, Sierck) et par celles des Vosges (Bitche et

Phalsbourg), que Louis XIV, comme nous allons le voir tout à l'heure, s'empara de *Sarrelouis* et le fortifia. De même, c'est pour tenir ouverte cette entrée de la France que les alliés, en 1815, nous ont enlevé cette même ville de Sarrelouis.

La troisième vallée, celle de la Seine, n'a pas son origine sur la frontière, mais on peut y arriver par Bâle, Béfort et Langres. C'est là ce qui fait l'importance de la dépression comprise entre les Vosges et le Jura, ou de la *trouée de Béfort*, par laquelle on entre en France comme par une grande porte, et l'on va partout, dans la vallée de la Meuse, dans celle de la Saône, et surtout dans celle de la Seine. Par cette funeste trouée, le Rhin, le Jura et les Vosges, les places de l'Alsace et de la Franche-Comté se trouvent annulées; enfin, toute la magnifique frontière du nord-est, avec sa triple ligne de places fortes, peut être tournée et rendue inutile. C'est la partie la plus vulnérable de la France, et la fermer à l'ennemi est une question de vie ou de mort. On le fit par trois moyens : en renouvelant les alliances avec les Suisses, qui s'engagèrent à empêcher les armées allemandes de passer le fleuve par les villes *forestières ;* en obtenant du prince-évêque de Bâle le droit, en cas de guerre, de mettre des troupes sur son territoire;

en fortifiant Huningue, dont le canon battait le pont de Bâle et rendait cette porte de la France inabordable à l'ennemi. De cette façon, la trouée de Béfort ne présentait plus de dangers, la route de Bâle à Paris ne pouvait plus être abordée, et l'ennemi qui voulait envahir la France était obligé d'attaquer directement et de face la frontière du nord-nest. Vauban aurait voulu qu'on complétât cet ensemble de sûretés en fortifiant Paris, c'est-à-dire le point objectif de la trouée de Béfort et de toute la frontière: par là on eût ôté à l'ennemi jusqu'à la pensée de la tourner. « La prise de Paris, disait-il, seroit un des malheurs les plus grands qui pût arriver à ce royaume, et duquel il ne se relèveroit de longtemps et peut-être jamais. » Louis XIV et Louvois ne jugèrent pas cette fortification urgente avec les sûretés qu'on avait du côté de Bâle; ils la remirent à d'autres temps.

C'est ce défaut de la fortification de Paris qui a décidé les alliés, en 1814, alors que, des trois sûretés établies par Louis XIV, Huningue seul restait, à tourner toute la frontière du nord-est par la porte de Bâle et la trouée de Béfort, et à marcher sur Paris par la vallée de la Seine; c'est là aussi ce qui les a portés, en 1815, à exiger la démolition de *Huningue*, pour que la porte de Bâle restât ouverte à l'invasion ; enfin c'est là ce qui a décidé le gouvernement de 1830, la neutralité de la Suisse n'étant plus assurée et Huningue étant démolie, à fortifier Paris, ce qui a rendu la porte de Bâle inutile et fait reprendre à la frontière du nord-est son efficacité.

Revenons à l'histoire de la fortification de nos frontières.

CHAPITRE V.

LES FRONTIÈRES DE LA FRANCE PENDANT LA GUERRE DE LA LIGUE D'AUGSBOURG.

Le *règlement des places de la frontière* ne fut pas fait d'un seul jet et subit plusieurs phases. Cette œuvre dura à peu près vingt ans et fut exécutée, pour la partie de la mer à la Meuse, de 1678 à 1688, et, pour la partie de la Meuse au Rhin, de 1688 à 1698[1], c'est-à-dire pendant la guerre de la Ligue d'Augsbourg, qui lui fit subir sa première épreuve. De 1678, où elle fut définitivement résolue, à 1688, elle fut entamée avec des hésitations, avec des retours en arrière, surtout de la part de Louis XIV et de Louvois. Le ministre, qui aimait trop la guerre et y trouvait son crédit, ne regardait point la limitation de la France comme définitive ; et le roi regrettait ces

[1] En 1679 on construisit Maubeuge, Charlemont, Longwy, Sarrelouis, Bitche, Phalsbourg, Schelestadt, Huningue, Besançon, Perpignan, Bellegarde ; en 1680, Montlouis ; en 1681, Strasbourg; en 1684, Luxembourg ; en 1689, Landau, etc., etc.

conquêtes si bien commencées, ces Pays-Bas que Mazarin lui montrait tout enfant, comme nécessaires à sa gloire : « il croyait, disait-il, avoir passé en cette rencontre les bornes de la sagesse. » Quant à Vauban, il y mettait plus de suite et d'ensemble : il y avait déjà dix ans qu'il pressait le roi « de faire *son pré carré.* » D'ailleurs, et malgré ces défaillances ou ces regrets, Louvois ne manquait point chaque année de visiter toutes les frontières, examinant les lieux, pressant les travaux, encourageant ingénieurs et ouvriers, et, l'année suivante, Louis XIV allait à son tour inspecter ces mêmes places, en dissimulant ses projets sous les pompes de la cour qui l'accompagnait : à peine arrivé, et même la nuit, il parcourait tous les travaux, entrait dans les plus minces détails, et montrait autant de sollicitude que d'intelligence dans l'accomplissement de cette œuvre capitale[1].

L'examen détaillé des lieux, pendant ces voyages, amena Louis XIV, Louvois et Vauban à reconnaître les défauts du plan d'ensemble, princi-

[1] Voir les détails très-curieux donnés dans la *Gazette* sur les voyages du roi, principalement en 1680, où il visita les place maritimes de Boulogne à Dunkerque, et toutes les places de la Lys, de l'Escaut et de la Sambre, en 1681, où il visita celles de la Lorraine et de l'Alsace; en 1682, où il visita celles de la Franche-Comté, etc.

palement dans les trouées qui restaient ouvertes entre la Meuse et la Moselle, entre la Moselle et les Vosges, sur le Rhin. Alors Louis XIV s'emporta à de nouveaux agrandissements pour rectifier les parties défectueuses des limites où il voulait s'enfermer, et il les fit décréter par les chambres de Metz, de Brisach, de Besançon, comme dépendances des conquêtes anciennes. On réunit ainsi quatre-vingts fiefs dans la Lorraine, parmi lesquels Sarrelouis et Bitche ; dix villes de l'Alsace, parmi lesquelles Strasbourg et Lauterbourg ; le duché de Deux-Ponts, les comtés de Chimay et de Montbéliard ; enfin on prit au roi d'Espagne Luxembourg, Courtray, Dixmude, etc.

Ces réunions étaient fort importantes, la plupart bien choisies, et elles complétaient *le règlement des fortifications* de Chamlay et de Vauban. Ainsi, et pour ne parler que de trois places, on sait que Strasbourg est la principale défense de la frontière de l'est. « Cette ville sera, écrivait Louvois, un monument éternel de la grandeur du roi et du soin qu'il a pris de mettre son royaume à couvert des entreprises de ses ennemis. » Nous avons dit plus haut ce qu'était Sarrelouis. Quant à Luxembourg, « c'est la plus belle et la plus glorieuse conquête que le roi ait jamais faite, qui mettra notre frontière en tel état que les Allemands ne pourront jamais attaquer le royaume par ce côté-là[1] ». En effet, elle couvre l'espace entre la Meuse et la Moselle, et ouvre, par Longwy et Verdun, la route de la Champagne sur Paris; aussi, quand on fut obligé, en 1698, de laisser à l'ennemi cette place, que Vauban avait mis tant de soin à fortifier, ce fut pour notre frontière une blessure irréparable, et les Prussiens s'en servirent en 1792 pour envahir la France.

Ces réunions, faites brutalement et en pleine paix, indignèrent une grande partie de l'Europe; une coalition nouvelle se prépara; la guerre recommença, *guerre des limites*, ainsi que l'appellent les contemporains. Mais Louis XIV s'arrêta, et, croyant son but suffisamment atteint par la possession de Sarrelouis, de Luxembourg et de Strasbourg, il consentit à signer la trêve de Ratisbonne, par laquelle il garda provisoirement ses nouvelles conquêtes (1684). Il s'en croyait maître à jamais et se hâta de les fortifier; mais, pendant qu'il paraissait rentré dans sa politique de modération, la ligue d'Augsbourg se forma dans le but d'annuler la prépondérance de la France, et le premier acte de cette grande coalition fut la révo-

[1] *Histoire de Louvois*, t. III.

lution de 1688, qui, en détrônant les Stuarts, en enlevant l'Angleterre à l'influence française, eut un résultat immense et inattendu : elle fit manquer à la France ses frontières naturelles.

Depuis cinquante ans, l'Angleterre était tombée dans une sorte d'annulation politique, d'abord par ses guerres civiles, ensuite par la corruption générale des hautes classes, enfin par la complaisance honteuse de Charles II, qui était le pensionnaire, et, en quelque sorte, le vassal de la France. Louis XIV en avait profité pour faire des conquêtes, étendre ses frontières, se donner une marine, fonder des colonies, enfin établir la grandeur de la France sur des bases que rien n'a pu ébranler. La révolution de 1688 ayant été une protestation, et pour ainsi dire un soulèvement des Anglais contre l'influence française, avec elle tout changea de face. Alors la « guerre contre la France, dit un historien anglais, devint en quelque sorte une partie de la constitution britannique. » Louis XIV comprit toute la portée de cet événement, et quoique décidé à le combattre de tous ses efforts, il n'hésita pas : la France n'avait plus qu'un grand ennemi, mais un ennemi d'autant plus dangereux qu'il était insaisissable ; il fallait changer résolûment de conduite à l'extérieur, se concentrer, se ramasser à l'intérieur, se rendre invulnérable du côté du Rhin et tourner uniquement l'expansion de la France vers la mer ; il fallait donc ajourner les plans de Mazarin, presser l'exécution des travaux de Vauban ; enfin, et, comme il le disait lui-même, « oublier sa gloire pour le bien de l'État ! »

C'est la politique que Louis XIV doit suivre jusqu'à la fin de son règne ; c'est celle que suivront ses successeurs jusqu'en 1792 ; la frontière naturelle n'est plus qu'un rêve, tant que le parlement britannique retentit de ce cri de haine que le vieux Pitt répétait, un pied dans la tombe : « La guerre, toujours la guerre, contre l'ambitieuse maison de Bourbon ! »

Le but des confédérés d'Augsbourg était de faire rentrer la France dans les limites qu'elle avait avant les traités de Westphalie, le but de Louis XIV était uniquement de garder ce qu'il avait acquis : « J'espère, dit-il, de bien effacer par ma conduite le reproche qu'on fait depuis si longtemps aux Français : qu'ils savent conquérir et ne savent pas conserver. » La guerre, de son côté, fut donc toute défensive et de conservation ; mais, au lieu d'attendre ses ennemis sur cette frontière que Vauban bâtissait, il s'en servit comme base de ses opérations et la protégea immédiatement en occupant les petits États voisins. Aussi, deux mois après l'ouverture des hostilités, nos troupes étaient maîtresses des trois Électorats et du Palatinat, c'est-à-dire de presque toute la rive gauche du Rhin. Malheureusement on ne s'en tint pas là. Comme l'on était résolu à restituer ces pays à l'époque de la paix, on ne voulut les rendre que démantelés, incapables désormais de résister à une agression française, et Louvois, par le conseil de Chamlay, ordonna de brûler et dévaster les principales villes, ainsi que tous les postes où l'on pouvait se loger : « Ruinez et démolissez, lui écrivait Chamlay, et mettez vous par là en état d'être absolument maîtres du Rhin, en sorte que le pays des quatre Électeurs, lorsque la guerre recommencera, devienne la première proie de vos troupes. » — « On avoit persuadé au roi, dit Villars, que le salut de l'État consistoit à mettre des déserts entre notre frontière et les armées des ennemis. » On sait combien ces dévastations excitèrent l'indignation de l'Europe et firent d'ennemis à la France.

Pendant ce temps, sur les derrières et à l'abri de nos armées, le *règlement des places de la frontière* se continuait. On mit d'abord la dernière main à la frontière du Rhin. « La haute Alsace, écrivait Louvois à Vauban, est bien couverte par Brisach, Fribourg et Strasbourg; Huningue et Béfort suffisent pour la mettre en sûreté contre les villes forestières; mais la basse Alsace leur demeure en proie, et ils peuvent toujours, au moyen de Philipsbourg, manger entièrement ce pays-là, que le roi voit avec peine à leur discrétion. » Alors il fut résolu de fortifier Landau. « De Landau, ajoutait-il, on maîtrisera tout le Palatinat, et une grosse garnison dans cette place ôtera entièrement, à une armée qui se serait aventurée en Alsace, le moyen de communiquer avec Philipsbourg[1]. » En même temps on achevait Sarrelouis, on doublait les fortifications de Luxembourg, et l'on bâtissait la forteresse nouvelle de Mont-Royal sur la Moselle[2]; ces deux places, avec Landau, mettaient les Électorats ecclésiastiques, ainsi que le Palatinat, sous notre dépendance. On travaillait en même temps aux places de la Flandre et on les

[1] *Histoire de Louvois*, t. IV.

[2] Mont-Royal était situé sur un rocher, dans une sorte de presqu'île formée par la Moselle, presque à égale distance de Trèves et de Coblentz ; il faisait partie de la principauté de Veldentz, dont la réunion avait été décrétée par le parlement de Metz. « Ce poste, disait Louvois, mettra les frontières du roi en telle sûreté et les électeurs de Cologne, de Mayence et le Palatinat en telle dependance, que cette frontière sera meilleure et plus aisée à défendre que n'est celle de Flandre. »

liait entre elles au moyen de canaux, de sorte que de la mer à la Sambre une série de fossés et de rivières, garnis de palissades et de canons, formait une barrière presque infranchissable, surtout dans la partie comprise entre Ypres et l'Escaut[1]. Enfin on augmentait les défenses de la trouée de l'Oise, et c'est alors que, pour couvrir cette partie si vulnérable, si voisine de Paris, Louis XIV voulut donner à la France Mons et Namur : Mons, qui couvre complétement l'espace entre l'Escaut et la Sambre, Namur, la clef du pays entre Sambre et Meuse. On vit bien le prix qu'il attachait à ces deux places lorsqu'il alla lui-même en faire le siége, et il s'en glorifia comme de conquêtes importantes, puisque ces villes ouvrent le chemin le plus court vers la capitale; mais les alliés mirent la même ardeur à les conserver, et ils parvinrent en effet à les reprendre.

La ligue d'Augsbourg avait eu la pensée, avant même que les hostilités fussent commencées, de

[1] Un travail semblable fut effectué ou du moins commencé sur les côtes : « Pour apprécier le mérite extraordinaire de Vauban, il faut parcourir les côtes de France. Il n'y a pas une situation favorable depuis Dunkerque jusqu'à Antibes sur laquelle il n'ait laissé des traces de son génie, c'est-à-dire un projet ou militaire ou commercial convenable à la localité. » *Mémoires de Dumouriez*, t. I, p. 357.

rendre inutile tout le grand système de défenses de Vauban, en le tournant par les villes forestières et par la Suisse : elle se serait ainsi préparé un chemin pour entrer dans l'Alsace, dans la Franche-Comté, dans la Lorraine, et, en inquiétant la Champagne, elle aurait forcé les troupes françaises à abandonner les pays voisins du Rhin. C'est, sur une moins grande échelle et avec un point objectif mal déterminé, le plan de campagne suivi par la coalition de 1814. Les Suisses avaient vu avec chagrin la France s'approcher d'eux par la conquête de la Franche-Comté; lorsque l'on commença à bâtir Huningue, ils s'en alarmèrent et députèrent au roi pour lui faire des remontrances « sur la jalousie que leur donnait cette place », et ils convoquèrent une diète « pour prendre des résolutions en cas de refus[1]. » Les Impériaux cherchèrent à profiter de ces dispositions : ils excitèrent le ressentiment des Suisses, firent des levées d'hommes dans les cantons, et mirent des troupes dans les villes forestières. Louis XIV en fut averti, et, dès le mois de septembre 1686, il ordonna de construire une tête de pont à Huningue, sur la rive droite du Rhin. « Il fit dire, raconte Dangeau, aux princes d'Allemagne qu'il étoit prêt

[1] *Lettre de Bussy-Rabutin*, t. III, p. 475.

à dédommager le marquis de Bade, sur les terres duquel seront les nouvelles fortifications, mais que, apprenant qu'on formait des ligues contre lui dans l'Empire, il étoit bien aise de mettre ces places hors d'état d'être attaquées par ceux qui lui voudroient faire la guerre. » Puis, à force d'argent et de promesses, il disposa les Suisses de telle sorte qu'ils repoussèrent toutes les propositions de l'empereur, et même lui demandèrent de déclarer neutres les villes forestières et Constance ; enfin, il les amena à un traité (7 mai 1689), par lequel lui-même s'engageait à respecter, à défendre leur neutralité, à la condition qu'ils ne donneraient passage sur leur territoire à aucun des ennemis de la France. Quelques fortifications avaient été élevées dans le voisinage de Bâle et avaient déplu au prince-évêque de cette ville ; il les fit démolir, mais il obtint du prélat un traité par lequel il avait le droit, en temps de guerre, de faire occuper par ses troupes le canton de Porentruy, qui sépare l'Alsace de la Franche-Comté et couvre la trouée de Béfort. Ce traité, si important pour la protection de notre frontière, a été renouvelé avec les évêques de Bâle jusqu'en 1780, et appliqué jusqu'en 1792.

La ligue d'Augsbourg, déçue de son projet de

passage par les villes forestières, dut attaquer de front la frontière française, mais « comme on attaque une grande place investie, par des forces supérieures. » Toute la guerre ne fut donc qu'un vaste assaut livré à cette frontière de tous les côtés, dans le Nord, sur le Rhin, sur les Alpes, sur les Pyrénées. L'assaut fut soutenu avec vigueur, l'ennemi repoussé de toutes parts, battu jusque chez lui; mais les victoires si éclatantes de Luxembourg et de Catinat parurent stériles, parce qu'on était résolu à ne pas faire de nouvelles conquêtes, à ne garder que ce qu'on avait acquis auparavant. Aussi Fleurus, Nerwinde, Staffarde, la Marsaille, ne changèrent rien aux dispositions de Louis XIV, qui n'avait plus Louvois pour le pousser à la guerre, et qui, d'ailleurs, était obligé de céder à l'épuisement extrême de la France[1]. Après les plus belles victoires, il ne cessa d'offrir la paix, d'offrir même la restitution de ses dernières acquisitions, de se montrer résolu à s'enfermer dans ces frontières artificielles, dont l'efficacité venait d'être démontrée. Enfin le traité de Ryswick fut la preuve éclatante de cette politique de modération, dont il ne voulait plus se départir.

[1] « Le salut du peuple est la première obligation du roi, » écrivait à cette époque Mme de Maintenon.

Par ce traité, il garda Huningue, Strasbourg Sarrelouis, Givet, etc., dont la possession était indispensable à la constitution de notre frontière ; mais il rendit les autres territoires que lui avaient donnés les chambres de réunion, et ceux qu'il avait conquis pendant la guerre : Charleroy, Ath, Courtray, Mont-Royal, même Luxembourg. « Les Impériaux déclarèrent que, si cette place, qui sert de communication entre l'Empire et les Pays-Bas, et de barrière aux provinces situées entre la Meuse, la Moselle et le Rhin, était cédée à la France, il en résulterait pour eux un dommage incomparable. » Il renonça, en quelque sorte, à intervenir dans l'Empire, en cédant toutes les forteresses qu'il avait sur la rive droite du Rhin, la tête de pont de Huningue, Fribourg, Vieux-Brisach, Kehl, Philipsbourg. Il rendit la Lorraine, mais en gardant le droit de passage sur son territoire, qui, d'ailleurs, était contenu par les Trois-Évêchés et par les places de Marsal, de Sarrelouis et de Longwy. Enfin, pour donner un nouveau témoignage de ses résolutions pacifiques, de son renoncement à toute conquête extérieure, il rendit Casal au duc de Mantoue, et céda au duc de Savoie Pignerol avec les forts voisins, à la condition qu'ils seraient démolis ; de sorte que l'influence française en Italie se trouva annulée.

Toutes ces restitutions excitèrent un vif mécontentement, surtout dans l'armée : on y disait hautement que Louis XIV allait trop loin dans ses renonciations, et que si Louvois eût été là, il l'en eût empêché ; on y qualifiait de *déshonorantes* les conditions de la paix, et la paix elle-même d'*infâme*. Non-seulement Louvois n'était plus là, mais Vauban, Chamlay et les autres créateurs de nos frontières n'étaient point écoutés[1] : Louis XIV n'entendait plus que le cri de détresse de ses peuples qui demandaient la paix à tout prix, et il se

[1] Vauban fut l'un de ceux qui blâmèrent le plus violemment et le plus injustement les conditions du traité de Ryswick. Il écrivit à ce sujet une lettre très-remarquable, avant la signature de la paix, et quand il était question, disait-on, de rendre non-seulement Luxembourg, mais Strasbourg, ce qui le transportait d'indignation.

« Je n'ai pas plutôt été arrivé ici, que j'ai trouvé Paris rempli de bruits de paix, que les ministres étrangers y font courir, à des conditions très-déshonorantes pour nous, car, entre autres choses, ils écrivent que nous avons offert en dernier lieu Strasbourg et Luxembourg en l'état qu'ils sont, outre et par-dessus les offres précédentes qu'on avoit faites ; qu'ils ne doutent pas que ces offres ne soient acceptées, mais qu'ils s'étonnent fort qu'on ne les ait pas faites il y a deux ans, puisque, si on les avoit faites en ce temps là, nous aurions eu la paix. Si cela est, nous fournissons à nos ennemis de quoi bien nous donner les étrivières. Un pont sur le Rhin et une place de la grandeur et de la force de Strasbourg, qui vaut mieux elle seule que le reste de l'Alsace, cela s'appelle donner aux Allemands le plus beau et le plus sûr magasin de l'Europe pour les secours de M. de Lorraine et pour porter la guerre en

recueillait pour se préparer à une nouvelle lutte qu'il prévoyait, qu'il redoutait, celle que devait engendrer la succession d'Espagne.

Dans cette lutte, la frontière artificielle de la France, établie définitivement par le traité de Rys-

France. Luxembourg, de sa part, fera le même effet à l'égard de la Lorraine, de la Champagne et des Évêchés. Nous n'avons après cela qu'à donner de l'inquiétude à M. de Lorraine : le voilà en état d'être soutenu à merveille. Je ne veux pas parler des autres places que nous devons rendre : je ne vous ai paru que trop outré là-dessus : il vaut mieux me taire de peur d'en trop dire. Ce qu'il y a de certain, c'est que ceux qui ont donné ces conseils au roi ne servent pas mal ses ennemis.

« Ces deux dernières places sont les meilleures de l'Europe, il n'y avoit qu'à les garder : il est certain qu'aucune puissance n'auroit pu nous les ôter. *Nous perdons avec elles pour jamais l'occasion de nous borner par le Rhin;* nous n'y reviendrons plus; et la France, après s'être ruinée et avoir consommé un million d'hommes pour s'élargir et se faire une frontière, quand tout est fait et qu'il n'y a plus qu'à se donner un peu de patience pour sortir glorieusement d'affaire, tombe tout à coup sans aucune nécessité; et tout ce qu'elle a fait depuis quarante ans ne servira qu'à fournir à ses ennemis de quoi achever de la perdre. Que dira-t-on de nous présentement? Quelle réputation aurons-nous dans les pays étrangers, et à quel mépris n'allons-nous pas être exposés? Est-on assez peu instruit, dans le conseil du roi, pour ne pas savoir que les États se maintiennent plus par la réputation que par la force? Si nous la perdons une fois, nous allons devenir l'objet du mépris de nos voisins, comme nous sommes celui de leur adversion. On nous va marcher sur le ventre et nous n'oserons souffler. Voyez où nous en sommes. Je vous pose en fait qu'il n'y aura pas un petit prince dans l'Empire qui d'ici en avant ne se veuille mesurer avec le roi, qui de son côté peut s'attendre que la paix ne durera qu'autant de temps que ses ennemis en emploieront à se remettre en état, après qu'ils auront fait la paix avec le Turc.

wick, et qui ne devait plus être modifiée (sauf en ce qui regarde la Lorraine) pendant près d'un siècle, allait subir une épreuve terrible, complète, et en sortir triomphante.

Nous le donnons trop beau à l'Empereur pour manquer à s'en prévaloir.

« De la manière enfin qu'on nous promet la paix générale, je la tiens plus infâme que celle de Cateau-Cambrésis, qui déshonora Henri II, et qui a toujours été considérée comme la plus honteuse qui ait jamais été faite. Si nous avions perdu cinq ou six batailles l'une sur l'autre et une grande partie de notre pays, que l'Etat fût dans un péril évident, à n'en pouvoir relever sans une paix, on y trouveroit encore à redire, la faisant comme nous voulons la faire. Mais il n'est pas question de rien de tout cela, et on peut dire que nous sommes encore dans tous nos avantages. Nous avons gagné un terrain considérable sur l'ennemi ; nous lui avons pris de grandes et bonnes places ; nous l'avons toujours battu ; nous vivons tous les ans à ses dépens ; nous sommes en bien meilleur état qu'au commencement de la guerre, et au bout de tout cela, nous faisons une paix qui déshonore le roi et toute la nation. Je n'ai point de termes pour expliquer une si extraordinaire conduite ; et quand j'en aurois, je me donnerois bien garde de les exposer à une telle lettre. Brûlez, s'il vous plaît. » (*Abrégé des services du maréchal de Vauban*, par Augoyat ; 1839.)

CHAPITRE VI.

LES FRONTIÈRES DE LA FRANCE PENDANT LA GUERRE DE LA SUCCESSION D'ESPAGNE.

On sait que la population de l'Europe se partage en trois races principales : la race celtique ou latine, qui, après avoir formé les peuples les plus civilisés de l'antiquité, occupe aujourd'hui la Gaule avec les péninsules hispanique et italique; la race germanique, qui a formé le monde féodal et qui occupe principalement l'Allemagne avec la Scandinavie et les îles Britanniques; la race slave, dont le rôle historique est tout récent, et qui occupe l'Europe septentrionale et orientale. La race celtique, conquise par l'invasion germanique dans les premiers siècles de l'ère chrétienne, absorba rapidement les vainqueurs et s'efforça de garder la suprématie qu'elle avait dans l'antiquité; de là une lutte de plusieurs siècles, qui est principalement représentée par l'antagonisme de la France, tantôt contre l'Allemagne, tantôt contre l'Angleterre. Au seizième siècle, la race germanique l'emporte au moyen de la maison d'Autriche qui devient maîtresse non-seulement de l'Allemagne, mais de l'Espagne, de l'Italie, d'une partie de la Gaule, et qui s'efforce d'annuler la race latine par l'abaissement et même, au temps de la Ligue, par la conquête de la France. La France, nous le savons, lutta désespérément contre l'ambition autrichienne ; elle parvint d'abord, sous François Ier et ses successeurs, à arrêter ses progrès ; puis, sous Richelieu et Louis XIV, elle reprit l'offensive et s'efforça de rendre à la race latine sa prépondérance, en ébréchant, en affaiblissant la maison d'Autriche, soit en Allemagne, soit en Espagne, soit en Italie. Le succès ne répondit pas complétement à ses efforts, et nous venons de voir que, dans le traité de Ryswick, la France abandonna l'espoir de ses frontières naturelles, abdiqua toute influence en Italie, continua d'avoir l'Espagne pour ennemie, enfin laissa la race latine dans son état d'infériorité en face de la race germanique. La mort, sans enfants, de Charles II, roi d'Espagne, de Naples, de Sicile, de Sardaigne, duc de Milan, souverain des Pays-Bas, etc., vint changer la face de l'Europe et la situation des deux races ennemies.

La maison de Bourbon et la branche allemande de la maison d'Autriche se disputèrent cette riche succession. Louis XIV, d'après sa politique nouvelle de modération, se contenta d'abord de traités de partage qui lui donnaient ce que Saint-Simon appelle des *rognures* : ainsi la France, soit par des cessions, soit par des échanges, aurait complété sa frontière des Pyrénées par le Guipuzcoa, sa frontière des Alpes par le comté de Nice et la Savoie, sa frontière du Rhin par la Lorraine. C'étaient de précieuses acquisitions, mais elles étaient largement compensées, car on aurait laissé l'Espagne à la maison d'Autriche, et on aurait créé en Italie une nouvelle puissance ennemie, celle de la maison de Savoie. Or, le grand défaut de la position politique de la France après le traité de Ryswick, le grand défaut des frontières que Vauban venait de construire, était du côté de l'Espagne et de l'Italie. En effet, depuis deux siècles surtout, la France ne pouvait agir, soit au nord, soit au levant, sans être entravée sur ses derrières, comprimée dans son élan, tournée et annulée, pour ainsi dire, par les Alpes et les Pyrénées. Il fallait à tout prix se débarrasser de ce danger perpétuellement menaçant, fermer à jamais ces portes ennemies; il fallait n'avoir plus l'Allemagne à combattre que devant soi ; il fallait peser doréna-vant sur les frontières du Rhin avec toutes nos forces ; il fallait enfin, en faisant entrer définitivement l'Espagne et l'Italie dans le système politique de la France, rendre sa prépondérance à la race latine. Le testament de Charles II, qui donnait à un Bourbon toute la monarchie espagnole, était une occasion unique, inespérée, de faire tout cela. Louis XIV, par une résolution pleine de périls, mais pleine de grandeur et profondément nationale, accepta ce testament ; les peuples d'Espagne et d'Italie s'empressèrent d'entrer dans l'union fraternelle de la France ; la France domina par elle-même ou par ses alliés de la mer du Nord à la Méditerranée, d'Anvers à Tarente et à Gibraltar ; enfin, après tant de siècles de luttes et de combats, la prépondérance exercée par la race germanique, et si longtemps disputée, secouée, entamée, se trouva retournée et acquise aux peuples de race latine.

Les nations de race germanique, l'Angleterre, la Hollande, l'Allemagne, furent saisies de stupeur. « Les États de France, d'Espagne et d'Italie, écrivait l'empereur Léopold, ne doivent plus être regardés que comme un seul État, et les trois peuples ainsi unis deviendront si formidables qu'il pourront aisément soumettre toute l'Europe à leur domination. » Une grande ligue fut formée et la guerre commença pour « la cause des libertés de l'Europe, » disait le manifeste des coalisés.

Nous n'avons pas à raconter les événements de cette guerre, ni les fautes politiques par lesquelles Louis XIV en augmenta les dangers, ni les fautes militaires par lesquelles ses généraux perdirent successivement toute l'Italie, nos positions en Allemagne, les Électorats du Rhin et les Pays-Bas, la France étant réduite par de nombreux revers à la défensive sur son propre territoire. Nous n'avons à exposer que les épreuves décisives subies par ses frontières, et comment l'œuvre de Louis XIV et de Vauban fit le salut du royaume.

Il faut d'abord remarquer que les attaques des alliés se trouvèrent forcément limitées et réduites : à la frontière du nord-est dans toute son étendue de Dunkerque à Bâle ; à la frontière des Alpes dans la partie de la Durance et du Var. Toutes les autres frontières restèrent libres et intactes. En effet, de Bâle à Genève, la frontière du Jura était couverte par Huningue et l'alliance de la Suisse ; de Genève à Briançon, le bassin montagneux de l'Isère resta, comme durant toutes les autres guerres, inabordable ; enfin, du côté des Pyrénées, nous avions, il est vrai, des troupes en Espagne, mais point de frontière à garder ni d'invasion à craindre. Ainsi donc, le système défensif de Louis XIV portait déjà ses fruits, et nous n'avions presque partout à combattre l'ennemi que sur des points peu nombreux, déterminés et préparés à la résistance.

Du côté de la Durance et du Var, les opérations se bornèrent à une invasion faite par le duc de Savoie en Provence, à une marche du prince Eugène sur Toulon. Elles causèrent de grandes craintes, de grands malheurs, mais en définitive furent aisément repoussées ; on vit seulement l'importance de la vallée de Barcelonnette, jusque-là négligée, et par laquelle le duc de Savoie avait pénétré en Provence. C'est sur la grande frontière du nord-est, sur le chef-d'œuvre de Vauban, que les attaques furent dangereuses, multipliées, décisives ; mais les alliés connaissaient mal cette frontière, ses points faibles, ses moyens de résistance ; ils ne l'abordèrent qu'avec hésitation, avec lenteur, en changeant continuellement de marche et de plan.

Leur première attaque se porta dans la partie comprise entre la Moselle et les Vosges. Le désastre de Hochstett ayant permis aux Impériaux de pénétrer dans la haute Alsace, ils s'emparèrent de Landau, occupèrent les Électorats du Rhin et s'avancèrent sur la Sarre. « Leur projet était, dit Saint-Simon, de prendre l'Alsace à revers, de tomber sur les Trois-Évêchés, et de là plus avant dans la France. » Villars le fit échouer, grâce à la place nouvelle de Sarrelouis, si habilement choisie et fortifiée par Vauban. Il s'établit sur la Sarre, en s'appuyant au camp de Sierck sur la Moselle, et, dans cette position, il rendit inutiles toutes les manœuvres, tous les efforts de Marlborough et du prince de Bade.

La frontière du nord-est, dans la partie voisine de la Belgique, ne fut attaquée qu'après les batailles de Ramillies et d'Oudenarde, mais là les tâtonnements des alliés furent encore plus grands: le réseau des places à prendre paraissait si serré, si compliqué, si redoutable, que, malgré la supériorité de leurs forces et les fautes des généraux français, ils ne mirent pas moins de quatre ans à chercher, à trouver le point réellement vulnérable. Cependant, après la bataille d'Oudenarde, ils allèrent droit sur Lille, et s'emparèrent de cette place de premier ordre, après un siége mémorable; mais ils n'osèrent percer sur la Somme, en laissant derrière eux les places de la Lys, de la Scarpe, de l'Escaut. D'ailleurs, les troupes françaises occupaient encore sur leurs derrières quelques places des Pays-Bas, telles que Tournay, Mons, etc. Ils marchèrent donc sur la Scarpe; mais Villars défendit habilement cette rivière. Alors ils tâtèrent l'Escaut et prirent Tournay, puis ils se rabattirent sur Mons. Nous avons dit quelle était l'importance de cette place, l'une des clefs de la trouée de l'Oise.

Pour assurer leurs opérations de ce côté, ils firent deux grandes diversions du côté de la Suisse et du Dauphiné, qui devaient leur permettre, après la prise de Mons, de marcher au cœur du royaume. Du côté de la Suisse, un corps allemand devait, en violant le territoire de Bâle, passer le Rhin, tourner l'Alsace par le midi, et pénétrer en Franche-Comté. Là ce corps aurait donné la main au duc de Savoie, qui devait pénétrer par le Dauphiné et marcher sur Lyon. Comme on le voit, encore bien que les alliés n'eussent point vu l'importance de la trouée de Béfort, leur plan d'invasion était bien combiné, et il offre quelque ressemblance avec celui des alliés en 1814.

Ce plan échoua presque partout. Le duc de Savoie, tenu en échec par le maréchal de Berwick, qui était posté à Briançon, ne put envahir le Dauphiné. Le corps allemand, commandé par Mercy, s'entendit secrètement avec les cantons protestants, qui le laissèrent passer par les villes forestières; mais il fut rencontré par le comte du Bourg et battu à Rumersheim. Louis XIV se plaignit vivement aux Suisses, qui avaient laissé violer leur territoire; la diète l'apaisa en envoyant des troupes, qui surveillèrent les villes forestières, pendant qu'un corps français occupait le territoire de Bâle.

Du côté des Pas-Bas, les opérations furent moins heureuses. Il fallait à tout prix couvrir la vallée de l'Oise et sauver Mons; Villars, malgré l'infériorité de ses forces, livra une bataille terrible à Malplaquet; il fut vaincu, et Mons se rendit; mais les pertes des alliés furent telles, qu'ils n'osèrent continuer leur marche dans cette trouée si bien gardée. Eugène recommença ses tâtonnements, ses lenteurs; il chercha des passages plus faciles par les places situées entre la Lys et l'Escaut; il s'empara ainsi, en 1710, de Douai, de Béthune, d'Aire, de Saint-Venant. Toutes ces conquêtes ne lui parurent pas assez solides pour marcher en avant: il voyait devant lui les places de la Somme; il laissait derrière lui toutes celles de l'Escaut, de la Sambre, de la Meuse. Enfin il reprit sa marche avec plus d'habileté par le pays entre Escaut et Sambre: il s'empara de Bouchain, sur l'Escaut, du

Quesnoy entre l'Escaut et la Sambre; enfin il se mit à assiéger Landrecies.

S'il prenait cette place, la trouée de l'Oise était ouverte, et l'on pouvait marcher jusqu'à Paris. Il laissait en arrière, il est vrai, Cambray, Valenciennes, Condé, Maubeuge et les places entre Sambre et Meuse; mais il possédait Mons, et, en cas de revers, tout le pays entre Lys et Escaut, dont il tenait les places, lui donnait une retraite assurée. Aussi était-il plein de joie et de menace; ses partisans couraient jusqu'à Soissons; la consternation était à Paris; la France, depuis deux siècles, n'avait pas été dans un plus grand danger, car les alliés parlaient même de la démembrer; quelques courtisans conseillaient au roi de se retirer sur la Loire. Louis XIV n'eut qu'une pensée : sauver l'État en sauvant Landrecies. « A aucun prix, écrivait le ministre Voisin au maréchal de Villars, et même en livrant bataille, le roi ne veut laisser prendre cette place. » C'est dans ces circonstances solennelles que furent conçues les opérations célèbres qui forcèrent le prince Eugène, par la prise du camp de Denain, à lever le siége de Landrecies, à renoncer à son plan d'invasion sur Paris, enfin, à évacuer toutes les places qu'il avait prises et à repasser la frontière. L'idée première de la diversion sur Denain, diversion décisive et qu'on peut appeler une inspiration de génie, appartient à Louis XIV, qui suivait pas à pas, heure par heure, ses généraux, et, la carte à la main, leur donnait les instructions les plus sages, en leur laissant toute liberté d'action. La correspondance relative à cette belle campagne[1] honore également le roi, son ministre, son général, qui s'y montrent tous trois animés de la sollicitude la plus patriotique, et cherchent les moyens de sauver l'État avec une noble anxiété, un calme inaltérable, et, l'on peut ajouter, avec simplicité et modestie. Louis XIV y paraît le plus ému : il ne peut dissimuler complétement son désir d'une bataille, son impatience de repousser l'ennemi, son ressentiment de l'outrage qu'a reçu sa frontière; mais il se contient et n'ose exprimer à Villars toute son ardeur : « il s'en remet, dit-il, à son sentiment, à ses connaissances plus parfaites. » Le ministre Voisin est plus hardi, plus aventureux : « Toutes vos lettres, écrit-il à Villars, sont pleines de réflexions sur le hasard d'une bataille; peut-être n'en faites-vous pas assez sur les tristes conséquences de n'en point donner, et de laisser pénétrer les ennemis dans le royaume,

[1] On la trouvera résumée dans l'Appendice au quatorzième volume du *Journal de Dangeau*.

en prenant toutes les places qu'ils veulent attaquer... » Quant à Villars, il est modeste, craintif, réservé, et ne ressemble nullement au portrait mensonger qu'en a tracé le haineux Saint-Simon. il sent le fardeau qui lui est imposé; il jette avec tremblement un coup d'œil en arrière sur l'état du royaume; il ne marche qu'avec circonspection : « Les batailles, écrit-il, sont dans la main de Dieu, et de celle-ci dépend le salut ou la perte de l'État; je serois donc un mauvais Français, un mauvais serviteur du roi, si je ne faisois toutes les réflexions convenables. »

On sait comment, après ces réflexions, ces hésitations si nobles et si sages, on sait avec quel élan, quelle vigueur, quel entrain tout français, le camp de Denain fut emporté, et les suites décisives de cette victoire. La France était sauvée, et l'œuvre de Louis XIV et de Vauban avait reçu de Villars sa solennelle consécration. « Sire, écrivait-il du même ton qu'avant la bataille, après plusieurs nouvelles pénibles à Votre Majesté, j'ai au moins la satisfaction de lui en apprendre une agréable : le camp retranché de Denain a été emporté... Je n'ai point donné de ces batailles générâles qui mettent le royaume en peine; mais j'espère, avec l'aide de Dieu, que le roi retirera de grands avantages de celle-ci... Je cherche le mieux avec toute l'application que je dois. »

Ce ne furent pas seulement les opérations militaires, mais aussi les négociations diplomatiques, qui démontrèrent l'importance et l'excellence des frontières que la France s'était données. Aux offres pacifiques faites par Louis XIV, les alliés répondirent par des conditions humiliantes, et qui avaient pour but, non-seulement d'annuler ces frontières, mais de ramener la France aux limites du traité de Vervins. « Ils m'ont fait voir, disait le roi à son peuple, que leur intention étoit seulement d'accroître, aux dépens de ma couronne, les États voisins de la France, et de s'ouvrir des voies plus faciles pour pénétrer dans l'intérieur de mon royaume, toutes les fois qu'il conviendroit à leurs intérêts de commencer une nouvelle guerre. » En effet, ils demandaient, outre l'abandon de l'Espagne, de l'Italie, des Pays-Bas, toute l'Alsace, et principalement les places de Brisach, de Strasbourg et de Landau, puis les places de la Sambre, celles de l'Escaut, Lille, Cassel, Ypres, etc. Et quand le ministre Torcy faisait observer « que les frontières de la France ne pouvoient pas être découvertes pendant qu'on laisseroit aux autres princes les moyens d'y pénétrer ; que les alliés se montrant si jaloux d'avoir des barrières, il étoit juste de laisser au moins à la France celles qu'elle avoit présentement, » les ministres alliés répondaient « que la France, puissante comme elle l'étoit, n'avoit rien à craindre de ses voisins, mais que ses voisins avoient tout à craindre d'elle, qu'il falloit la réduire. » On sait que Louis XIV, dans les conférences de 1709, fut forcé de céder à toutes les exigences, de passer par les fourches caudines de ses implacables ennemis ; mais il ne le fit qu'en luttant pas à pas, en choisissant parmi ses chères forteresses, en les défendant l'une après l'autre. Ainsi il écrivait à Torcy, sur la petite ville de Maubeuge : « Je vous ordonne de réserver cette place à la dernière extrémité, et seulement en cas qu'elle serve à la décision de la paix. » La campagne de 1793 devait démontrer la clairvoyance de Louis XIV.

Les traités d'Utrecht et de Rastadt mirent fin à la guerre de la succession d'Espagne, et, après tant de désastres, la France se retrouva à peu près telle qu'elle était au traité de Ryswick, c'est-à-dire que ses frontières ne furent que modifiées. Au nord, pour satisfaire à la haine de l'Angleterre, dont le commerce avait tant souffert des corsaires de Dunkerque, cette ville fut démantelée et eut son port ruiné; de plus, on céda aux Pays-Bas les quatre places de Menin, d'Ypres, de Dixmude et de Tournay; enfin l'on stipula que « aucune province, ville ou fort, ou place des Pays-Bas, ne pourroit jamais être transportée, cédée, ni échoir à la couronne de France, ni à aucun prince ou princesse de la maison de Bourbon. » Nous dirons tout à l'heure ce qu'on fit de ces places et des autres villes de guerre de la Belgique. Du côté du Rhin, la France abandonna les têtes de pont qu'elle avait sur la rive droite, mais elle garda définitivement Landau, si importante pour couvrir Strasbourg et les Vosges. Du côté des Alpes, elle céda au duc de Savoie Fenestrelle, Exilles et les vallées voisines, de sorte qu'elle n'eut plus un pouce de terre au delà des Alpes; mais elle acquit, en échange, la vallée de Barcelonette avec ses dépendances : « de cette manière, dit le traité, les sommets des Alpes devoient servir, à l'avenir, de limites entre la France et les États du duc. »

Ainsi qu'on le voit, ces frontières de Vauban, qui avaient excité tant d'envie et de terreur, que les alliés n'avaient pu ébrécher qu'avec tant d'efforts, restaient à peu près intactes; mais si l'on eût exécuté le plan du prince Eugène, on les aurait frappées d'inertie, en leur opposant, dans les

États voisins, un système de *barrières* ou un réseau de places fortes gardées à frais communs. Son plan ne fut mis en vigueur que dans les Pays-Bas, donnés à l'Autriche, et qui étaient trop éloignés, trop isolés de cette puissance pour être efficacement gardés par elle : des places d'Oudenarde, Tournay, Ath, Mons, Charleroy, Namur, etc., places dont l'ensemble forme un demi-cercle saillant vers la France, entre l'Escaut et la Meuse, c'est-à-dire dans la partie la plus ouverte aux armes françaises, on fit une *barrière* confiée à la garde des Hollandais, et que la France ne put dorénavant franchir sans avoir sur les bras toutes les puissances garantes du traité d'Utrecht. On voulait en faire autant sur la rive gauche du Rhin avec les places des électeurs ecclésiastiques, qui auraient été confiées à la garde de la diète germanique; mais on ne put s'entendre sur les princes qui fourniraient les garnisons de ces places, et le plan échoua. Il en fut de même du côté des Alpes, où l'on proposait de donner la garde des places qui défendaient les principaux passages à des troupes impériales : le duc de Savoie n'y voulut pas consentir. Nous devons remarquer que ce système de barrières opposées aux agrandissements de la France fut repris en 1814, et, comme nous le verrons, mis à exécution par la création du royaume des Pays-Bas, par la cession faite à la Prusse des anciens électorats ecclésiastiques, enfin par la reconstruction du royaume de Sardaigne.

En résumé, les traités d'Utrecht et de Rastadt respectaient à peu près les frontières de Vauban, mais ils faisaient descendre la France de la position si élevée qu'elle avait en 1701 ; la race latine perdait encore la prépondérance ; nos frontières du midi n'avaient pas acquis toutes leurs sûretés. Du côté des Pyrénées, le succès était complet : l'Espagne, gouvernée par un Bourbon, entrait dans l'alliance française, et allait, pendant près d'un siècle, nous donner sa marine contre l'Angleterre. Mais, du côté des Alpes, le danger devenait plus grand que jamais : l'Italie, comme au temps de Charles-Quint, retombait sous la domination de l'Autriche, à qui l'on donna Milan, Mantoue, les présides de Toscane, les royaumes de Naples et de Sardaigne ; la France y perdait toute influence, et, à sa porte, les ducs de Savoie, devenus maîtres de la Sicile, possédaient maintenant une monarchie de deuxième ordre, qui n'allait pas cesser de s'agrandir par ses alliances avec l'Autriche.

Les clauses du traité d'Utrecht relatives à

l'Italie furent celles qui causèrent à Louis XIV le plus de douleur et de sollicitude : le royaume qu'il laissait à son petit-fils lui semblait porter au flanc une blessure perpétuelle, avec l'Autriche dominatrice de l'Italie, avec le double versant des Alpes appartenant à l'ambitieuse maison de Savoie, hostile depuis deux siècles à la France, et dont les trahisons récentes venaient d'être payées par la couronne royale.

Aussi, dans les instructions qu'il laissa au maréchal de Villeroi, il recommanda à son successeur de se tenir dans les limites données au royaume par les derniers traités, de faire tous ses efforts pour reprendre de l'influence en Italie, enfin, la France ne pouvant plus s'agrandir sur le continent, de tourner toute l'activité nationale sur la mer : l'Angleterre était désormais la seule ennemie, « ancienne et irréconciliable, » qu'on eût à surveiller, à craindre, à combattre.

CHAPITRE VII.

LES FRONTIÈRES DE LA FRANCE SOUS LOUIS XV ET SOUS LOUIS XVI.

Louis XV suivit religieusement les instructions de son aïeul : les affaires d'Italie furent sa principale préoccupation ; le reste, même la lutte contre l'Angleterre, il l'abandonna à la sollicitude de ses ministres ; d'ailleurs, la politique de limitation que lui prescrivait Louis XIV convenait à son égoïsme indolent, à son amour du repos et des plaisirs. Aussi, dès la première guerre où il se trouva entraîné, celle de la succession de Pologne, il eut la joie d'accomplir les dernières volontés de Louis XIV, en commençant à rétablir l'influence rançaise en Italie, par la cession qui fut faite des royaumes de Naples et de Sicile à un Bourbon d'Espagne. L'Autriche ne possédait plus dans la péninsule que le Milanais et le Mantouan, et l'on avait réduit le duc de Savoie à échanger la Sicile contre la Sardaigne.

Cette guerre de la succession de Pologne, grâce à l'habileté du cardinal Fleury, qui sut en écarter l'Angleterre, donna encore à la France un avantage inespéré : ce fut la cession de la Lorraine, province si longtemps convoitée, tant de fois réunie, tant de fois séparée. Cette cession fut faite dans un intérêt pacifique qu'on rencontre rarement dans les conventions diplomatiques : elle fut faite pour la tranquillité de l'Europe et la sûreté des frontières de la France. En effet, le duc de Lorraine était l'époux de Marie-Thérèse, fille unique et héritière de l'empereur Charles IV; on prévoyait qu'il parviendrait à la couronne impériale, et la nouvelle maison d'Autriche ne pouvait, en gardant la Lorraine, s'établir aux portes de la France. On donna donc le duché de Toscane à l'époux de Marie-Thérèse, en échange de la Lorraine, qui fut concédée à Stanislas Leczinski, roi détrôné de Pologne, sous la condition qu'à la la mort de ce prince cette province serait donnée à la France. Stanislas mourut en 1766; la Lorraine devint alors complétement française, et le grand chemin de la Moselle vers l'intérieur du royaume se trouva, après deux siècles d'efforts, définitivement fermé.

Dans la guerre de la succession d'Autriche,

Louis XV se montra encore uniquement occupé de rétablir l'influence française en Italie : ce fut pour ainsi dire la seule affaire qu'il traita par lui-même, et il le fit avec une grande intelligence ; c'est ce que témoignent ses instructions diplomatiques, qui furent presque entièrement écrites de sa main. Son plan, emprunté peut-être aux projets de Henri IV, était « de donner à l'Italie une assiette fixe, et en lier les parties éparses par une fédération générale qui la rendît indépendante des lois et de l'influence de l'étranger. » — « Il faut, disait-il, concentrer les puissances italiques en elles-mêmes, en chasser l'Autriche, et montrer l'exemple de n'y plus prétendre. » Des négociations très-actives furent entamées à cet effet, et d'après lesquelles l'Italie supérieure aurait été partagée entre : le duc de Savoie, à qui l'on aurait donné le Milanais ; un Bourbon d'Espagne, qui aurait eu Plaisance et Mantoue, c'est-à-dire les deux clefs du bassin du Pô ; le duc de Modène, les républiques de Gênes et de Venise. La péninsule aurait continué d'appartenir au duc de Toscane, au pape, au roi de Naples et de Sicile. Tous ces États auraient formé une confédération, dont le pape aurait été le chef suprême, mais qui se serait trouvée réellement, à cause des Bourbons de Plaisance et de Naples, sous l'influence de l'Espagne et de la France. La cour de Madrid, qui regrettait la possession du Milanais, fit la plus opiniâtre opposition à ce plan et le fit échouer. A la fin de la guerre, et dans le traité d'Aix-la-Chapelle, Louis XV se contenta de la cession de Parme et de Plaisance, qui furent données à un Bourbon d'Espagne, ce qui contre-balança la puissance de l'Autriche et de la maison de Savoie dans le bassin du Pô, principalement à cause de nos alliances avec les républiques de Gênes et de Venise.

Le même traité témoigna avec quelle docilité nonchalante, et pour ainsi dire servile, Louis XV, si actif dans les affaires d'Italie, suivait la politique de son aïeul à l'égard des frontières de la France. Après vingt victoires, étant, à la fin de la guerre, maître des Pays-Bas, d'une partie de la Hollande, de la Savoie, de Nice, il pouvait demander la cession de quelques-unes de ses conquêtes, et ses ennemis y étaient résignés à l'avance. Il recula devant la résistance et la morgue de l'Angleterre, et, au lieu de garder une partie des Pays-Bas, il consentit même à la destruction et à la fermeture du port de Dunkerque. « La France, en rendant ses conquêtes, dit le maréchal de Saxe, s'est fait la guerre à elle-même.

Ses ennemis ont conservé leur même puissance; elle seule s'est affaiblie. »

Après cette guerre, si mal terminée, il n'y eut plus, jusqu'à la fin de la monarchie, de guerres de frontières, ni de projets pour les agrandir. La puissance sur laquelle on conquérait depuis un siècle, l'Autriche, est devenue notre alliée, et nous allons engager pour elle, et contre nos intérêts, la désastreuse guerre de Sept Ans. Toute l'expansion de la puissance française, détournée de sa voie naturelle sur le continent, se fait par la mer, et c'est alors que nous essayons de fonder une puissance maritime et coloniale; c'est alors que prospèrent nos grands établissements du Canada, des Antilles, et que nous commençons un empire des Indes. La France trouve encore pour arrêter cette expansion, l'Angleterre, qui nous enlève nos principales colonies, détruit notre marine, et nous force à subir, pour la troisième fois, l'humiliation de la ruine de Dunkerque. Et comme le cabinet français voulait en démontrer l'inutilité et la barbarie : « Le peuple britannique, disait Pitt, regarde la démolition de Dunkerque comme un monument éternel du joug imposé à la France, et un ministre hasarderait sa tête, s'il refusait de donner cette satisfaction aux Anglais. »

Louis XV chercha des dédommagements à nos désastres, et, sa pensée se tournant toujours vers l'Italie, il essaya de recommencer la grande œuvre de son aïeul, de rétablir la prépondérance de la race latine, au moyen du *pacte de famille*. Tous les souverains de la maison de Bourbon se liaient par une alliance perpétuelle, offensive et défensive; ils s'engageaient à ne faire d'alliance séparée avec aucune puissance de l'Europe; ils s'ouvraient réciproquement leurs ports et leurs frontières ; enfin ils faisaient des peuples de la France, de l'Espagne, de Naples, de la Sicile, de Parme et de Plaisance, une seule nation ou une « seule famille ». C'était une magnifique conception, mais qui n'eut que de médiocres résultats, d'abord à cause de la faiblesse et des embarras du gouvernement de Louis XV, ensuite à cause de la position hostile de la maison de Savoie, qui rompait la continuité des États confédérés. Cependant ce pacte donna lieu à une acquisition importante, en dehors des limites naturelles, mais indispensable à nos frontières maritimes, celle de la Corse, qui rendit la maison de Bourbon maîtresse de la Méditerranée inférieure.

L'Angleterre, par le traité de Paris (1763), s'était donné l'île de Minorque; elle était déjà maîtresse de Gibraltar; elle convoitait maintenant la Corse. Qu'elle vînt à s'emparer d'une île située à quelques heures de Toulon, et elle avait aux portes de la France une citadelle, comme elle en avait déjà une aux portes de l'Espagne; avec la Corse, Minorque et Gibraltar, elle chassait les Français et les Espagnols d'une mer qui semble leur domaine naturel. Il fallait à tout prix empêcher un tel événement. La Corse fut conquise et réunie à la France. Ce fut l'œuvre du grand ministre Choiseul, qui aurait voulu profiter de l'alliance de l'Autriche pour reprendre la question des frontières naturelles et obtenir la cession des Pays-Bas. Mais l'Angleterre, dans cette question comme dans toutes les autres, se jeta à la traverse et l'empêcha même d'être discutée. Aussi Choiseul n'avait-il qu'une pensée, qu'une passion, se venger de cette ennemie : « Si j'étais le maître, disait-il, nous serions vis-à-vis de l'Angleterre comme l'Espagne vis-à-vis des Maures, et si l'on prenait bien véritablement ce parti, l'Angleterre serait réduite et détruite d'ici à trente ans. »

Louis XVI suivit la même politique que Louis XV; il n'y en avait point d'autre à suivre : elle était toute tracée par l'inimitié de l'Angleterre, comme l'avait prévu Louis XIV. Il ne songea donc à aucun agrandissement territorial. « La France, constituée comme elle est, disait M. de Vergennes, doit craindre les agrandissements plutôt que de les ambitionner; elle a en elle-même tout ce qui constitue la puissance réelle. » Aussi l'empereur Joseph II ayant offert les Pays-Bas à la France si elle voulait l'aider à démembrer l'empire ottoman, il éprouva un refus : « Les Pays-Bas dans les mains de la maison d'Autriche, écrivait Vergennes à Louis XVI, ne sont point un objet d'inquiétude et de jalousie pour Votre Majesté. Ils sont plutôt une sûreté de la conduite de cette maison envers nous et un moyen de la contenir ou de la réprimer suivant le besoin. » — « D'ailleurs, ajoutait-il, nous exciterions la crainte et la jalousie du roi de Prusse et des Provinces-Unies, qui sont nos alliés naturels. »

Mais en évitant de s'agrandir directement, le gouvernement de Louis XVI assura les frontières du royaume plus habilement, plus complétement que jamais, par une ceinture d'États alliés ou neutres qui nous servaient pour ainsi dire de tampons contre le choc de l'Allemagne, et dont il convient de résumer la position.

Nous venons de voir quelle était la situation des Pays-Bas, partie isolée, lointaine, de la monarchie autrichienne, française de mœurs, de langage, ouverte constamment à nos armes comme à nos idées. Le roi de Prusse, qui avait le duché de Clèves, était notre allié naturel : « Sa puissance, disait Vergennes, était la digue contre l'ambition autrichienne, mais à la condition de ne pas s'augmenter sur la rive gauche du Rhin, ce qui intéressait grandement la prévoyance de la France. » Les autres princes voisins du Rhin continuaient à cultiver notre amitié et à recevoir nos subsides ; à aucune époque, les troupes levées dans leurs États n'avaient été si nombreuses ; enfin, ils firent, sous la dictée de la France, un traité pour le maintien de leurs droits, qui les isolait entièrement de la maison d'Autriche. La paix perpétuelle avec les Suisses fut renouvelée en 1777 ; mais, au lieu d'être un ensemble de traités particuliers et sous des clauses différentes, ce fut un traité d'alliance générale avec tous les cantons, soit catholiques, soit protestants. De plus, le 20 juin 1780, un traité conclu avec le prince-évêque de Bâle renouvela les conventions faites avec Louis XIV, et autorisa le roi de France, en temps de guerre, « à empêcher que ses ennemis ne s'établissent dans les terres et seigneuries de l'évêque, et à fermer lui-même les passages par lesquels ils pourraient pénétrer sur son territoire. » Enfin, en 1782, les conventions qui reconnaissaient l'indépendance et la neutralité de Genève furent renouvelées et garanties par le canton de Berne et le duc de Savoie. Du côté de l'Italie, le pacte de famille et l'alliance avec l'Autriche neutralisaient l'ambition et le mauvais vouloir de la maison de Savoie. Enfin, du côté de l'Espagne, il n'y avait plus de Pyrénées.

Telle était la situation des frontières de la France sur le continent dans les premières années du règne de Louis XVI ; du côté de l'Océan, elle était encore plus sûre : la France avait proclamé contre l'Angleterre la liberté des mers, et elle avait réuni à sa marine non-seulement les marines de l'Espagne et de Naples, mais celles des Provinces-Unies, du Danemark, de la Suède, de la Russie. Elle avait, au moyen de son alliance avec l'Autriche, les moyens de tenir en paix le continent, et d'employer toutes ses forces contre « l'ennemie naturelle et invétérée des Bourbons et de la prospérité de la France. » Elle parvint ainsi, dans la guerre de l'indépendance des États-Unis, à vaincre, à humilier cette dominatrice des mers, à lui reprendre quelques colonies, à effacer la honte de la démolition de Dunkerque.

Ainsi qu'on le voit, les frontières de la France étaient, sous Louis XVI, aussi sûres, aussi complètes qu'elles pouvaient l'être, étant privées des limites naturelles[1]. Habitués que nous sommes à voir la France, sous ce faible roi, décrépite à l'intérieur, minée par les abus, désireuse d'une révolution, nous oublions trop quelle était sa position extérieure en 1783. L'Angleterre profondément humiliée, l'Autriche annulée, nos alliances renou-

[1] Il fut pris néanmoins, dans les conseils de Louis XVI une résolution funeste relativement aux frontières de Vauban, et que la Révolution empêcha d'exécuter. Le ministère de la guerre, où dominait le comte de Guibert, si célèbre par son ouvrage sur la *Tactique*, s'était engoué de l'idée empruntée à l'école prussienne que les places fortes sont secondaires pour la défense des Etats; qu'il est toujours possible dans les opérations militaires de les éviter; qu'il serait bon de se débarrasser peu à peu de ces vieux et coûteux engins de guerre. C'était aussi la croyance du ministère autrichien, et l'empereur Joseph II l'avait mise à exécution en faisant démolir ou en laissant tomber les forteresses des Pays-Bas. D'après cela il fut résolu sans bruit qu'on détruirait ou abandonnerait à leur ruine les places de la Somme, une partie de celles de la Flandre, etc. Cette résolution excita l'indignation du corps du génie, et un jeune capitaine s'en fit l'interprète dans un mémoire publié en 1788, et qui avait pour titre : *Mémoire présenté au conseil de la guerre au sujet des places fortes qui doivent être démolies ou abandonnées*. Dans ce mémoire on démontrait que les places fortes sont des *monuments de paix* auxquels la France a dû plusieurs fois son salut; que les frontières construites par Vauban font l'admiration et la jalousie de l'Europe, et que le gouvernement ne doit pas avoir de plus grande sollicitude que de les garder et de les entretenir. L'auteur de ce mémoire était Carnot, qui devait, cinq ans après, se servir de ces frontières pour sauver la France.

velées partout, les mers rendues libres, et notre médiation pacifique s'exerçant dans toutes les affaires de l'Europe : telle était alors la position diplomatique de la France, position de protection, d'influence et de modération.

La révolution de 1789 détruisit tout cela; mais, en compensation, elle donna à la France ses limites naturelles.

DEUXIÈME PARTIE.

CHAPITRE PREMIER.

CAMPAGNE DE 1792.

L'idée des frontières naturelles n'avait été pendant huit siècles que l'idée politique des rois, la pensée traditionnelle de quelques hommes d'État, poursuivie tantôt avec énergie, tantôt avec défaillance, idée puissante et invétérée, mais réalisée avec tant de lenteur qu'elle semblait condamnée à rester éternellement à l'état de théorie. Avec la révolution de 1789, avec la nécessité de vaincre la coalition de presque tous les États de l'Europe, cette idée toute gauloise devient tout à coup et sans préparation l'idée de la foule et la pensée nationale; elle s'identifie avec l'idée de l'indépendance et du salut du pays ; elle est poursuivie avec une rude énergie, une conviction brutale, sans être arrêtée par des intérêts et des traditions dynastiques, sans souci des errements, des lenteurs, des entraves de la vieille diplomatie. « Rester sur la défensive partout où la France a ses limites naturelles, prendre l'offensive partout où elle ne les a pas, » tel est le résumé des instructions données par la Convention aux généraux de la République.

Ce plan fut primitivement l'œuvre d'un homme qui, avec des talents de premier ordre, avait une ambition peu scrupuleuse, des opinions variant avec les événements, et qui, après avoir sauvé la France, a fini par la trahir et par mourir dans l'exil. Cet homme était Dumouriez, alors ministre des affaires étrangères. Nourri des idées de Vauban, il avait fait une étude approfondie de nos frontières, mais il ne devait s'en servir que dans l'intérêt de ses passions, et si, en 1792, il disait dans le conseil de Louis XVI : « la France ne peut avoir de sécurité durable qu'avec la barrière du Rhin, » il écrivait aux coalisés en 1797 : « la fameuse barrière du Rhin n'est bonne que sur la carte. »

Quoi qu'il en soit, dès que la guerre eut été déclarée, il exposa son plan et proposa de faire entrer sur-le-champ l'armée du Nord dans les Pays-Bas, tout disposés à accueillir l'invasion française ; en même temps l'armée du Rhin aurait fermé la porte de Bâle en occupant le canton de Porentruy, et elle aurait pénétré dans les Électorats ecclésiastiques, où elle devait trouver tant de sympathies ; enfin, l'armée des Alpes devait envahir, pour ne plus les quitter, la Savoie et le comté de Nice. Ce plan, communiqué aux grands seigneurs qui étaient encore à la tête de l'armée, Lafayette, Biron, Custine, Montesquiou, fut adopté par eux avec chaleur : il était complétement dans les idées de l'ancienne monarchie, et fut principalement approuvé par l'un de ses plus illustres serviteurs, le vieux maréchal de Beauvau, qui eut une très-grande part aux opérations militaires de cette époque[1]. Mais ce plan, mis d'abord à exécution sur la frontière du Nord, hâtivement et isolément, ne produisit que des échecs. Dumouriez quitta le ministère ; les journées du 20 juin et du 10 août mirent l'anarchie dans le pays, désorganisèrent nos armées et les forcèrent à l'immobilité ; enfin, la coalition prit l'offensive et résolut de marcher droit sur Paris en perçant la frontière tant redoutée de Vauban.

[1] Il mourut en juin 1793.

Le plan d'agression fut donné par l'état-major prussien, dont le savoir géographique a été plus d'une fois, comme nous le verrons, funeste à la France ; il était parfaitement conçu. On se rappelle que Louis XIV, à son grand regret, avait laissé sur sa frontière une partie vulnérable, celle qui est comprise entre la Meuse et la Moselle, et que ferme si complétement la place de Luxembourg, place qu'il fut forcé d'abandonner dans le traité de Ryswick. L'acquisition de la Lorraine n'avait que faiblement réparé ce dommage ; car de ce côté, en évitant Thionville et Metz, l'ennemi ne rencontrait d'obstacles que dans Longwi et Verdun, places de second ordre, et il se trouvait d'emblée, ces deux places prises, dans les plaines de la Champagne, sur la Marne, à quarante lieues de Paris. Ce fut cette trouée que l'armée prussienne choisit pour percer la frontière de Louis XIV. Elle partit de Coblentz, suivit la Moselle, et avait pour base de ses opérations Luxembourg ; elle était appuyée à droite et à gauche par deux corps qui masquaient les places de la Meuse et de la Moselle, et elle devait être secondée par deux attaques, l'une sur les Pays-Bas, l'autre sur le Rhin et la porte de Bâle.

On sait que la marche des Prussiens eut d'abord un plein succès : ils s'emparèrent de Longwi et de

Verdun, séparèrent l'armée du Nord que commandait Dumouriez de celle de l'Est que commandait Kellermann, gagnèrent la route de Châlons et jetèrent la terreur jusque dans Paris. « L'histoire de France, dit Dumouriez dans ses Mémoires, ne présente pas une seule époque plus dangereuse. » On sait aussi avec quelle audace, quelle habileté, ce général parvint à occuper les défilés de l'Argonne, qui jusqu'alors avaient à peine été comptés dans les défenses de cette frontière ; il fit inopinément de ce chétif obstacle les *Thermopyles de la France*, arrêta la marche des Prussiens en se plaçant derrière eux, en coupant leurs communications, et les força à livrer le combat décisif de Valmy. L'ennemi se retira, évacua Verdun et Longwi, et se trouva heureux de repasser la frontière.

L'invasion des Prussiens s'était faite au moment où Dumouriez allait, avec l'armée du Nord, pénétrer en Belgique et mettre à exécution son grand projet. Cette invasion le força, comme nous venons de le voir, à suspendre sa marche, mais elle n'arrêta pas celle des autres armées, qui se mirent en mouvement un peu à l'aventure, en comptant sur les sympathies des peuples qu'elles allaient conquérir, et elles commencèrent ainsi d'elles-mêmes, sans plan général et comme à l'improviste, à résoudre la question des frontières naturelles. Quatre corps d'armée pénétrèrent donc à la fois dans le pays de Porentruy, dans une partie des provinces rhénanes, dans la Savoie, dans le comté de Nice, et en mettant en avant les idées de liberté et de réunion à la France, elles reçurent presque partout un accueil inespéré, qui sembla donner pleinement raison aux plans de Dumouriez,

Nous avons dit quelle était l'importance du pays de Porentruy, qui flanque la trouée de Béfort, et que nos rois avaient mis tant de soin à tenir fermé. Ce pays, qui formait la plus grande partie de l'évêché de Bâle, pouvait être livré par le prince-évêque aux coalisés, et la grande route de Paris, qui tourne toute la frontière du Nord, se trouvait ainsi menacée. Un détachement de l'armée d'Alsace y pénétra en vertu du traité du 20 juin 1780[1], et l'occupa sans coup férir. Les cantons suisses réclamèrent. La Convention repoussa leur demande (3 octobre) en s'appuyant sur les stipulations formelles du même traité. D'ailleurs les habitants avaient accueilli nos troupes avec transport, et, dans une assemblée tenue à Porentruy, ils se déclarèrent « affranchis de tous les liens qui les attachaient à l'empire d'Allemagne et aux

[1] Voir page 114.

évêques de Bâle; » puis (27 novembre 1792) ils se constituèrent en république indépendante sous le nom bizarre de *Rauracie*[1], et se placèrent sous la protection de la Convention nationale; enfin, après quatre mois d'indépendance, ils demandèrent formellement leur réunion à la France. La Convention accéda à ce vœu, et pour bien préciser la nature et la portée de cette réunion, elle décréta (23 mars 1793) : « que le pays de Porentruy faisait partie intégrante de la république française, et que ce pays formerait un département particulier, sous le nom de *Mont-Terrible*[2]. » Il resta, en effet, annexé à la France jusqu'au jour néfaste du 21 décembre 1813, où la porte de Bâle ouvrit le chemin de Paris à l'Europe coalisée.

En même temps que le pays de Porentruy était occupé par les troupes françaises, l'armée d'Alsace, commandée par Custine, pénétra par Landau sur le territoire germanique, enleva à la course Spire, Frankenthal, Worms, descendit audacieusement le Rhin, et fut accueillie avec chaleur par les habitants de l'ancienne *France rhénane*. Elle n'eut qu'à

[1] Les *Rauraci* étaient les anciennes peuplades gauloises qui habitaient la haute Alsace et l'évêché de Bâle.

[2] Ce département fut réuni en 1800 au département du Bas-Rhin, dont il forma un arrondissement. Il a été restitué à la Suisse en 1814.

paraître devant la grande place de Mayence, ce boulevard de l'Allemagne, pour que les portes lui fussent ouvertes, et si elle se fût rabattue sur la Moselle, les trois électorats étaient conquis sans combat. Custine fit la faute de se jeter sur la rive droite du Rhin, sur le Mein et Francfort, c'est-à-dire hors du plan général des opérations; mais toute la rive gauche n'en fut pas moins profondément remuée ; un grand nombre de communes voisines de la frontière française demandèrent et obtinrent d'être annexées à la France[1] ; enfin la ville de Mayence elle-même envoya à la Convention des députés qui sollicitèrent leur réunion à la République, « ce qui fut décrété sur-le-champ, au bruit des applaudissements, » le 30 mars 1793.

Pendant ce temps, le général Montesquiou envahissait la Savoie, où il ne trouva aucune résistance; il fut reçu avec enthousiasme par les habitants, qui se formèrent immédiatement en assemblée nationale, dite des *Allobroges*, et demandèrent « à être unis à la République française, pour en former partie intégrante. » La Convention

[1] Décret du 14 février 1793. Art. 3. « Les communes de Petlange, Pontpierre, Tetting, Trullen, Kœpen, Hilscht, Schwen, Eppenbrunnen, Oberstimbach, Entzelhart et Armsberg sont réunies au territoire de la République et font partie du département de la Moselle. »

nationale (27 novembre 1792), « après avoir reconnu que le vœu libre et universel de la Savoie, émis dans les assemblées de communes, est de s'incorporer à la République française ; considérant que la nature, les rapports et les intérêts respectifs rendent cette union avantageuse aux deux peuples, déclara qu'elle acceptait la réunion proposée, et que, dès ce moment, la Savoie faisait partie intégrante de la République française. » Elle décréta en même temps que la Savoie formerait un quatre-vingt-quatrième département, sous le nom de département du *Mont-Blanc*[1].

La conquête du comté de Nice se fit avec la même facilité, et les habitants montrèrent un tel empressement à se voir réunis à la France, que la Convention nationale dut modérer leur ardeur. « Hâtez-vous, disaient les députés de Nice, de prononcer notre agrégation à la République française...

[1] On sait que l'Assemblée constituante avait partagé la France en quatre-vingt-trois départements ; le quatre-vingt-quatrième et le quatre-vingt-cinquième furent formés de la Savoie et du comté de Nice ; le quatre-vingt-sixième, du pays de Porentruy ; le quatre-vingt-septième, d'Avignon et du Comtat Venaissin. Ces derniers pays appartenaient au pape et avaient été réunis à la France, sur la demande des habitants, le 14 septembre 1791 ; ils furent formés en département, sous le nom de Vaucluse, par un décret de la Convention en date du 26 juin 1791 ; enfin leur possession fut légitimée par le traité de Tolentino en 1796.

Si notre prière d'être Français n'était pas accueillie, nous ne transigerions jamais avec nos persécuteurs, et nous embraserions plutôt toutes nos possessions dans cette terre de proscription, pour aller vivre dans la terre de liberté que vous habitez... » Mais la Convention (le 4 novembre 1792) déclara « qu'elle ne pouvait délibérer sur cette demande en réunion qu'après avoir connu le vœu exprès du peuple émis librement dans les assemblées primaires. » Ce vœu ayant été émis, elle décréta (31 janvier 1793) « que le comté de Nice faisait partie intégrante de la République française, » et le 4 février suivant, que « le ci-devant comté de Nice, réuni à la République française, formerait un quatre-vingt-cinquième département, sous la dénomination des *Alpes-Maritimes*. » Quelques jours après (14 février), elle ajouta à ce département la principauté de Monaco, qui fut aussi réunie au territoire de la République.

Cependant les opérations avaient recommencé, sur la frontière du Nord, contre les Pays-Bas. Dumouriez, après sa campagne de l'Argonne, était venu à Paris, et il avait fait adopter par le conseil exécutif le plan qu'il avait conçu étant ministre, c'est alors que les instructions données aux généraux leur enjoignirent de ne pas s'arrêter jusqu'à ce que la France eût atteint ses frontières naturelles.

Grâce à l'impéritie de la cour d'Autriche, qui, depuis trente ans, avait laissé systématiquement tomber en ruines les places des Pays-Bas [1], livrant ainsi à l'invasion française ce champ de guerre habituel, il suffit de la bataille de Jemmapes pour donner, d'un seul coup, la Belgique à Dumouriez, qui entra, sans combat, à Mons, à Liége, à Bruxelles, rouvrit l'Escaut, et rejeta l'ennemi sur la Roër. Tout le pays parut heureux de secouer la domination autrichienne et de rentrer dans l'unité française. On vit alors se reproduire dans les principales villes les scènes qui avaient eu lieu à Porentruy, à Mayence, à Chambéry, à Nice. Toutes demandèrent presque en même temps, et dans les termes les plus chaleureux, leur réunion à la France, et la Convention prononça cette réunion par des décrets successifs aux dates suivantes : Bruxelles, le 1er mars; Mons et Gand, le 2; Florennes, le 4; Tournay, le 6; Louvain, le 8; Namur et Ostende, le 9; Bruges, le 19; Liége, le 8 mai, etc. Cependant la Convention ne jugea pas les Pays-Bas assez solidement conquis pour les transformer en départements, et elle ajourna cette

[1] Voir la note de la page 116.

transformation à la paix générale, tout en les soumettant au régime et à l'administration de la République [1].

La Convention, et surtout ceux de ses membres qui formaient le pouvoir exécutif, ne s'exagéraient pas la sincérité et la solidité de ces réunions ; ils savaient qu'elles avaient été réellement faites par des minorités [2] ; que les majorités, séduites par les idées révolutionnaires, perdraient promptement leur enthousiasme ; mais ils espéraient que la destruction du régime féodal, dans les pays réunis, les associerait à la France par la communauté des intérêts, et qu'il suffirait d'une vingtaine d'années

[1] La réunion de la Belgique à la France ne fut décrétée que le 1er octobre 1795.

[2] Voici comment Dumouriez explique ces réunions ; mais il ne faut pas oublier qu'il écrivait dans l'exil et qu'il dénigrait alors ce qu'il avait vanté auparavant :

« La Savoie et le comté de Nice s'étaient donnés à la République ; mais la violence seule avait eu part à cette association. Des clubs très-peu nombreux de citoyens tarés et qui ne pouvaient avoir d'existence que par un changement de domination, étaient dans chaque ville appuyés par les jacobins-soldats répandus dans chaque armée. Leurs délibérations violentes acquéraient bien vite force de loi ; on ne se donnait pas même la peine de recueillir les voix : on menaçait, on violentait ; des adresses patriotiques arrivaient du pied des Alpes, des montagnes de l'évêché de Bâle, de Mayence, de Liége et de la Belgique. La Convention croyait ou faisait semblant de croire que la douceur de notre liberté était prouvée par l'unanimité des peuples étrangers qui se rangeaient sous nos drapeaux. » *Mémoires*, p. 20.

pour les habituer à leur nouvelle existence. D'ailleurs, ces réunions étaient un moyen de guerre et une menace pour tous les trônes, la cause de la Révolution paraissant adoptée par les peuples. Enfin la Convention pouvait montrer avec orgueil que, quatre mois après le commencement réel des hostilités, la France républicaine avait plus fait que la France monarchique en huit siècles : elle touchait presque partout ses limites naturelles.

Mais toutes ces réunions avaient été faites, pour ainsi dire, par surprise et comme en courant : les pays conquis, d'abord favorables à l'invasion française, ne tardèrent pas à s'en plaindre et même à la repousser ; nos armées, sans discipline et manquant de tout, se livraient à des excès ; la France était déchirée par les dissensions les plus anarchiques; enfin, la coalition, qui ne se composait d'abord que de l'Autriche, de la Prusse, du Piémont et de quelques princes allemands, se compléta, après la mort de Louis XVI, par l'accession de l'Angleterre, de la Russie, de l'Espagne, de l'Italie. Tous les alliés de la France devinrent à la fois ses ennemis, et cette ceinture d'États secondaires, si sagement, si savamment combinée pendant deux siècles pour lui servir de barrière contre les grands États du Nord, se tourna contre nous. « Tous les intérêts furent méconnus, toute la politique ancienne oubliée, toutes les alliances de position renversées; la Hollande et l'Espagne unirent leurs vaisseaux à ceux de leur ennemie contre leur unique amie; la Prusse et l'Autriche firent alliance intime ; l'Italie et l'Allemagne se livrèrent à l'Autriche ; l'Angleterre laissa la Russie démembrer la Pologne. Il n'y avait plus qu'une ennemie, la Révolution française ! »

Aux trop rapides succès de la première année de la guerre allaient succéder des revers ; les limites naturelles, à peine acquises, allaient être presque partout perdues ; enfin la frontière de Louis XIV allait subir pour la deuxième fois une terrible et triomphante épreuve.

CHAPITRE II.

CAMPAGNES DE 1793 ET 1794.

Dumouriez, après la conquête de la Belgique, avait fait adopter le plan « de garder toutes les frontières en se tenant sur la défensive dans le midi et sur les bords du Rhin, et en ne hasardant l'offensive que depuis la Moselle jusqu'à Dunkerque. » Il voulait, disait-il, « qu'à la fin de la campagne, l'armée de Belgique prît ses quartiers d'hiver le long du Rhin, de Clèves à Cologne ; celle des Ardennes, de Cologne à Andernach ; celle de la Moselle, d'Andernach à Mayence, par Coblentz, et celle d'Alsace, de Mayence à Landau, par Spire[1]. » Lui-même fit manquer ce plan. Au lieu de poursuivre les Autrichiens sur la Roër et de les rejeter au delà du Rhin, il s'était imprudemment avancé à la conquête de la Hollande, qu'il voulait enlever

[1] *Mémoires*, p. 73 et 83, édit. de 1794.

à la coalition. Les troupes qu'il avait laissées sur la Roër furent battues à Aix-la-Chapelle et rejetées sur la Meuse; lui-même fut complétement défait à Neerwinden, forcé d'évacuer la Belgique, rejeté sur la frontière française[1]. En même temps, l'armée d'Alsace, devant des forces supérieures, et par les fautes de ses généraux, fut contrainte d'évacuer toutes les places du Rhin, d'abandonner Mayence à ses propres forces, de se rejeter sur Landau et Weissembourg. Enfin l'armée des Alpes fut réduite à la défensive, et une armée espagnole, franchissant les Pyrénées, arriva devant Perpignan.

La coalition, heureuse de ces premiers succès, résolut de donner un grand assaut à la frontière du nord-est. Son but était non-seulement d'arrêter la révolution française, mais de venger des injures séculaires, en reprenant les conquêtes faites sous Louis XIV. Un plan d'opérations lui fut communiqué, dit-on, par Dumouriez, qui conseilla aux alliés de tourner toute la frontière de Vauban par la porte de Bâle, de forcer la Suisse à entrer dans la coalition, et de faire de ce pays le grand chemin des armées de l'Europe contre la France. C'était,

[1] On sait qu'à la suite de ces défaites, Dumouriez essaya de soulever son armée contre la Convention, qu'il en fut abandonné et forcé de se réfugier à l'étranger.

comme nous le verrons plus tard, le plan d'invasion qui fut suivi avec tant de succès en 1814. Mais, à cette époque, ce n'était plus la cour de Prusse qui dirigeait les conseils de la coalition, c'était la cour de Vienne, inspirée par le gouvernement anglais, et n'ayant que des vues étroites de conquête et de vengeance : elle rejeta ce plan audacieux, et comme ses généraux étaient encore imbus des idées stratégiques du prince Eugène, elle fit décider que la principale armée autrichienne pénétrerait par la trouée de l'Oise, et, après s'être emparée des places principales de cette trouée, qu'elle marcherait sur Paris. Cette grande opération devait être secondée par deux puissantes diversions, aux extrémités de la frontière menacée, au nord, par une armée anglo-hollandaise, qui assiégerait Dunkerque, cette vieille terreur de l'Angleterre; au sud, par une armée austro-prussienne, qui reprendrait Mayence, assiégerait Landau et pénétrerait en Alsace. Les coalisés se partageaient déjà leurs futures conquêtes : Dunkerque devait être donnée à l'Angleterre, l'Alsace et la Lorraine à l'Autriche, Landau à la Prusse, etc.

D'après ce plan, l'armée autrichienne, commandée par le prince de Cobourg, se porta de Mons dans le pays entre Escaut et Meuse, qui ouvre, comme nous l'avons vu, la route la plus courte et la plus directe sur Paris, et où s'était passée l'immortelle campagne de 1712. Il n'entre pas dans notre sujet de raconter les opérations de la campagne de 1794; mais notre but étant de montrer comment l'œuvre de Vauban a deux fois sauvé la France, il est indispensable d'en indiquer les traits les plus saillants.

On se rappelle que la trouée de l'Oise est défendue : sur l'Escaut, par Condé, Valenciennes, Bouchain et Cambray; dans l'espace entre Escaut et Sambre, par le Quesnoy; sur la Sambre, par Landrecies et Maubeuge; dans l'espace entre Sambre et Meuse, par Philippeville, Marienbourg, Avesnes et Rocroy; une armée envahissante, et s'appuyant sur Mons, ne peut s'aventurer dans la vallée de l'Oise sans avoir ses communications assurées par la possession de quatre ou cinq de ces places. Le prince de Cobourg, reprenant la marche du prince Eugène pour ainsi dire pas à pas, fut amené nécessairement à faire le siége des places qui avaient sauvé la France en 1712, qui devaient encore la sauver en 1794 : cités héroïques, fatalement prédestinées par le génie de Vauban à trouver leur gloire dans les malheurs de la patrie !

Cobourg, qui disposait de cent mille hommes,

se porta d'abord contre les villes de l'Escaut, et assiégea presque à la fois Condé et Valenciennes. Toute cette partie de la frontière n'était défendue que par l'armée des Ardennes, forte à peine de quarante mille hommes, répartie dans quatre camps et réduite à la défensive. Les tentatives de cette armée pour délivrer les deux places n'amenèrent que des revers : elles succombèrent après une résistance désespérée qui dura sept semaines et coûta à l'ennemi vingt-cinq mille hommes. Cobourg en prit possession au nom de l'empereur, et les déclara réunies aux Pays-Bas : c'était le commencement du démembrement projeté de la frontière de Louis XIV. Puis le général autrichien menaça Cambray, força les républicains à reculer derrière la Scarpe, et jeta même des partis jusque sur la Somme; enfin il concentra ses forces à Bavay et investit le Quesnoy. Malgré les secours que portèrent à cette place les garnisons voisines, il la força à capituler, tourna ses efforts du côté de la Sambre et investit Maubeuge. S'il parvenait à s'emparer de cette ville, maître de deux places sur l'Escaut, d'une place entre Escaut et Sambre, d'une place sur la Sambre, il avait ses communications assurées, et pouvait se jeter par Avesnes sur la route de Paris. Maubeuge avait donc à jouer le glorieux rôle qu'avait eu Landrecies en 1712, et dans quel moment ! Quand Dunkerque était assiégée, Mayence prise, Landau bloquée, les lignes de Weissembourg enlevées, Strasbourg menacée, la Savoie envahie, les Espagnols maîtres de Bellegarde, Toulon au pouvoir des Anglais, la Vendée insurgée et victorieuse ! Jamais la France n'avait couru de plus grands dangers ! Heureusement il y avait dans le Comité de salut public un homme qui connaissait, appréciait, admirait la frontière que la monarchie avait léguée à la république : c'était Carnot, disciple passionné de Vauban, qui appelait son œuvre la *frontière de fer*, qui l'avait défendue contre des innovations désastreuses sous Louis XVI[1]. « La patrie, disait-il, doit des autels à ceux qui l'ont faite. » Il sut s'en servir ; ses instructions aux généraux républicains sont dignes de la correspondance de Louis XIV avec Villars, et, en définitive, la frontière de la monarchie des Bourbons devait faire le salut de la République.

Deux divisions de l'armée des Ardennes s'étaient renfermées dans un camp sous Maubeuge ; mais elles souffraient de la famine et se voyaient, de jour en jour, serrées sur les remparts de la place par des forces supérieures, et sans espoir d'être se-

[1] Voir la note de la page 116.

courues. Cobourg, avec quarante mille hommes, pressait ces deux divisions et la ville elle-même, pendant qu'il fermait, avec trente mille autres, les routes de Philippeville, d'Avesnes et de Landrecies, qu'il avait garnies de nombreuses redoutes. Maître de l'Escaut par Condé et Valenciennes, il interceptait toute communication de Maubeuge avec l'armée du Nord, qui, d'ailleurs, était tout entière occupée à débloquer Dunkerque. La position était si redoutable qu'il disait en riant : « Si l'on parvient à m'en déposter, je me fais jacobin. »

Le plan du Comité était de délivrer d'abord Dunkerque, réduite aux dernières extrémités, puis de rabattre rapidement l'armée du Nord sur Maubeuge, qui pouvait tenir plus longtemps. Les instructions données à Houchard lui enjoignaient de se porter « en une seule masse et tête baissée sur l'ennemi, sans essayer de jouer à la manœuvre. » Houchard parvint en effet, par la bataille de Hondschoote, à débloquer Dunkerque ; mais au lieu de se rabattre sur l'Escaut, il se laissa entraîner à poursuivre l'ennemi sur la Lys, et fut battu à Menin. On lui donna pour successeur Jourdan, qui eut l'ordre de délivrer Maubeuge à tout prix. « Il y va du salut de la République, » lui écrivait Carnot, qui accourut lui-même pour diriger les opérations. Jourdan, ayant réorganisé ses troupes sur la Scarpe, marcha sur Maubeuge par Guise et Avesnes, et trouva l'armée autrichienne établie d'une manière formidable sur le plateau de Wattignies. La bataille dura deux jours (15 et 16 oct.). Malgré les forces supérieures de l'ennemi, les troupes républicaines, entraînées par les généraux et les représentants, enlevèrent les redoutables positions : Cobourg fut contraint à lever le siége de Maubeuge, et il repassa la Sambre. C'était une glorieuse victoire, mais ce n'était pas Denain ! Vainement le Comité enjoignit à Jourdan de franchir la Sambre et de délivrer entièrement le territoire ; ses troupes étaient trop inférieures en nombre, et manquaient de tout ; il ne put que ravitailler les places de la Sambre, et se retira derrière la Scarpe, laissant encore ouverte la trouée de l'Oise. Cobourg lança des partis jusqu'à Cambray d'une part, jusqu'à Guise d'autre part ; mais ayant son flanc gauche menacé par Maubeuge et Landrecies, il n'osa aller plus loin, et resta immobile pendant l'hiver.

En résumé, l'attaque faite par la coalition sur toute la frontière du nord-est, et qui devait assurément conduire ses armées à Paris, n'avait eu qu'un médiocre succès, grâce, sans doute, à la valeur des troupes républicaines, mais grâce aussi, si l'on considère l'inexpérience de ceux qui les commandaient, à l'excellence de cette frontière, à l'enchaînement des places qui la composent, à ses points de refuge et d'appui. En effet, au centre, malgré trois places prises, l'ennemi restait enchaîné et incertain devant la route de Paris; au nord, il avait échoué complétement devant Dunkerque; enfin, du côté de l'Alsace, il s'était arrêté devant les premières places de cette province, et le général Hoche, ayant repris l'offensive, avait, par la victoire de Geisberg, reconquis les lignes de Weissembourg, débloqué Landau et rejeté les alliés sur le Rhin.

Cependant Cobourg n'abandonna pas son plan de campagne : au printemps suivant, il vint, avec cent mille hommes, couper les routes d'Avesnes, de Guise, de Cambray, et assiégea Landrecies. Cette ville, qui avait quatre à cinq mille hommes de garnison, fit une résistance digne de sa renommée. Le Comité de salut public essaya de la dégager par une grande opération : il ordonna à Pichegru, commandant l'armée du Nord, d'envahir la Flandre maritime, et de se porter, par la Lys, sur les derrières de l'armée coalisée. En même temps il fit attaquer les lignes de siége par des corps sortis de Bouchain, de Guise, d'Avesnes et de Maubeuge. Ces dernières attaques n'amenèrent aucun résultat, et Landrecies, ruinée par un bombardement de six jours, capitula. La perte de cette ville semblait désastreuse : l'ennemi, ayant ses flancs complétement assurés, n'avait plus rien qui pût arrêter son élan, et pouvait pénétrer au cœur du pays ; mais il ne put profiter de ce grand succès.

Les opérations des Français dans la Flandre maritime avaient réussi : pendant que Landrecies occupait toutes les forces de Cobourg, Moreau et Pichegru prenaient Furnes, Menin, Courtray, Ypres, battaient les coalisés à Moëscron, à Turcoing, à Hooglède, etc. Cobourg s'arrêta inquiet et irrésolu : d'abord il porta ses principales forces du côté de Tournay, pour arrêter la marche de Pichegru ; puis il fut contraint d'envoyer des renforts du côté de la Sambre, où l'armée des Ardennes, réorganisée et dirigée par Saint-Just et Lebas, avait repris hardiment l'offensive. Le plan de ces représentants était, pendant que Pichegru pénétrait par la Lys en Belgique, de forcer le passage de la Sambre, sans s'inquiéter des quatre places occupées par Cobourg ; de se donner, en s'appuyant sur Maubeuge et Philippeville, l'entrée de la Belgique par la prise de Charleroy ; enfin d'aller joindre l'armée de Pichegru à Bruxelles. D'après cela, quatre passages de la Sambre furent successivement effectués; mais les républicains furent repoussés avec de grandes pertes. On réunit alors à l'armée des Ardennes l'armée de la Moselle, forte de quarante mille hommes; toutes deux prirent le nom de *Sambre-et-Meuse*, qu'elles ont immortalisé; Jourdan, dirigé par Carnot et les deux représentants de la Montagne, en prit le commandement. Un cinquième passage fut effectué, et après des combats acharnés, on parvint enfin à investir Charleroy. La place fut pressée avec tant de vigueur que, lorsque Cobourg arriva avec quatre-vingt mille hommes pour la délivrer, elle venait de capituler. Alors s'engagea la bataille de Fleurus, bataille décisive, qui délivra la frontière de Louis XIV, ouvrit aux Français la route de Bruxelles, et sauva définitivement la République (26 juin 1794).

Aussitôt les quatre places de Condé, de Valenciennes, du Quesnoy, de Landrecies, furent investies, et, en moins de cinq semaines, forcées de se rendre. Pendant ce temps l'armée de Sambre-et-Meuse marchait rapidement sur Bruxelles, et y donnait la main à l'armée du Nord; la Belgique se trouva tout entière reconquise. Les armées coalisées se retirèrent d'une part en Hollande, d'autre part sur la Meuse et sur l'Ourthe. Elles n'y restèrent pas longtemps en repos.

L'armée du Nord pénétra dans les provinces hol landaises, rejeta l'ennemi d'abord derrière la Meuse, puis derrière le Wahal, puis derrière l'Yssel, et se trouva maîtresse de la ligne du Rhin inférieur. Le terrible hiver de 1794 ne l'arrêta pas : elle n'y vit qu'une occasion de conquérir la Hollande en franchissant sans obstacle l'inextricable réseau de fleuves et de canaux qui la gardait. Elle traversa ainsi le Leck, fit tomber les places de l'Yssel, força les Anglais à se retirer sur l'Ems, enfin entra à Amsterdam.

Pendant ce temps, l'armée de Sambre-et-Meuse traversait la Meuse et l'Ourthe, livrait une grande bataille sur la Roër, forçait les Autrichiens à repasser le Rhin ; enfin, occupant le fleuve de Clèves à Coblentz, elle se liait d'une part à l'armée du Nord, d'autre part à l'armée du Rhin. Quant à celle-ci, elle débarrassait les Vosges, occupait Trèves, assiégeait Luxembourg et Mayence, prenait Rhinfels. Alors les trois armées du Nord, de Sambre-et-Meuse et du Rhin, se donnèrent la main sur le grand fleuve depuis Bâle jusqu'à la mer. La République avait atteint sa frontière naturelle, la frontière gauloise et franque ; nos soldats patriotes bivaquaient dans les cantonnements des soldats de Clovis et de Charlemagne ; le drapeau tricolore allait pendant vingt ans flotter sur les villes rhénanes. La Convention nationale déclara, et jamais pareille récompense ne fut conquise par plus d'abnégation, d'héroïsme et de dévouement, « que les armées de la République avaient bien mérité de la patrie. »

CHAPITRE III.

TRAITÉS DE 1795.

En présence de tels événements, la coalition des ennemis de la France commença à se dissoudre, et ce fut le prince qui, le premier, avait franchi la frontière de Louis XIV et envahi le vieux territoire monarchique, qui, le premier aussi, demanda à traiter. Cette proposition inespérée du roi de Prusse fut accueillie avec joie.

Le gouvernement de la France, malgré les allures romaines et batailleuses du Comité de salut public, malgré les décrets conquérants et provocateurs de la Convention nationale, n'avait pas cessé de désirer la paix. En même temps qu'il prenait les mesures les plus révolutionnaires pour vaincre les rois ses ennemis, il n'avait que des ménagements, de la patience, même de la faiblesse pour les États qui étaient restés neutres ou douteux; enfin, et surtout à l'époque des plus grands dangers, il était disposé à accueillir avec empressement la moindre ouverture qui lui eût permis de sortir de la tempête sans dommage et sans déshonneur. Carnot, l'inspirateur des grandes opérations qui avaient sauvé le pays, n'avait nullement l'esprit de conquête; il voyait la guerre terrible où la France était engagée, plutôt en philosophe qu'en homme d'État : « Quiconque, disait-il, veut être libre, ne doit pas vouloir être conquérant. » D'ailleurs, et d'après l'emploi glorieux qu'il venait d'en faire, son admiration pour la *frontière de fer* n'avait fait que s'accroître ; il la préférait à la frontière du Rhin, frontière géométrique, qu'il trouvait trop divergente, trop excentrique, trop éloignée de Paris; de toutes les conquêtes de la République, il n'estimait que la Belgique et Anvers comme positions défensives contre l'Angleterre. Cette opinion était partagée par les membres du Comité qui s'occupaient des opérations militaires; c'était aussi celle des conventionnels envoyés près des armées, et qui voyaient de plus près l'état périlleux de la République : « Donnez-nous la paix, écrivait Merlin de Thionville au Comité, dussions-nous rentrer dans nos anciennes limites. » Enfin, on peut dire généralement que le gouvernement révolutionnaire de

1793, si terrible, si sanguinaire, si insensé dans ses actes à l'intérieur, fut à l'extérieur et comparativement sage et mesuré. Sa diplomatie, étant dirigée par les *commis* des affaires étrangères, disciples de Choiseul et de Vergennes, fut presque toujours modelée sur les traditions de l'ancien régime.

Si l'idée des frontières naturelles sembla délaissée ou négligée à l'époque des plus grands dangers du pays, elle reprit faveur après la bataille de Fleurus, après la conquête de la Belgique et de la Hollande, après que nos armées se furent établies sur le Rhin; aussi, quand le roi de Prusse demanda à traiter, il lui fut répondu que la principale condition de la paix serait la cession de ses États sur la rive gauche du Rhin, c'est-à-dire de la Haute-Gueldre et du duché de Clèves. Cette condition, qui eût semblé si étrange trois ans auparavant, fut acceptée presque sans discussion; on se contenta de l'adoucir dans la forme, et l'article 5 du traité de Bâle (5 avril 1795) portait seulement : « Les troupes de la République française continueront d'occuper la partie des États du roi sur la rive gauche du Rhin. Tout arrangement définitif à l'égard de ces provinces sera renvoyé jusqu'à la pacification générale entre l'empire germanique et la France. » De plus, dans une convention secrète et additionnelle, le roi de Prusse reconnut en principe la cession à la France de tous les États allemands de la rive gauche du Rhin ; mais, de son côté, la République lui promit ses bons offices pour que lui-même obtînt, comme indemnité, à la pacification générale, la moitié de l'évêché souverain de Münster et d'autres territoires ecclésiastiques.

Un deuxième État, qui rappelle des souvenirs fameux dans l'histoire des frontières de la France, les Provinces-Unies demandèrent aussi à traiter. Quoique complétemement vaincues et conquises, elles obtinrent la paix à des conditions modérées (16 mai 1795) : elles gardèrent toutes les bouches du Rhin et même la province du Brabant septentrional située sur la rive gauche ; elles cédèrent seulement la Flandre hollandaise, « y compris tout le territoire qui est sur la rive gauche du Hondt[1], Maëstricht, Venloo et leurs dépendances ; » elles donnèrent à la France la jouissance du port de Flessingue, avec le droit de mettre garnison dans cette ville, ainsi que dans trois autres places ; elles lui cédèrent encore le droit de navigation sur le Rhin, la Meuse, l'Escaut, et toutes leurs

[1] C'est le nom de la bouche occidentale de l'Escaut.

branches jusqu'à la mer; enfin elles changèrent leur constitution, entrèrent dans l'alliance de la République française, et mirent à sa disposition leur marine et leur flotte.

Ainsi qu'on le voit, la France se départait de son grand principe des limites naturelles : elle n'acquérait point les embouchures du Rhin, mais elle voulait se faire de la Hollande une alliée sûre et fidèle, qui défendrait ces embouchures contre les agressions du nord, qui empêcherait ainsi la frontière naturelle d'être abordée et tournée du côté de la mer, qui serait enfin pour ce fleuve à la fin de son cours ce qu'était la Suisse à son origine. D'ailleurs, elle prenait la bouche principale de l'Escaut, celle qui mène à Anvers; elle se donnait la possession, au moyen de Flessingue, des îles de la Zélande; elle avait la jouissance et la domination de la Meuse, du Wahal et des autres dérivations du Rhin, etc. C'était à peu près ce que la Hollande avait jadis offert à Louis XIV, ce que ce prince eut le malheureux orgueil de refuser! Enfin la République française, en mettant la république batave dans son alliance offensive et défensive, l'attachait pour ainsi dire à ses flancs et à ses destinées, et en faisait une annexe de la France.

Un troisième grand État suivit l'exemple de la

Prusse et des Provinces-Unies, ce fut l'Espagne; mais la frontière naturelle existait de ce côté, quoique imparfaitement tracée; il n'y avait rien à demander, rien à céder de part et d'autre, et l'on se contenta d'une rectification de limites (14 juillet 1795). C'est ce qu'exprime l'article 7 du traité :

« Il sera incessamment nommé de part et d'autre des commissaires pour procéder à la confection d'un traité de limites entre les deux puissances. Ils prendront autant que possible pour base de ce traité, à l'égard des terrains qui étaient en litige avant la guerre actuelle, la crête des montagnes qui forment les versants des eaux de France et d'Espagne[1]. »

Plusieurs princes allemands s'empressèrent de profiter des relations nouvelles du roi de Prusse avec la France : grâce à sa médiation, ils obtinrent la paix, et par conséquent que leurs États sur la rive droite du Rhin fussent délivrés de l'occupation française, à la condition qu'ils céderaient les petits territoires qu'ils avaient sur la rive gauche. Ainsi le landgrave de Hesse-Cassel céda à

[1] Ce traité de limites ne fut pas fait, et la frontière est restée très-imparfaitement tracée : ainsi l'Espagne possède les sources de la Garonne, la France les sources de la Sègre; le bassin de la Bidassoa est très-inégalement partagé entre les deux États, etc.

la France (28 avril 1795) Rhinfels, Saint-Goar, etc., avec la condition suivante : « Tout arrangement définitif à l'égard de ces pays sera renvoyé jusqu'à la pacification entre la République française et les parties de l'Allemagne encore en guerre avec elle. » De même le duc de Wurtemberg céda (7 août 1796) à la France le comté de Montbéliard, le comté de Horbourg, plusieurs autres seigneuries, « et généralement toutes les propriétés, droits et revenus qu'il possède sur la rive gauche du Rhin. » Le margrave de Bade céda (21 août) les seigneuries qu'il avait dans le duché de Luxembourg, plusieurs autres terres, enfin « tous les territoires, droits et revenus qu'il possédait sur la rive gauche du Rhin. » Il céda même sur la rive droite « la ville, fort et territoire de Kehl, plus un terrain de cinquante arpents au bas de l'ancien pont de Huningue. » Tous ces princes s'engageaient, à l'époque de la pacification avec l'empire, « à concourir par leurs suffrages à ce que tous les territoires dépendant de l'empire, situés sur la rive gauche du Rhin, les îles et le cours du fleuve, fussent réunis à la République française. » En même temps celle-ci s'engageait envers ces princes à leur faire donner des indemnités et des agrandissements dans l'intérieur de l'Allemagne aux dépens des

États ecclésiastiques ; elle les préparait ainsi à renouveler les traités d'alliance qu'ils avaient faits avec la monarchie des Bourbons.

La Convention, voyant la possession des provinces belgiques assurée par tous ces traités, n'hésita plus à décréter leur réunion définitive à la République française (1er octobre 1795) ; elle en forma neuf départements : *Lys*, chef-lieu Bruges ; *Jemmapes*, chef-lieu Mons ; *Escaut*, chef-lieu Gand ; *Deux-Nèthes*, chef-lieu Anvers ; *Dyle*, chef-lieu Bruxelles ; *Ourthe*, chef-lieu Liége ; *Sambre-et-Meuse*, chef-lieu Namur ; *Meuse-Inférieure*, chef-lieu Maëstrich ; *Forêts*, chef-lieu Luxembourg.

Ainsi qu'on le voit, la diplomatie de la Convention nationale avait suivi, avec autant de fermeté que de patience, son plan des frontières naturelles, et elle parvenait à les reconstituer pièce à pièce. Mais les acquisitions faites sur les princes allemands, sur le roi de Prusse, sur les Provinces-Unies, n'avaient donné qu'une partie de la rive gauche du Rhin ; il fallait obtenir la cession de la Belgique, du Luxembourg, des Électorats ecclésiastiques, du duché de Deux-Ponts, etc., pays occupés par nos armées, déjà soumis à l'administration française, mais dont la possession devait être légitimée par des traités, c'est-à-dire qu'il fallait les arracher par de nouvelles victoires à la maison d'Autriche et à l'empire germanique. Il fallait de plus, maintenant que les Pyrénées étaient redevenues amies, en faire autant pour les Alpes, et obtenir aussi par de nouveaux succès la cession régulière de la Savoie et du comté de Nice. Ce fut l'objet de l'immortelle campagne de 1796.

CHAPITRE IV.

TRAITÉ DE CAMPO-FORMIO.

Trois armées françaises se mirent en marche sur Vienne : deux par le bassin du Danube, la troisième par le bassin du Pô. On sait que les deux premières, après avoir obtenu, en commençant, de grands succès, furent forcées définitivement à repasser le Rhin, mais que la troisième, par une suite de victoires merveilleuses, et grâce au génie de Bonaparte, contraignit d'abord le roi de Sardaigne, ensuite l'empereur, à faire la paix.

Par le traité signé à Paris le 15 mai 1796, « le roi de Sardaigne renonça à perpétuité pour lui, ses successeurs et ayants cause, en faveur de la République française, à tous droits qu'il pourrait prétendre sur la Savoie, les comtés de Nice, de Tende et de Beuil. » La limite entre les Etats Sardes et les départements français fut établie par la crête des Alpes, depuis les monts Maudits, à l'extrémité du Valais, jusqu'à la Roche-Borbon, à l'extrémité de l'Etat de Gênes [1]. De plus, le roi de Sardaigne reçut garnison française dans les principales places du Piémont, et il fit un traité d'alliance offensive et défensive avec la France.

[1] Cette limite se trouve détaillée ainsi dans l'article 4 du traité. « Les limites entre les États du roi de Sardaigne et les départements de la République française seront établies sur une ligne déterminée par les points les plus avancés, du côté du Piémont, des sommets ou plateaux des montagnes et autres lieux ci-après désignés, ainsi que des sommets ou plateaux intermédiaires, savoir, en commençant au point où se réunissent les frontières du ci-devant Faucigny, duché d'Aoste et du Valais, à l'extrémité des glaciers ou monts Maudits :

1° Les sommets ou plateaux des Alpes, au levant du Col-Mayor;

2° Le petit Saint-Bernard, et l'hôpital qui y est situé;

3° Les sommets ou plateaux du mont Alban, du col de Crésence et du mont Iseran;

4° En se détournant un peu vers le sud, les sommets ou plateaux de Calest et de Gros-Caval;

5° Le grand mont Cenis et l'hôpital placé au sud-est du lac qui s'y trouve;

6° Le petit mont Cenis;

7° Les sommets ou plateaux qui séparent la vallée de Bardonache du Val des Prés;

8° Le mont Genèvre;

9° Les sommets ou plateaux qui séparent la vallée de Quières de celle de Vaudois;

10° Le mont de Viso;

11° Le col Maurin;

12° Le mont de l'Argentière;

13° La source de l'Ilbayette et de la Stura;

14° Les montagnes qui sont entre les vallées de Stura et de Gesso d'une part, et celle de Saint-Étienne ou Tinea, de Saint-Martin ou Vesubia, de Tende ou de Roya d'autre part;

15° La Roche-Borbon, sur les limites de l'État de Gênes. »

Le traité qui fit entrer la Savoie et Nice dans le territoire de la République française, au milieu de tant d'événements, de tant de révolutions, fit peu de bruit et d'éclat : ces pays étaient déjà réunis et formés en départements depuis près de quatre ans ; ils devaient avoir peu d'influence sur le résultat définitif de la guerre ; et, cependant, c'était un grave changement pour les frontières de la France : la maison de Savoie, si longtemps hostile, que nos anciens rois avaient tant de fois essayé de rejeter en Italie, était amoindrie et annulée ; la frontière de l'Isère était fermée naturellement comme celle de la Durance, et, par conséquent, le Rhône devenait une vraie défense ; les routes directes de la France en Italie étaient ouvertes ; enfin la possession de la Savoie assurait la neutralité de la Suisse, qui se trouvait tournée au midi par une province française.

Cependant Bonaparte continuait sa course triomphante en Italie : la conquête du Milanais et du Mantouan, les victoires de Lodi, de Castiglione, de Rivoli, la marche de l'armée française à travers les Alpes Juliennes et Noriques, décidèrent enfin l'Autriche à poser les armes.

Déjà, depuis plusieurs mois, avant la victoire de Rivoli, et quand les revers de nos armées d'Allemagne n'étaient pas encore réparés, le Directoire, qui était alors inspiré par Carnot, avait entamé directement des négociations avec l'empereur; il voyait la France tellement épuisée par cinq années de cette terrible guerre, qu'il désirait ardemment et sincèrement la paix. Il l'aurait conclue à des conditions très-modérées, « car, écrivait Carnot au négociateur Clarke, le besoin de la paix est si grand par toute la France, ce cri est si universel, la pénurie de nos moyens, pour continuer la guerre, est si absolue, qu'il faut bien s'y borner. » Et il ajoutait : « Je crois qu'il sera inutile de rien stipuler dans le traité, sur la limite du Rhin : vous savez d'ailleurs les inconvénients que je trouve à cette limite. » En effet, le Directoire ne demandait à l'empereur que la cession de la Belgique et des petites possessions qu'il avait sur la rive gauche du Rhin ; il restituait la Lombardie, le Palatinat, les Electorats ecclésiastiques, etc. Ces offres ne furent pas acceptées, la guerre continua, et, trois mois après, l'armée française étant arrivée à vingt-cinq lieues de Vienne, l'empereur fut forcé d'accepter l'armistice et de signer le traité préliminaire de Léoben (18 avril 1797).

Par ce traité, « il renonçait à tous ses droits sur les provinces belgiques, et reconnaissait les limites de la France, telles qu'elles ont été décrétées par les lois de la République française ; » celle-ci lui restituait la Lombardie et les autres Etats héréditaires ; un congrès devait être tenu pour conclure la paix définitive entre l'empereur, l'empire et la France. Dans les articles secrets, l'empereur abandonnait la Lombardie, mais il recevait en dédommagement une partie des Etats Vénitiens, avec l'Istrie et la Dalmatie ; la France acquérait la Lombardie et une autre partie des Etats Vénitiens, et en formait une république indépendante. Quant à Venise, elle recevait, en compensation de ses Etats partagés, les trois légations de Ferrare, de Bologne et de la Romagne, enlevées au pape.

On négocia pendant sept mois pour changer en paix définitive ce traité obscur, mal défini, où les deux contractants se donnaient mutuellement les Etats d'une puissance neutre, et dans lequel la question fondamentale des limites naturelles de la France était incomplétement résolue. On croyait même à la reprise des hostilités, quand le général Bonaparte et le comte de Cobentzel se décidèrent à signer, aux dépens de la république de Venise, dont l'arrêt de mort fut prononcé, le traité définitif de Campo-Formio (17 octobre 1797).

Le principal article de ce traité (art. 3) portait :

« S. M. l'empereur renonce pour elle et ses successeurs, en faveur de la République française, à tous droits et titres sur les ci-devant provinces belgiques connues sous le nom de Pays-Bas autrichiens. La République française possédera ces pays à perpétuité, en toute souveraineté et propriété, et avec tous les biens territoriaux qui en dépendent. »

Les autres articles étaient relatifs : 1° à l'établissement de la république Cisalpine, qui comprenait la Lombardie, le Mantouan, une partie des Etats Vénitiens, le Modenois, les légations de Bologne et de Ferrare, etc. ; 2° au partage des Etats Vénitiens entre l'empereur, la république Cisalpine et la République française, à qui étaient cédées les îles Ioniennes.

C'était un traité glorieux si l'on regarde qu'il donnait à la France ses limites naturelles au nord; qu'il enlevait à l'Autriche Milan et Mantoue, et par conséquent la domination de l'Italie; qu'il créait sur les Alpes une république alliée et dans la dépendance de la France ; mais il semblait que ce fût peu pour tant d'efforts héroïques, pour tant de sang versé, pour tant de victoires ; d'ailleurs, il laissait à résoudre la question de la rive gauche du Rhin ; enfin, il se trouvait entaché d'une faute énorme qui pèse encore sur la France : la destruction de la république Vénitienne, l'abandon de Venise à l'Autriche ! Une convention additionnelle et secrète chercha à réparer la question du Rhin, mais ce fut avec tant d'obscurité, tant d'indécision, qu'on est tout surpris de voir Bonaparte apposer son nom glorieux à cet acte, et l'on ne peut l'expliquer que par son ardent désir de donner le premier à la France de la Révolution une paix définitive.

En effet, à Campo-Formio, l'empereur ne traitait qu'en son nom et non pas comme chef du corps germanique; aussi, pour mettre fin à la guerre entre la France et l'Allemagne, l'art. 20 du traité portait : « Il sera tenu à Rastadt un congrès uniquement composé des plénipotentiaires de l'empire germanique et de ceux de la République française, pour la pacification entre ces puissances. »

La convention additionnelle et secrète stipulait les objets qui seraient traités dans le congrès, et l'art. 1er portait :

« L'empereur consent que les limites de la République française s'étendent jusqu'à la ligne ci-dessous désignée, et s'engage à employer ses bons offices, lors de la paix avec l'empire, pour que la

République française obtienne cette même ligne. »

Cette ligne était la rive gauche du Rhin depuis Bâle jusqu'au confluent de la Wethe au-dessus d'Andernach ; puis le cours de la Wethe, puis une ligne tortueuse et mal définie jusqu'à Gemund sur l'Ulf, affluent de la Roër, puis le cours de la Roër jusqu'à Limnich, puis une ligne tortueuse et mal définie jusqu'à Venloo, où l'on atteignait la frontière batave[1]. De plus l'empereur ne garantissait

[1] Voici tout l'article :

« La rive gauche du Rhin depuis la frontière de la Suisse au-dessous de Bâle jusqu'au confluent de la Wethe au-dessus d'Andernach, y compris la tête du pont de Manheim sur la rive gauche du Rhin et la ville et forteresse de Mayence, l'une et l'autre rive de la Wethe, depuis son embouchure jusqu'à sa source près de Bruch ; de là une ligne passant par Sensclierode et Berley jusqu'à Keppen, et de cette ville à Udelhofen, Blankenheim, Marmagen, Jactenigt, Cale, Gemund, et compris les arrondissements et banlieues de ces communes, puis les deux rives de l'Ulf jusqu'à son embouchure dans la Roër, en y comprenant Heimbach, Nideggen, Duren et Juliers avec leurs arrondissements et banlieues, ainsi que les villages riverains et leurs arrondissements jusqu'à Limnich ; de là une ligne passant par Roffems et Thalens, Dalen, Hilas, Papdermod, Latersfort, Radenberg, Haversloo, s'il se trouve dans la direction de la ligne, Andenheide, Halderkirchen, Wambech, Herringen et Grobray avec la ville de Vanloo et son arrondissement; et si malgré les bons offices de Sa Majesté l'empereur roi de Hongrie et de Bohême, l'empire germanique ne consentait pas à l'acquisition par la République française de la ligne de limite ci-dessus désignée. Sa Majesté l'empereur et roi s'engage à ne fournir à l'armée d'empire que son contingent, qui ne pourra être employé que dans les forteresses, sans que par là il soit porté atteinte à la paix et à l'amitié qui viennent d'être établies entre Sadite Majesté et la République française. »

pas cette délimitation, si l'empire germanique refusait de l'accepter, et, dans le cas où la guerre continuerait avec ledit empire, il s'engageait seulement à n'y contribuer que par son contingent. »

La convention additionnelle stipulait de plus que l'empereur renonçait à ses possessions sur la rive gauche du Rhin, telles que le comté de Falkenstein, le Frikthal avec les territoires entre Zurzach et Bâle (les villes forestières[1]); mais en compensation, la République française devait, à la paix générale, employer ses bons offices pour faire donner à l'empereur l'archevêché de Salzbourg, une partie du cercle de Bavière et autres territoires à sa convenance. De plus, la République et l'empereur s'engageaient à faire obtenir des indemnités semblables aux princes qui devaient éprouver quelque perte de territoire sur la rive gauche du Rhin[2], « indemnités qui seraient réglées d'un commun accord avec la République française. » Enfin, comme l'empereur ne voulait pas que le roi de Prusse obtînt les indemnités qui

[1] Voir la note de la page 57.

[2] Ces princes étaient les trois électeurs ecclésiastiques, l'électeur palatin, le duc de Wurtemberg, le margrave de Bade, le duc de Deux-Ponts, les landgraves de Hesse-Cassel et de Darmstadt, les princes de Nassau-Saarbrück, de Salm-Kirbourg, de Lowenstein-Wertheim et de Wiedruncken, et le comte de la Leyen.

lui avaient été promises par le traité de Bâle, l'article 9 portait cette condition étrange :

« La République française n'a point de difficulté à restituer au roi de Prusse ses possessions sur la rive gauche du Rhin ; en conséquence, il ne sera question d'aucune acquisition nouvelle pour le roi de Prusse, ce que les deux puissances contractantes se garantissent mutuellement. »

En résumé, le traité de Campo-Formio, avec ses articles additionnels, est une des conventions diplomatiques les plus confuses qui aient jamais été faites : il semble que pour les deux parties contractantes ce n'était qu'une trêve, et que les négociateurs se soient peu souciés des contradictions, des obscurités, des sujets de contestation et de rupture qu'il renferme ; aussi le Directoire en fut-il très-mécontent. Il hésita à approuver cette convention qui donnait à la France une limite du Rhin si peu conforme à l'attente générale, et qui devait nécessairement amener une rupture avec la Prusse ; s'il se décida à l'approuver, ce fut pour obéir à l'opinion publique, qui demandait la paix à tout prix. D'ailleurs il espérait en réparer les principales erreurs, le rectifier et l'éclaircir dans le congrès qui s'ouvrit à Rastadt.

En effet, dans ce congrès, les plénipotentiaires

français demandèrent sur-le-champ à l'empire germanique que « le Rhin fût reconnu comme limite de la France depuis sa sortie du territoire helvétique jusqu'à son entrée sur le territoire batave ; » ils proposèrent en même temps d'indemniser les princes qui se trouvaient dépossédés au moyen de seigneuries ecclésiastiques dans l'intérieur de l'Allemagne. C'était clair et précis ; et cela fut accordé presque sans discussion, tant l'idée que la France devait reprendre ses limites naturelles était entrée dans le droit public et paraissait à tous les Etats une condition fondamentale de l'équilibre européen. Il n'y avait plus qu'à l'écrire dans le traité définitif.

La France allait donc atteindre, après huit siècles d'efforts, les limites tant désirées par l'ancienne monarchie ; la constitution de l'Europe, telle que l'avaient faite les traités de Westphalie, était changée à son profit ; la République lui donnait une position à l'extérieur qu'elle n'avait pas connue, même sous les Bourbons. Les fautes du gouvernement directorial l'en firent déchoir.

CHAPITRE V.

TRAITÉ DE LUNÉVILLE.

Le Directoire[1] ne mettait pas dans sa politique extérieure la mesure et l'habileté qu'avait eues réellement la Convention; il faisait de la propagande révolutionnaire non pour se défendre, mais avec l'ambition de démocratiser l'Europe, et il voulait entourer la France d'une ceinture de républiques alliées ou vassales. Déjà l'on avait au nord la république *Batave*, au midi les républiques *Cisalpine* et *Ligurienne*[2]. Il profita des troubles qui éclatèrent à Rome pour renverser le gouvernement pontifical et créer une quatrième république dépendante de la France, la république *Romaine*. C'était une énorme faute : elle excita

[1] Carnot et Barthélemy, qui étaient les hommes d'État de ce gouvernement, venaient d'en être violemment exclus par la journée du 18 fructidor.

[2] C'était le nom qu'avait pris la république de Gênes, après qu'elle eut changé sa constitution et fait alliance avec la France.

l'indignation du monde catholique, et prépara l'Europe à recommencer la guerre contre la Révolution française.

Une faute plus grave, si l'on ne regarde qu'aux frontières de la France, suivit celle-ci, et elle eut des conséquences si funestes qu'elles ne sont point encore effacées : le Directoire viola la neutralité de la Suisse.

Les aristocraties féodales qui gouvernaient les treize cantons détestaient la Révolution française, et elles avaient montré en toutes circonstances leurs sympathies pour les émigrés et la coalition. Mais la neutralité de la Suisse était si importante pour la France, que le Comité de salut public ne s'en était pas ému : il avait même supporté avec patience et longanimité les injures que lui avaient faites spécialement les *messieurs* de Berne. Le Directoire ne suivit pas cet exemple, et il profita d'une querelle entre les Bernois et les Vaudois pour intervenir en Suisse. Une armée fut envoyée dans ce pays ; après plusieurs combats, les aristocraties des treize cantons furent renversées ; une république unitaire, modelée sur celle de la France, succéda au régime fédératif sous lequel ce pays avait vécu pendant des siècles ; enfin le nouveau gouvernement helvétique fut contraint de signer un traité d'alliance offensive et défensive (10 août 1798), qui plaçait la Suisse dans la dépendance de son ancienne alliée.

Par ce traité, dix-huit mille Suisses étaient mis à la solde de la République française ; le territoire helvétique était ouvert à la France, « pour en faire un libre et perpétuel usage, » au moyen de deux routes militaires : l'une, partant de Bâle, suivait le Rhin, le lac de Constance, et aboutissait en Allemagne ; l'autre, partant de Genève, traversait la Savoie et le Valais, et aboutissait en Italie ; enfin les frontières entre la France et l'Helvétie étaient réglées de telle sorte que « tout ce qui faisait partie du ci-devant évêché de Bâle et de la principauté de Porentruy faisait définitivement partie du territoire français. » En compensation de ces servitudes, la République française promettait à la république Helvétique de l'agrandir du Frikthal, des Ligues grises et du Voralberg.

Deux réunions précédèrent cette malheureuse intervention de la France dans les Cantons suisses ; mais celles-ci regardaient des pays français de position ou de langage ; elles se firent pacifiquement et complétèrent les frontières naturelles. Deux traités du 28 janvier et du 26 avril 1798 énoncèrent que « la République française acceptait le vœu des citoyens de la république de Mulhausen et de la république de Genève pour leur réunion au peuple français, » et ils déclarèrent lesdits citoyens *Français nés*. On sait que la république de Mulhausen, alliée des Suisses, formait enclave dans l'Alsace ; que la république de Genève, aussi alliée des Suisses, était une des portes de la France ; que celle-ci l'avait prise spécialement sous sa protection et fait déclarer neutre[1]. Les deux traités portaient pour dernier article : « Les républiques de Mulhausen et de Genève renoncent aux alliances qui les unissaient à des États étrangers ; elles déposent et versent dans le sein de la *grande nation* tous leurs droits à une souveraineté particulière. »

La république de Mulhausen fut réunie au département du Haut-Rhin ; elle n'en fut pas séparée en 1814, et l'on sait qu'elle est aujourd'hui l'un

[1] Cette déclaration de neutralité date de 1782. La France était, nous l'avons vu, depuis le seizième siècle, garante de l'indépendance de Genève, et plusieurs fois, principalement en 1738, elle était intervenue pour faire respecter sa constitution. En 1782, de nouveaux troubles ayant éclaté dans ce petit État, elle y fit entrer des troupes, de concert avec le roi de Piémont et les Cantons suisses. Il en résulta entre ces trois puissances un traité de garantie qui déclara le territoire et la ville de Genève *neutres à perpétuité*. La neutralité de la Suisse se trouva ainsi complétée. Mais en 1792, au commencement de la guerre, les troupes des cantons de Berne et de Zurich occupèrent Genève. La Convention ordonna à l'armée des Alpes de faire évacuer cette ville, en respectant sa neutralité et son indépendance. Cela fut effectué sans obstacle.

des grands centres d'industrie de la France. Quant à la république de Genève, elle forma avec une partie de la Savoie le département du *lac Léman*, qui avait Genève pour chef-lieu. La réunion de Mulhausen fut presque inaperçue; celle de Genève reçut de grands applaudissements : c'était la patrie de J.-J. Rousseau.

Cependant, grâce à la politique insensée du Directoire, une nouvelle coalition se forma contre la France; elle se composait de l'Angleterre, de la Russie, de l'Autriche, des États d'Allemagne et d'Italie; la Prusse seule resta neutre, mais menaçante, résolue à reprendre les nouveaux départements du Rhin. Le plan d'agression de cette coalition fut redoutable et basé principalement sur l'ouverture que présentait la Suisse, dépouillée de sa neutralité. On devait, au nord, assaillir la république Batave et par elle tourner le Rhin; au midi, attaquer les républiques Romaine et Cisalpine, et de là aborder les Alpes; enfin, au centre, envahir la Suisse devenue une frontière française et la plus aisément attaquable, enlever ce bastion de glace que la nature semble avoir destiné à amortir les chocs entre l'Allemagne et la France, tourner par là toute la ligne du Rhin, et rendre même inutile la vieille frontière de Louis XIV.

Dès les premières opérations, on vit la faute que l'ignorance brutale du Directoire avait commise en brisant la sage tradition de trois siècles à l'égard de la Suisse, cette alliance que la monarchie avait entretenue avec tant de sollicitude : au lieu d'avoir à défendre, comme on avait fait sous François Ier, sous Louis XIII, en 1712, en 1793, deux frontières courtes et isolées, celle du Nord, celle des Alpes, on eut à défendre une ligne continue allant du Zuyderzée au golfe de Gênes. Ce terrain neutre, qui nous avait permis d'acquérir l'Alsace, la Franche-Comté, la Lorraine, qui avait fait tant de fois notre salut, allait devenir un champ de bataille universel et le grand chemin de l'étranger au cœur de la France.

La coalition échoua dans le nord; elle réussit en Italie, tourna la Suisse par le Saint-Gothard et l'attaqua en même temps par le Haut-Rhin : elle se voyait déjà, étant maîtresse de Zurich, libre d'aborder par Bâle la trouée de Béfort, et de là par la Bourgogne la route de Paris. Mais l'armée d'Helvétie, commandée par Masséna, fit des prodiges : elle transforma la ligne de la Limmat et les montagnes de Zurich en un réduit inexpugnable où se brisèrent l'effort et le plan de la coalition;

la France fut sauvée d'une invasion qui semblait inévitable.

Mais, en compensation de ces succès, la neutralité de la Suisse avait cessé d'exister; nos alliés étaient devenus nos ennemis; tout le pays, troublé dans sa paix séculaire, dépouillé, écrasé par les armées, maudissait la servitude où il était tombé et menaçait de se révolter. Le gouvernement helvétique poussa des cris de détresse et demanda à rentrer dans sa neutralité et son indépendance.

« L'intérêt suprême de l'Helvétie, écrivait-il au Directoire, celui de la France même, veulent également que la Suisse soit rendue, et pour jamais, à cette neutralité bienfaisante si bien appropriée à son sol, à ses faibles ressources, aux mœurs de ses paisibles habitants, à l'ombre de laquelle elle a prospéré malgré les imperfections de son système fédératif et aristocratique, à cette neutralité enfin que, jusqu'à ces jours d'erreur, les plus grands maîtres avaient regardée comme l'équivalent des places fortes pour la protection des frontières françaises pendant une ligne de près de quatre-vingts lieues. » Ces plaintes ne furent pas entendues; et la Suisse, pendant la campagne de 1800, servit de chemin à l'armée de Moreau pour pénétrer dans le bassin du Danube.

Cependant la victoire de Zurich avait tellement ébranlé la coalition, que la Russie s'en détacha ; l'avénement de Bonaparte au consulat décida la Prusse à éloigner ses troupes des départements du Rhin ; la victoire de Marengo délivra les Alpes et le Var des Autrichiens, et nous rendit la possession de la Haute-Italie ; enfin la victoire de Hohenlinden força l'Autriche à poser les armes et à signer la paix de Lunéville, complément du traité de Campo-Formio et achèvement du congrès de Rastadt (16 mars 1801).

A Lunéville, Bonaparte ne fit pas la faute qu'il avait faite à Campo-Formio ; il voulut que l'empereur s'engageât non-seulement comme souverain des Etats autrichiens, mais comme chef du corps germanique. La première condition de la paix fut la reconnaissance pure et simple des limites naturelles de la France. Il n'y eut aucune discussion à ce sujet : cette condition était la base du nouveau système politique qui devait régir l'Europe. L'article VI du traité était donc ainsi conçu :

« S. M. l'empereur et roi, tant en son nom qu'en celui de l'empire germanique, consent à ce que la République française possède désormais en toute souveraineté et propriété les pays et domaines situés à la rive gauche du Rhin et qui faisaient partie de l'empire germanique ; de manière qu'en conformité de ce qui avait été expressément consenti au congrès de Rastadt par la députation de l'empire et approuvé par l'empereur, le thalweg du Rhin soit désormais la limite entre la République française et l'empire germanique, savoir depuis l'endroit où le Rhin quitte le territoire helvétique jusqu'à celui où il entre dans le territoire batave. En conséquence de quoi la République française renonce formellement à toute possession quelconque sur la rive droite du Rhin, et consent à restituer à qui il appartient les places de Dusseldorf, Ehrenbreistein, Philipsbourg, le fort de Cassel et autres fortifications vis-à-vis de Mayence, à la rive droite, le fort de Kehl et le Vieux-Brisach, sous la condition expresse que ces places et forts continuent à rester dans l'état où ils se trouveront lors de l'évacuation. »

L'article 2 renouvelle de la manière la plus formelle « la cession des ci-devant provinces belgiques à la République française, du comté de Falkenstein, du Frikthal et de tout ce qui appartient à la maison d'Autriche sur la rive gauche du Rhin, la République française se réservant de céder ce dernier pays à la république Helvétique. »

Les autres articles renouvellent la cession à l'Autriche d'une partie des Etats Vénitiens, « de telle sorte que l'Adige formera la séparation entre les États de l'empereur et la république Cisalpine ; » ils stipulent « que les princes dépossédés sur la rive gauche du Rhin, en conformité des principes établis au congrès de Rastadt, obtiendront un dédommagement qui sera pris dans le sein de l'empire ; » enfin ils déclarent que le présent traité est commun aux républiques Batave, Helvétique, Cisalpine et Ligurienne.

D'après ce traité, les Consuls proposèrent et les Corps législatifs adoptèrent la loi suivante (8 mars 1801) :

« Art. 1. Les départements de la *Roër*, de la *Sarre*, de *Rhin-et-Moselle* et du *Mont-Tonnerre*, font partie intégrante du territoire français. »

Par cette loi, le nombre des départements fut porté à cent un, et le cadre naturel de l'ancienne Gaule se trouva rempli. Ainsi donc, en huit années, la République avait glorieusement achevé l'œuvre si péniblement élaborée pendant huit siècles par la monarchie : le Rhin était reconquis ; la frontière artificielle de Louis XIV avait terminé son rôle de transition à la frontière naturelle ; la France se retrouvait telle que la Providence l'a faite. « Des peuples, disait le premier consul, séparés longtemps d'elle, se sont rejoints à leurs frères et ont accru d'un sixième sa population, son territoire et ses forces. »

Jamais la France n'avait eu une position si grande et si nette : le Rhin formait non-seulement sa limite, mais une magnifique frontière, grâce aux alliances de la Suisse et de la Hollande qui en protégeaient les extrémités, grâce aux boulevards de Strasbourg, de Mayence, de Wesel, qui en gardaient le centre ; les Alpes et les Pyrénées la terminaient d'autre part, non pour l'isoler, mais pour l'unir à ses deux sœurs de race latine, qui rentraient libres et indépendantes dans son action et son alliance. Les peuples de race germanique, moins l'Angleterre, troublés par leurs défaites, travaillés par les idées françaises, secouant leur passé féodal, allaient recevoir de la France de nouvelles destinées, un nouvel état social. Les peuples de race slave, nouveaux venus dans le monde occidental, et sympathiques à la civilisation française, de loin nous tendaient la main. Elle n'avait plus qu'à se parquer, se reposer, s'éterniser dans ses frontières naturelles, comme elle l'avait fait, sous Louis XIV, dans ses frontières artificielles; elle n'avait plus qu'à fondre dans sa bienfaisante unité les fragments des peuples nouvellement admis dans son sein, qu'à s'entourer d'une ceinture d'États neutres ou alliés, qu'à féconder dans la paix les éléments de prospérité que 89 lui avait donnés, enfin qu'à se faire bénir et aimer. Il n'en fut pas ainsi! et l'on ne peut songer à cette position de la France en 1801 sans un profond serrement de cœur, car qui sait si jamais notre pays retrouvera cette position, cette fortune, cette heure unique dans son histoire? Ces frontières acquises par tant de travaux, de sang, de sacrifices, dépouilles opimes de nos armées républicaines; ce Rhin tant de fois convoité depuis Charlemagne, et que Louis XIV avait touché avec tant de peine; enfin cette grandeur nationale si complète et si naturelle, qui devait être facilement durable parce qu'elle était limitée, tout cela fut usé, dépensé, perdu, d'un côté par la jalousie implacable de l'Angleterre, d'un autre côté par l'ambition insensée de l'homme qui gouvernait la France, et qui voulait, disait-il, « en faire la première nation du monde. »

Nos limites naturelles allaient donc être dépassées; un système monstrueux de réunions et de démembrements d'Etats allait bouleverser l'Europe;

la France allait immesurément s'étendre de Rome à Hambourg, accouplant sous sa domination les peuples les plus divers, écrasant les uns, dépouillant les autres, amassant des haines qui ne sont pas encore assouvies, enfin, pour dernier terme à tant d'efforts, à tant d'aventures, vaincue à son tour, ramenée haletante, affaissée, épuisée, dans son ancien territoire, trop heureuse de retrouver son indépendance et la paix à l'abri de la frontière modeste et salutaire de Louis XIV!

CHAPITRE VI.

LES FRONTIÈRES DE LA FRANCE SOUS L'EMPIRE.

Le premier pays qui fut annexé à la France en dehors de ses limites naturelles, ce fut le Piémont.

Au commencement de la guerre de la deuxième coalition, le Piémont avait été sur-le-champ occupé par les troupes françaises, et le roi de Sardaigne avait signé une convention par laquelle il abdiquait tout pouvoir, ordonnait aux bataillons piémontais « de se regarder comme partie intégrante de l'armée française, » et se retirait librement dans l'île de Sardaigne. Un gouvernement provisoire fut donné au pays. En 1799, quand les armées russe et autrichienne repoussèrent les Français de la Lombardie et les rejetèrent dans l'Apennin, le Piémont fut occupé par les vainqueurs, mais il ne reprit pas son indépendance. Après la bataille de Marengo, il retomba sous la domination française, et l'un des premiers actes du gouvernement consulaire fut de le partager : il fut déclaré que la Sesia formerait la limite entre la Lombardie et le Piémont; que le pays situé à la rive gauche de ce cours d'eau était réuni à la république Cisalpine. Ce démembrement alarma les Piémontais, qui le témoignèrent au général Jourdan, chargé du commandement du Piémont. Il leur fut répondu (29 octobre 1800) « que le gouvernement de la République française ne cesserait jamais de prendre le plus vif intérêt au sort du Piémont, et qu'il ne perdrait jamais de vue le soin d'assurer à ce pays l'existence d'un État indépendant. » Six mois après (19 avril 1801), deux mois après le traité de Lunéville, Jourdan déclara aux habitants « que le gouvernement français, sans cesse occupé de leur bonheur, venait de leur donner une nouvelle preuve de sa sollicitude; qu'un arrêté des consuls leur imposait une tâche bien honorable et bien douce, celle de justifier qu'ils étaient dignes d'être gouvernés par des lois républicaines ; » que le Piémont formerait une division militaire partagée en six subdivisions ou préfectures et gouvernée par un administrateur général, comme l'étaient les quatre départements de la rive gauche du Rhin avant leur réunion à la République française : « Citoyens, disait-il, combien est précieuse la récompense dont vous allez jouir ! Vous avez mérité de prendre part aux destinées de la République ! »

Les Piémontais se résignèrent, et, voulant sortir de ce provisoire, ils demandèrent (la Cour d'appel la première) « l'accomplissement du plus cher de leurs vœux, l'association du sort du Piémont aux hautes destinées de la France. » Alors, le 11 septembre 1802, six mois après la paix d'Amiens, un sénatus-consulte décréta ce qui suit :

« Les départements du *Pô*, de la *Doire*, de *Marengo*, de la *Sesia*, de la *Stura* et du *Tanaro* sont réunis au territoire de la République française. »

Quelques jours avant cette annexion définitive, l'*île d'Elbe* avec ses dépendances fut réunie à la France (16 août 1802), et l'on en forma aussi un département.

Le gouvernement consulaire ne donna aucune explication de cette violation des limites naturelles : il croyait être parfaitement dans son droit et ne s'inquiéta nullement de ce démenti donné à ses propres maximes. Il se contenta de dire plus tard que le Piémont, placé entre les Républiques française, italienne, ligurienne, ne pouvait ni former un État indépendant, ni être annexé à la République italienne ; que « c'était une tête de pont contre l'Autriche, » dont la France ne devait pas se dessaisir. Quant à l'île d'Elbe, c'était une position maritime que le gouvernement de la Toscane, quel qu'il fût, « ne pouvait défendre et qu'il ne fallait pas laisser exposé aux attaques de l'Angleterre. » Pas un mot ne fut dit qui laissât croire que ces réunions étaient provisoires et temporaires; aussi furent-elles regardées, même en France, comme des abus de la conquête et de véritables usurpations. Tous les États, alarmés et indignés, furent avertis que la France, à peine en possession de ces limites qu'elle avait tant réclamées, avait hâte de les dépasser; ils la crurent animée d'une passion insatiable d'agrandissement, et ils se préparèrent à s'en défendre.

D'autres actes d'usurpation moins directe augmentèrent les craintes de l'Europe et précipitèrent la rupture. Bonaparte se fit donner la présidence de la République italienne; il attribua à la République française « tous les droits et pouvoirs inhérents à la souveraineté dans les États de Parme, de Plaisance et de Guastalla, et soumit ces pays à une administration française; » il imposa à la République helvétique un acte de médiation (19 février 1803) qui donna la paix à ce pays et le soumit à un sage régime, mais qui le laissa sous la protection ou sous la domination de la France, et fit entrer seize mille Suisses dans les rangs français; il céda à l'Helvétie le Frikthal, mais à la condition que le canton du Valais serait séparé de la confédération, et qu'on en ferait une république indépendante sous la protection des trois républiques voisines (3 septembre 1802) : ce qui affranchit ce canton de la neutralité suisse, et donna ainsi à la France toute la route du Simplon; enfin, il régla souverainement, de concert avec la Russie, les indemnités réclamées par les princes dépossédés de la rive gauche du Rhin, et bouleversa ainsi l'Empire germanique à son profit.

On ne saurait douter que la France, par sa position géographique et sa puissance naturelle, ne doive exercer une sorte de patronage sur les Etats qui l'avoisinent : ainsi, sous la monarchie des Bourbons, les Provinces-Unies, les petits États d'Allemagne, les Cantons suisses, les États d'italie, avaient été souvent, et l'on pourrait dire presque sans interruption, dans l'alliance, sous la protection ou à la solde de la France. Cette influence était si naturelle et même si légitime, qu'elle avait été admise dans le droit public de l'Europe; elle était si nationale que, mise en œuvre par Henri IV, Richelieu, Louis XIV et Choiseul, elle avait inspiré la Convention et le Directoire, qui l'avaient accommodée avec plus ou moins de succès et d'habileté à la situation exceptionnelle de la France. Mais, avec le gouvernement consulaire, le patronage ou l'influence de la France sur les pays voisins prit, contrairement à ses vrais intérêts, à sa politique séculaire, l'aspect d'une domination réelle, d'une extension indéterminée, et l'Europe, déjà irritée de nos principes révolutionnaires, n'eut plus d'autre passion que de mettre un terme à toutes ces conquêtes, que de se venger de la France en l'humiliant à son tour, que de la forcer à reprendre ses frontières de 92.

Ce n'était pas, ce semble, le sentiment de l'Angleterre : elle paraissait résignée au traité d'Amiens, et Pitt disait dans le parlement : « Nous devons renoncer désormais à faire rentrer la France dans ses anciennes limites ; conformons donc notre conduite aux événements. » Mais une paix qui laissait la France maîtresse d'Anvers et de Mayence, disposant des marines hollandaise et espagnole, ayant sous sa domination l'Italie, la Suisse, l'Allemagne, était trop contraire aux sentiments, aux intérêts anglais, pour qu'elle fût durable. L'Angleterre recommença la guerre, une guerre incessante, implacable, qui devait être décisive. En sûreté dans son île, protégée dans ses colonies par ses forces maritimes, elle ne cessa pendant onze ans de chercher des ennemis à la France, de solder des coalitions, d'armer le continent contre elle. De son côté, Napoléon, ne pouvant prendre corps à corps cette ennemie insaisissable, chercha de tous côtés contre elle des points d'agression et de défense, en réunissant à son empire toutes les positions maritimes ou militaires qu'il put atteindre ; il changea les dynasties, renversa les trônes, tyrannisa les peuples pour forcer l'Angleterre à faire la paix ; c'était elle qu'il voulait vaincre à Austerlitz, à Iéna, à Friedland ; c'était elle qu'il cherchait à Madrid et à Moscou ; c'était contre elle qu'il réunit à la France Gênes, Amsterdam, Hambourg. « On nous force, disait-il avec raison, de conquérir pour conserver !... Avec l'air d'attaquer, c'est nous qui nous défendons ! »

On ne saurait douter que Napoléon, s'il fût arrivé à son but, n'eût restitué la plus grande partie de ses conquêtes; qu'il n'eût, par exemple, rendu l'indépendance à la Hollande, à l'Italie ; qu'il n'eût renoncé à englober Hambourg et Lubeck dans un département français ; mais, comme il ne pouvait dans la lutte user de réticences, prendre des ménagements, dire ses arrière-pensées, tous ces agrandissements, aux yeux de l'Europe, même aux yeux de la France, n'apparurent que comme des conquêtes brutales, définitives, œuvre d'une ambition égoïste et absurde, et l'Europe humiliée, indignée, ne cessa pas de faire cause commune avec l'Angleterre.

Nous n'avons pas à raconter cette grande lutte où l'Angleterre et Napoléon se combattent, l'un à coups de réunions, l'autre à coups de coalitions; nous n'avons qu'à exposer comment cette extension démesurée de la France, qui porta le nombre de ses départements à cent trente, sans compter les Etats fédératifs ou vassaux de l'Empire français, lui fit perdre, en définitive, ses limites naturelles.

La première réunion qui suivit la rupture de la paix d'Amiens fut celle de la République ligurienne. Ce petit État, depuis l'annexion du Piémont, prévoyait cet événement : son indépendance était devenue de l'isolement, sa marine était insultée, ses ports bloqués, son commerce anéanti par les Anglais; il demanda à être réuni à l'Empire français. Napoléon y consentit : « Le droit des gens de l'Angleterre, disait-il, rendant impossible l'existence de Gênes indépendante, elle devait, en prenant le pavillon français, se mettre à l'abri de ce honteux esclavage dont je souffre malgré moi l'existence envers les puissances plus faibles, mais dont je saurai toujours garantir mes sujets. » On fit de l'État de (Gênes 9 juin 1805) une division militaire et trois départements : *Gênes*, *Montenotte*, *Apennins*.

La troisième coalition fut composée de l'Angleterre, de la Russie, de l'Autriche, du royaume de Naples, etc.; elle fut vaincue à Ulm, à Austerlitz, et dissoute par le traité de Presbourg. Ce traité ne changea rien aux limites de la France ; mais il donna l'Istrie et la Dalmatie à Napoléon, qui les garda directement sous sa domination ; l'Autriche perdit de plus les États vénitiens, qui furent donnés au royaume d'Italie; le Tyrol et les domaines de la Souabe, qui furent donnés aux princes allemands alliés de la France ; enfin elle reconnut « les réunions et incorporations à l'Empire français faites au delà des Alpes. »

Mais le traité de Presbourg n'avait désarmé et abattu que l'Autriche ; l'Angleterre avait eu sa victoire d'Austerlitz sur la mer, à Trafalgar : sans être émue de la défaite de ses alliés, avec cette constance qui a fait sa grandeur, « cette nation de fer » préparait de nouvelles coalitions ; la paix était plus que jamais impossible. Napoléon redoubla d'efforts : « On me croit ennemi de la paix, disait-il ; mais il faut que j'accomplisse ma destinée ; je suis forcé de combattre et de conquérir pour conserver. » « L'avenir dévoilera, disait un de ses ministres, si ceux qui se plaignent de la grandeur et de l'ambition de la France n'ont pas à imputer à leur haine et à leur injustice la grandeur et l'ambition dont ils se plaignent. La France ne s'est agrandie que par les efforts renouvelés tant de fois pour l'opprimer. » C'est alors que Napoléon, se laissant emporter dans des entreprises qui dépassaient les forces, les traditions, les intérêts de la France, conçut le plan « d'agglomérer et concentrer les mêmes peuples géographiques que les révolutions et la politique ont morcelés, de former trois nations compactes des quinze millions d'Italiens, des trente millions d'Allemands, des quinze millions d'Espagnols ; d'introduire parmi elles unité de lois, de principes, de sentiments, d'intérêts ; de faire ainsi du midi de l'Europe le contre-poids des nations du nord ; enfin de donner une extension gigantesque à l'influence politique exercée par la France depuis deux siècles sur les Etats voisins, en créant un système des États fédératifs de l'Empire qui ferait d'elle l'arbitre incontesté du continent et forcerait l'Angleterre à donner au monde la liberté des mers. »

D'après cela, il chercha à atteindre son ennemie dans deux grandes positions maritimes, à Naples et en Hollande. Il conquit le royaume de Naples, le donna à son frère Joseph et en fit un des États fédératifs de l'Empire. Il changea de même la République batave en royaume de Hollande et le donna à son frère Louis. « Sous le point de vue militaire, disait-il, la Hollande possédant toutes les places fortes qui garantissent notre frontière du nord, il importe à la sûreté de nos États que la garde en soit confiée à des personnes sur l'attachement desquelles nous ne puissions concevoir aucun doute. Sous le point de vue commercial, la Hollande étant située à l'embouchure des grandes rivières qui arrosent une partie considérable de notre territoire, il faut que nous ayons la garantie que le traité de commerce que nous conclurons avec elle sera fidèlement exécuté. Enfin la Hollande est le premier intérêt politique de la France. »

Napoléon ne s'arrêta pas à ces deux intronisations; il octroya à ses sœurs les principautés de Piombino, de Lucques, de Guastalla ; à son beau-frère Murat les duchés de Berg et de Clèves[1] ; au maréchal Berthier la principauté de Neufchâtel[2], etc.

[1] Cédés par l'électeur de Bavière, le 15 mars 1806.
[2] Cédée par le roi de Prusse, le 18 février 1806.

Enfin il détruisit l'Empire d'Allemagne en créant la *Confédération du Rhin*, dont il prit le protectorat, et il fit entrer ainsi dans les États fédératifs de l'Empire français la plupart des puissances secondaires de l'Allemagne.

Il chercha à justifier ce grand changement en citant l'exemple de l'ancienne monarchie : « Lorsqu'il avait accepté le titre de protecteur de la Confédération du Rhin, disait-il, il n'avait eu en vue que d'établir en droit ce qui existait de fait depuis plusieurs siècles. » Et comme l'on craignait que l'Empire français ne débordât en Allemagne : « L'Empereur a déclaré, fit-il dire à la diète germanique, qu'il ne porterait jamais les limites de la France au delà du Rhin : il a été fidèle à sa promesse. Les armées françaises qui ont passé le Rhin l'ont passé pour la dernière fois. »

Ces paroles pacifiques furent promptement démenties par les événements. Une quatrième coalition se forma avec l'Angleterre, la Prusse, la Russie, la Suède. Elle amena les armées françaises à Berlin, à Varsovie, sur le Niémen. Napoléon en crut l'Angleterre ébranlée ; il essaya d'abord de lui porter un dernier coup en la mettant au ban des nations par son décret du blocus continental ; puis, entraîné par les enivrements de la lutte, il se porta à de nouvelles réunions qui augmentèrent l'irritation de ses ennemis.

Le 21 janvier 1808, un sénatus-consulte déclara que les villes de Kehl, de Cassel, de Wesel, de Flessingue, avec leurs dépendances, étaient réunies à l'Empire français; que Kehl ferait partie du département du Bas-Rhin, Cassel du département du Mont-Tonnerre, Wesel du département de la Roer, Flessingue du département de l'Escaut[1]. « Ces réunions étaient faites, dit-il, non comme agrandissement, mais comme défense : Kehl, Cassel, Wesel, situées sur la rive droite du Rhin, étaient des têtes de pont qui faisaient partie intégrante des fortifications de Strasbourg, Mayence et autres places du fleuve; quant à Flessingue, c'était le boulevard de l'Escaut et le complément d'Anvers. »

Le 2 avril 1808, Napoléon rendit le décret suivant : « Considérant que le souverain temporel de Rome a refusé de faire la guerre aux Anglais et de se joindre aux rois d'Italie et de Naples pour la défense de la presqu'île d'Italie; que de plus l'intérêt des deux susdits royaumes et de leurs armées

[1] Ces villes appartenaient au grand-duc de Bade, au duc de Nassau, au grand-duc de Berg, au roi de Hollande. Napoléon en avait obtenu la cession de ces quatre princes par des traités particuliers.

exige que leur communication ne soit plus interrompue par une puissance ennemie; qu'enfin Charlemagne, notre glorieux prédécesseur, a fait don des pays qui forment l'État de l'Église à l'avantage du christianisme et non à celui des ennemis de notre sainte religion....

« Les provinces d'Urbino, d'Ancône, de Macerata et Camerino sont irrévocablement et à toujours réunies au royaume d'Italie. Elles formeront trois départements. »

En même temps Rome fut occupée par les troupes françaises. Un an après, le 17 mai 1809, un autre décret impérial déclara : « 1° Les États du pape sont réunis à l'Empire français; 2° la ville de Rome est déclarée ville impériale et libre... » etc. Les États du pape formèrent deux départements de l'Empire : *Rome* et *Trasimène*.

Enfin, le 24 mai 1808, un sénatus-consulte décréta que « les duchés de Parme et de Plaisance étaient réunis à l'Empire français sous le titre de département *du Taro*; que les Etats de Toscane étaient réunis à l'Empire français « sous les titres de départements de l'*Arno*, de la *Méditerranée*, de l'*Ombrone*[1]. »

[1] Le département de l'*île d'Elbe* fut alors réuni à celui de la *Méditerranée*.

Ainsi l'Italie entière était directement ou indirectement réunie à l'Empire de Napoléon : la partie occidentale était annexée complètement à la France ; la partie orientale formait le royaume d'Italie ; la partie méridionale était l'Etat fédératif de Naples. « Ces réunions à l'Empire des diverses parties de la péninsule, disait Napoléon à Sainte-Hélène, n'étaient que temporaires ; elles n'avaient pour but que de rompre les barrières qui séparent les peuples et d'accélérer leur éducation pour opérer ensuite leur fusion. J'aurais rendu l'indépendance et l'unité à la presqu'île entière. » Nul ne pouvait alors prévoir de tels projets et tant d'abnégation, et la réunion insensée de Rome à l'Empire français excita l'indignation de tout le monde catholique.

Cependant le traité de Tilsitt (juillet 1808) avait mis fin à la guerre de la quatrième coalition. Ce traité n'agrandit pas directement l'Empire de Napoléon, mais il augmenta le nombre des États fédératifs en créant avec une partie de la basse Allemagne un royaume de Westphalie, en ressuscitant une partie de la Pologne sous le nom de grand-duché de Varsovie ; de plus il força la Prusse et la Russie d'entrer dans le système du blocus continental.

Le blocus continental était admis partout, sauf dans la péninsule hispanique. Napoléon voulut fermer à l'Angleterre ce dernier marché, et faire entrer l'Espagne dans son système d'États fédératifs : on sait quels moyens odieux il employa pour atteindre ce but, quelle résistance le peuple espagnol opposa à ses desseins, à ses armées, au roi qu'il voulut lui imposer, enfin comment la guerre d'Espagne fut le commencement de sa ruine. Pendant qu'il s'était lui-même enfoncé dans la péninsule pour la conquérir, une cinquième coalition se forma. Elle n'était composée en apparence que de l'Angleterre et de l'Autriche avec quelques petits princes allemands, mais elle avait en réalité l'adhésion secrète de la Prusse et de la Russie. Cette coalition fut encore vaincue, et le traité de Vienne enleva à l'Autriche les provinces illyriennes; on en forma un annexe de l'Empire français, ou un gouvernement particulier sous la domination directe de Napoléon. La frontière des possessions françaises se trouva ainsi placée à cinquante lieues de Vienne.

L'Europe continentale était soumise, mais l'Angleterre restait debout, invaincue, inflexible. Alors Napoléon, qui était à l'apogée de sa puissance, voulant en finir avec cette ennemie qu'il ne pouvait atteindre, résolut de forcer les rigueurs du blocus continental, et il se porta à des réunions si étranges qu'elles achevèrent de soulever l'Europe contre lui.

La Hollande, depuis qu'on l'avait transformée en royaume, était devenue l'ennemie de la France. Nul État ne souffrait davantage du blocus continental, mais nul aussi ne le violait plus ouvertement. Le roi Louis, pour plaire à ses sujets, favorisait la contrebande, et son royaume était devenu l'entrepôt des marchandises anglaises. Napoléon, après avoir fait à son frère les plus vives réprimandes, le força à signer un traité (16 mars 1810) dont l'article VI portait : « Étant de principe constitutionnel en France que le *thalweg* du Rhin est la limite de l'Empire français, et les chantiers d'Anvers étant découverts et exposés par la situation actuelle des limites des deux Etats, S. M. le Roi de Hollande cède à S. M. l'Empereur des Français le Brabant hollandais, la totalité de la Zélande, y compris l'île de Schouwen, partie de la Gueldre sur la rive gauche du Wahal, de manière que la limite de la Flandre et de la Hollande sera désormais le *thalweg* du Wahal depuis le fort de Schenk, en laissant à gauche Nimègue, Bommel et Gorkum, ensuite la dérivation principale de la Merwède, qui se jette dans le Biesboch, que la limite traversera ainsi que le Hollandisch-diep et la Walke Rack, allant rejoindre la mer par le Bieningen ou Gravelingen, en laissant à gauche l'île de Schouwen. » On forma, du pays situé entre le cours du Wahal et la Belgique, un département, celui des *Bouches-du-Rhin*, et l'on réunit les îles de la Zélande au département des Deux-Nèthes.

Ce traité, considéré au point de vue des limites naturelles, pouvait être excusé, puisqu'il rectifiait ce que le traité de 1795 avait laissé d'irrégulier et de défectueux dans les frontières de la France ; ce n'était pas moins un démembrement difficile à justifier et qui irrita profondément la Hollande. D'ailleurs on prévoyait que c'était le commencement d'une annexion complète. En effet, le roi Louis essaya de résister, puis il se décida à abdiquer et publia une protestation « contre l'intolérable tyrannie et l'insatiable ambition de son frère. » Napoléon ne pouvait rendre l'indépendance à la Hollande sans donner ce pays à l'Angleterre : il prit la résolution de le réunir à son Empire (9 juillet 1810). « C'était compléter, disait-il, son système de guerre, de politique et de commerce ; d'ailleurs ce pays était réellement une portion de la France, puisqu'il n'était que l'alluvion du Rhin, de la Meuse et de l'Escaut, c'est-à-dire des grands artères de l'Empire. »

L'Empereur ne s'arrêta pas là : allant au delà de toute mesure, sans souci des limites naturelles de la France et des représailles qu'il allait provoquer, il fit rendre un sénatus-consulte qui confirma la réunion de la Hollande, et, sans préambule, sans considérant, réunit en même temps une partie du royaume de Westphalie et du grand-duché de Berg, le duché d'Aremberg, la principauté de Salm, les duchés d'Oldenbourg et de Lauenbourg, les villes anséatiques de Brême, de Hambourg, de Lubeck.

Voici ce sénatus-consulte :

« 1. La Hollande, les villes anséatiques, le Lauenbourg, et les pays situés entre la mer du Nord et une ligne tirée depuis le confluent de la Lippe dans le Rhin jusqu'à Halteren, de Halteren à l'Ems au-dessus de Telget, de l'Ems au confluent de la Werra dans le Weser, et de Stolzenau sur le Weser à l'Elbe, au-dessus du confluent de la Steckenitz, feront partie intégrante de l'Empire français.

« 2. Lesdits pays formeront dix départements : du *Zuyderzée*, des *Bouches-de-la-Meuse*, de l'*Yssel-Supérieur*, des *Bouches-de-l'Yssel*, de *la Frise*, de l'*Ems-Occidental*, de l'*Ems-Oriental*, de l'*Ems-Supérieur*, des *Bouches-du-Weser*, des *Bouches-de-l'Elbe.* »

Le même jour, un autre sénatus-consulte prononça la réunion du Valais et décréta qu'il formerait le département du *Simplon*. C'était le cent trentième, et la dernière des réunions à l'Empire!

« Un nouvel ordre de choses réunit l'univers, écrivait l'Empereur. De nouvelles garanties m'étant devenues nécessaires, la réunion des embouchures de l'Escaut, de la Meuse, du Rhin, de l'Ems, du Weser et de l'Elbe à l'Empire m'a paru être la première et la plus importante. Des indemnités seront données aux princes qui pourront se trouver froissés par cette grande mesure que commande la nécessité et qui appuie sur la Baltique la droite des frontières de mon Empire. »

Jusqu'alors les réunions avaient été entourées de quelques ménagements, de quelques précautions : celle-ci fut brutale, subite, justifiée seulement par la nécessité de fermer les côtes de la mer du Nord aux Anglais. Elle ne fut pas annoncée comme une mesure temporaire et une usurpation provisoire, mais comme permanente et définitive, quoiqu'il fût certainement dans les intentions de l'Empereur de restituer ces pays à l'époque de la paix générale. Ce fut l'acte le plus irritant qu'il eût encore fait, celui qui devait le plus justement indigner l'Europe, surtout l'Allemagne, qui se crut vouée à une entière servitude et qui se prépara à secouer le joug du conquérant.

Quels étaient lès sentiments de la France ancienne, de la vraie France, pendant ces extensions, ces réunions, ces usurpations? La France avait été éblouie, fascinée, à Austerlitz, à Iéna, à Friedland, même à Wagram; mais depuis l'odieuse guerre d'Espagne, elle était lasse de ces guerres interminables, de ces victoires sanglantes, de tout cet éclat factice et passager, ou, comme le disait M. de Talleyrand, « de ce glorieux et stérile tapage. » Elle ne se reconnaissait plus dans ses frontières lointaines et inconnues, dans les cinq ou six langues qu'on parlait chez elle, dans ces fils étrangers qu'on lui donnait de force, et dont elle se sentait exécrée; elle regardait avec regret ses anciennes frontières aujourd'hui délaissées, désarmées; ses vieilles provinces autrefois liées et concentrées dans une salutaire unité; enfin aux traités éclatants de Presbourg, de Tilsitt, de Vienne, elle comparait les modestes traités de Munster, des Pyrénées, de Nimègue : ceux-ci n'avaient pas créé des royaumes éphémères et bouleversé temporairement des empires, mais ils avaient donné deux ou trois petites provinces, dix ou douze villes, quelques forteresses, qu'on avait gardées, qu'on possédait encore, qui formaient le sol indestructible de la patrie, et la France n'en avait pas payé l'acquisition laborieuse et sûre par la solde désastreuse des représailles.

L'occasion de ces représailles se fit attendre à peine pendant deux ans. On sait que le sénatus-consulte du 9 juillet 1810, qui dépossédait le duc d'Oldenbourg, parent de l'empereur de Russie, servit de prétexte à une rupture entre Alexandre et Napoléon, et que de là sortit la funeste guerre de Russie. On sait que l'armée française, traînant avec elle trois cent mille auxiliaires de toute nation, s'aventura dans le nord jusqu'à Moscou, fut détruite presque entièrement par le climat et ramenée désastreusement sur le Niémen, la Vistule, l'Oder, enfin sur l'Elbe, ce fleuve dont Napoléon avait fait, comme Charlemagne, l'extrême frontière de son Empire. Il essaya de rétablir sa fortune dans la campagne de 1813; après les victoires de Lutzen et de Bautzen, après une tentative de congrès à Prague, où peut-être il aurait pu conserver sa puissance, il fut écrasé à Leipsig par l'Europe coalisée, contraint de ramener les débris de son armée sur le Rhin, suivi par un million d'ennemis ardents de vengeance, qui allaient faire payer à la France non-seulement les conquêtes extravagantes de l'Empire, mais les conquêtes raisonnables et légitimes de la République.

CHAPITRE VII.

CAMPAGNE DE 1814.

Les souverains alliés, étant arrivés sur le Rhin, s'arrêtèrent inquiets, incertains s'ils franchiraient cette frontière redoutable, ne sachant pas s'ils ne trouveraient pas derrière elle la France de 1792. De Francfort, ils offrirent des négociations et un congrès, à la condition que, pour bases sommaires de tout arrangement, l'Empire français rentrerait dans ses limites naturelles, et que l'Allemagne, l'Italie, l'Espagne, la Hollande reprendraient leur indépendance. « Ils étaient unanimement d'accord, disaient-ils, sur la puissance et la prépondérance que la France doit conserver dans son intégrité et en se renfermant dans ses limites naturelles, qui sont le Rhin, les Alpes, les Pyrénées. »

L'Empereur suspecta la sincérité des alliés : au lieu de *prendre la balle au bond*, comme le disait le duc de Vicence, au lieu d'accepter franchement et immédiatement ces propositions, qui exprimaient tous les vœux de la France, il répondit seulement : « Qu'une paix sur la base de l'indépendance de toutes les nations, tant sous le point de vue continental que sous le rapport maritime, avait été l'objet constant de ses désirs et de sa politique. » Les alliés regardèrent comme un refus cette phrase si vague, et peut-être en furent-ils satisfaits : « Ils ont avoué depuis, dit le duc de Vicence, que si, dès que l'Empereur connut les bases de Francfort, il avait fait partir un plénipotentiaire autorisé à les signer, ils n'auraient pas osé se rétracter, ou peut-être n'en auraient pas eu l'idée ; mais l'Empereur a perdu ce dernier moment favorable ; il a donné aux ennemis le temps de connaître sa situation, et leur a donné l'envie d'en profiter. »

Cependant Napoléon, ayant appris qu'une réprobation générale avait accueilli sa réponse, se décida à accepter sans réserve les bases sommaires ; mais il était déjà trop tard. Cette acceptation arriva le 2 décembre, et, dès la veille, les souverains, sollicités par l'Angleterre, et d'ailleurs mieux renseignés sur l'état de l'Empire, sur les faibles ressources de Napoléon, sur le découragement général et le désir de paix universel, avaient résolu d'envahir la France; mais ils voulurent être précédés par une déclaration modérée, pacifique, conforme aux bases sommaires qui, en séparant la nation de son chef, porterait à l'un et à l'autre un coup mortel. Feignant de voir une provocation dans une levée de trois cent mille hommes que le Sénat venait de décréter, ils se dirent « appelés à promulguer de nouveau, à la face du monde, les vues qui les guidaient dans la présente guerre, les principes qui faisaient la base de leur conduite, leurs vœux et leurs déterminations. »

« Les puissances alliées, disaient-ils, ne font pas la guerre à la France, mais à cette prépondérance hautement annoncée, à cette prépondérance que, pour le malheur de l'Europe et de la France, l'empereur Napoléon a rop longtemps exercée hors des limites de son empire... Ils désirent que la France soit forte, grande, heureuse, parce que la puissance française est une des bases fondamentales de l'état social.... Ils confirment à l'Empire français une étendue de territoire que n'a jamais connue la France sous ses rois, parce qu'une nation valeureuse ne déchoit pas pour avoir à son tour éprouvé des revers dans une lutte opiniâtre et sanglante où elle a combattu avec son audace accoutumée... Ils ne poseront pas les armes avant que l'état de l'Europe ne soit de nouveau raffermi, avant que des principes immuables n'aient repris leurs droits sur de vaines prétentions, avant que la sainteté des traités n'ait enfin assuré une paix véritable à l'Europe. »

Après cette déclaration aussi habile qu'elle était peu sincère, comme les événements l'ont démontré, les alliés ne répondirent à l'adhésion de l'Empereur que par des délais et des atermoiements si nombreux, que le congrès proposé par eux, et qui devait s'ouvrir immédiatement à Manheim, ne s'ouvrit que deux mois après, et à Châtillon-sur-Seine! Ils étaient déjà au cœur de l'Empire, résolus à profiter d'une fortune qu'ils avaient à peine espérée, non pas tant pour humilier Napoléon que la France elle-même, la France ancienne aussi bien que la France nouvelle, et réduire à un État de deuxième ordre cette aînée des monarchies de l'Europe.

Avant d'exposer le plan d'invasion des coalisés, il est nécessaire d'examiner l'état de nos frontières au moment où les femmes de Paris, comme celles de Sparte, allaient voir, pour la première fois, la fumée d'un camp ennemi.

Le Rhin, flanqué à ses extrémités d'un côté par

le bastion de montagnes et de glaces de la Suisse, d'autre côté par le chaos des fleuves et des canaux dela Hollande, ayant son cours hérissé de grandes places, étant appuyé en arrière par les Vosges, la Moselle, la Meuse, forme la plus redoutable des frontières; mais c'est à la condition expressse que la Suisse et la Hollande, restant neutres ou alliées, ne s'ouvrent pas à l'ennemi pour la tourner; à la condition que ses places soient bien garnies et servent d'appui ou de refuge à une armée de deux cent mille hommes; à la condition qu'elle ait derrière elle un gouvernement solide et une nation unie et vigoureuse. Or, si telle était la frontière du Rhin à l'époque où la République en avait doté la France, telle n'était plus cette frontière à la fin de l'Empire, à l'époque ou l'on devait compter sur elle pour la défense et le salut du pays. La Hollande s'était entièrement soulevée contre la domination impériale, et avait ouvert ses fleuves, ses forteresses, ses ports à la coalition, qui de là menaçait les départements de la Belgique et du Rhin. La Suisse, lasse de quinze années de dépendance, oubliant toutes ses traditions, traitait avec les puissances alliées, et allait servir de grand chemin à leurs armées pour tourner non-seulement la frontière française du traité de Lunéville, mais celle du traité de Ryswick. Quant aux places du Rhin, elles avaient de belles fortifications, avec un immense matériel, mais elles n'avaient pour les défendre que des gardes nationales à peine sorties de leurs foyers, ou bien les malheureux débris de Leipsig, consumés par le typhus et la misère. Enfin l'armée qui devait soutenir ces places n'était plus que l'ombre des grandes armées de l'Empire : composée à peine de quatre-vingt mille hommes découragés, manquant de tout, elle était disséminée de Bâle à Anvers ; douze mille hommes, sous le maréchal Victor, se trouvaient entre Bâle et Strasbourg; dix mille, sous le maréchal Marmont, entre Strasbourg et Mayence; dix-huit mille sous le maréchal Ney, de Mayence à Coblentz ; treize mille, sous le maréchal Macdonald, entre Coblentz et Nimègue ; enfin quatorze mille, sous le général Maison, couvraient la Belgique. Est-il nécessaire d'ajouter, après tant d'autres écrivains, que le gouvernement impérial était épuisé, délaissé, fini; qu'après vingt-trois années de guerre, où elle avait semé les os de ses enfants par toute l'Europe, la nation était harassée, dégoûtée de tout et voulait une seule chose, la paix ?

La frontière du Rhin, en apparence si redoutable, derrière laquelle la France se croyait à couvert de toute invasion, ne présentait donc qu'un médiocre obstacle à la coalition. Celle-ci comptait d'ailleurs sur le soulèvement des pays en deçà du Rhin et réunis à l'Empire français depuis vingt ans. La frontière de Vauban et de Carnot, forte de sa vieille renommée, paraissait plus difficile à franchir; mais la coalition ignorait ce qu'elle était devenue, dans quel oubli elle était tombée. Regardée comme une fortification intérieure et inutile, on l'avait depuis quinze ans dédaignée et, à part ses grandes places, abandonnée; ce n'était plus la *frontière de fer* : on avait désarmé ses remparts, vidé ses arsenaux, pour garnir les places de la Vistule, de l'Oder et de l'Elbe, et pendant qu'on dépensait des millions pour entretenir ces forteresses étrangères, pendant qu'on y laissait cinquante mille vieux soldats qui manquèrent désastreusement au salut de la France, on laissait tomber en ruine les bastions d'Avesnes, de Maubeuge, de Soissons et de tant d'autres *bicoques*, et il ne s'y trouvait pour garnison que des dépôts de conscrits, des blessés et quelques gendarmes. On va voir que ces bicoques eussent fait le salut de l'Empire, si l'on avait su les employer, et que la prise de l'une d'elles a déterminé sa chute !

Ce n'est pas tout. Tel était le cercle d'ennemis

qui menaçait la France impériale, que ce n'était plus seulement le Rhin ou la frontière de Louis XIV qu'on avait à défendre, mais toutes nos autres frontières : le Jura, les Alpes, les Pyrénées. Du côté du Jura, où s'ouvre la grande porte de notre territoire, où l'on n'a bâti qu'un petit nombre de places, parce que la neutralité de la Suisse était jadis une parfaite défense, il y avait maintenant un pays ennemi et qui allait s'ouvrir devant trois cent mille coalisés; puis des places incapables de se défendre, comme Lyon, ou prêtes à accueillir l'étranger, comme Genève; enfin, pour toute armée, sous le maréchal Augereau, douze mille hommes, qui devaient à grand'peine être portés à dix-huit mille. Du côté des Alpes, il n'y avait pas de danger immédiat, puisque nous étions encore maîtres de l'Italie supérieure; mais nous avions sur le Pô cinquante mille hommes disputant pied à pied ce sol de nos conquêtes non-seulement contre les Autrichiens, mais contre l'ingratitude et la défection des Italiens; et ces cinquante mille hommes auraient changé la face de la guerre si, au lieu de combattre au delà des Alpes, ils eussent été à Lyon et dans la Bourgogne!

Enfin, sur la frontière du sud-ouest était le danger capital, celui que Louis XIV avait conjuré avec tant de persévérance et par tant de sacrifices : les Pyrénées étaient redevenues ennemies ! La funeste expédition d'Espagne portait ses fruits ! La France, comme sous François Ier, sous Henri IV, sous Louis XIII, au lieu d'avoir toutes ses ressources disponibles pour lutter au nord, devait employer cent mille hommes pour défendre les Pyrénées, cent mille hommes qui auraient sauvé la France dans les plaines de la Champagne, et qui eux-mêmes étaient déjà débordés, car la Bidassoa se trouvait franchie dès le 15 décembre, et l'armée de Wellington arrivait sous les murs de Bayonne.

Telle était la situation de nos frontières à la fin de 1813, au moment où l'Europe coalisée allait les franchir. On voit qu'elle était par elle-même plus périlleuse que celle de 1712 ou de 1793 ; elle l'était encore davantage si l'on regarde à la masse des ennemis qui allaient les attaquer. Cette masse était telle, que, sans la renommée de ces frontières, sans le génie de Napoléon, sans la terreur qu'inspirait une nation illustrée par tant de victoires, l'ennemi aurait pu, en quelques jours, arriver à son but. En effet, les trois grandes armées qui avaient entouré Napoléon à Leipsig formaient ensemble trois cent cinquante mille hommes ; à leur suite venaient les réserves russes, au nombre de cent vingt-cinq mille hommes, puis cent quarante mille hommes de la Confédération du Rhin, puis cent soixante mille des réserves prussiennes et autrichiennes. Il y avait, en outre, vingt-cinq mille Anglo-Hollandais en Hollande; l'armée autrichienne d'Italie comptait, avec celle de Naples, cent mille hommes; cent vingt mille Russes et Allemands faisaient les siéges d. s places de l'Oder et de l'Elbe; enfin, les armées anglo-espagnoles comptaient cent quarante mille soldats; total: un million d'hommes. Grâce à cette écrasante supériorité du nombre, l'ennemi pouvait dédaigner les places, laisser seulement des corps en arrière pour les bloquer, enfin ne pas se préoccuper de ses lignes de retraite et du soin de ses communications.

Plusieurs plans d'invasion furent discutés dans le conseil des souverains alliés. L'état-major prussien proposa de reprendre hardiment l'opération de 1792, c'est-à-dire que l'armée principale aurait passé le Rhin entre Coblentz et Mayence; qu'elle aurait laissé deux corps pour faire les siéges de Mayence et de Luxembourg, qu'elle serait arrivée par Verdun sur la Meuse, et de là par la vallée de la Marne sur Paris. Deux autres armées auraient fait diversion, en s'emparant de l'Alsace et de la Belgique et auraient ainsi, en cas de revers, fourni des lignes de retraite assurées. L'état-major autrichien fut plus audacieux : averti par les erreurs de la campagne de 1793, il demanda qu'on marchât avec toutes les forces des alliés directement sur Paris par la trouée de Béfort et la vallée de la Seine, c'est-à-dire en violant le territoire de la Suisse et en tournant toute la frontière du nord-est. Ce plan était téméraire, dangereux, mais décisif, et l'on se croyait certain de trouver dans les Suisses des alliés ; enfin l'on avait l'espoir, en arrivant rapidement à Paris, d'y faire une révolution. Il fut adopté, mais les Prussiens le modifièrent, et lui donnèrent la largeur qui a fait son succès ; ils firent décider que les trois armées alliées entreraient simultanément par les trois grandes vallées qui mènent à Paris.

Nous avons déjà dit que ces trois grandes vallées sont : celle de l'Oise, la plus courte, la plus directe, qui a été immortalisée par les campagnes de 1712 et de 1794 ; celle de la Marne, intermédiaire et moins efficace, essayée par les Prussiens en 1792 ; celle de la Seine, ou de la trouée de Béfort, la plus longue, mais la plus décisive, et qui n'avait jamais été tentée, parce qu'elle était protégée par la neutralité de la Suisse. Nous avons dit aussi que, pour garder cette fatale trouée de Béfort, Louis XIV avait bâti Huningue, s'était fait donner le droit d'occuper Porentruy, enfin, et surtout, avait ménagé avec la plus grande sollicitude l'alliance et la neutralité des Suisses ; nous avons dit encore que Vauban aurait voulu faire davantage, c'est-à-dire fortifier Paris, ce qui aurait donné à la frontière toute son efficacité et rendu toute invasion impossible. En 1813, Huningue était bien défendue ; le canton de Porentruy appartenait à la France ; mais les Suisses venaient de traiter avec la coalition et de promettre le passage aux armées ennemies. Quant à Paris, le point capital, le point objectif, il était resté entièrement ouvert, sans qu'un pouce de terre eût été remué pour sa défense : il pouvait être enlevé par un coup de main !

La coalition résolut donc d'entrer à la fois par les trois vallées. Tout le plan de l'invasion reposant sur les dispositions de la Suisse, l'armée de Bohême ou grande armée, forte de cent soixante-cinq mille hommes, et où se trouvaient les trois monarques du Nord, dut entrer la première par Schaffouse, les villes forestières, Bâle, et arriver par la trouée de Béfort dans la vallée de la Seine. Dès qu'elle aurait passé le Rhin, disait Blücher, « un hourra général devait éclater, de Genève à

Anvers, sur toute la frontière française, » et les autres armées se mettre en mouvement.

L'armée de Silésie ou de Blücher, forte de quatre-vingt mille hommes, devait passer le Rhin près de Manheim, marcher par le pays entre Vosges et Moselle, en laissant derrière elle d'une part les places des Vosges, d'autre part Mayence, Sarre-louis, Metz, puis franchir la Meuse, et de là arriver sur la Marne; elle s'y joindrait à l'armée de Bohême, et toutes deux marcheraient sur Paris par le pays ouvert entre Seine et Marne.

Les alliés appréciaient tout le danger d'une pointe si audacieuse à cent vingt lieues de leur base d'opérations. Si Paris venait à résister pendant quelques jours, si les places de la frontière restaient closes, si enfin la population des pays envahis venait à s'insurger, leurs deux armées pouvaient être enfermées devant la capitale, sans une voie de retraite, et étaient inévitablement perdues. Aussi l'armée du Nord, forte de cent vingt mille hommes, était-elle destinée à rouvrir leurs communications avec l'Allemagne : elle devait conquérir la Belgique, pénétrer dans la trouée de l'Oise, en s'emparant des places de l'Escaut ou de la Sambre, donner la main, sur l'Oise ou sur l'Aisne, à l'armée de Silésie, même à l'armée de Bohême, les renforcer en cas de succès, en cas de revers leur ouvrir une retraite.

Dans ce plan aventureux, mais basé sur une connaissance très-nette de nos frontières, l'armée de Bohême avait le chemin le plus long et la tâche la plus difficile : la France étant maîtresse de la Savoie, les troupes impériales pouvaient, quand cette armée aurait dépassé Bâle, tourner la Suisse par le lac de Genève, et de là se porter sur le Rhin pour lui fermer le retour. Aussi l'aile droite de l'armée de Bohême dut seule passer le Rhin à Bâle; le centre eut l'ordre de s'avancer par les villes forestières sur Neufchâtel, de traverser le Jura, et de se porter sur Langres, où il rejoindrait l'aile droite; l'aile gauche, partie de Schaffouse, dut traverser tout le milieu de la Suïsse, occuper la Savoie et se porter sur Lyon. De cette façon, l'armée de Bohême se trouvait libre de toute crainte sur ses derrières.

Avant d'aller plus loin, résumons ici les circonstances extraordinaires, exceptionnelles, qui ne pourront jamais se reproduire, sous l'influence desquelles la frontière de Louis XIV, qui avait déjà deux fois sauvé la France, fut, en 1814, aisément franchie, et perdit ainsi injustement sa renommée. D'abord, et comme nous l'avons dit, les places de cette frontière, au lieu d'être comme autrefois de grands engins de guerre disposés pour arrêter l'ennemi, couper ses approvisionnements, empêcher sa retraite, ne furent la plupart, faute de défenseurs, que de stériles amas de pierres. De plus, la masse des envahisseurs était telle que, les premiers marchaient en avant sans s'inquiéter des obstacles qu'ils laissaient derrière eux ; les seconds n'avaient qu'à occuper ou bloquer ces obstacles, jusqu'à ce que, poussés par un troisième ban, qui les remplaçait, ils rejoignissent les premiers : c'était une marée montante, dont les vagues successives allaient des confins de l'Asie à la Vistule, et de la Vistule à Paris. Enfin la France n'avait plus cette unité de forces et de sentiments qui l'avait rendue tant de fois invincible : le mécontentement, comme la dépopulation, était extrême ; les partis hostiles à l'Empire s'agitaient ; l'ennemi était sûr de trouver des auxiliaires dans Paris s'il osait y arriver.

Malgré tant d'avantages, le plan des alliés ne s'effectua qu'avec beaucoup de tâtonnements et de lenteurs. Ce n'était pas sans appréhension qu'ils touchaient ce vieux sol de la Gaule, qui avait enfanté tant d'armées ; qu'ils franchissaient ces barrières devant lesquelles leurs pères avaient trouvé leur ruine ; et, pendant un mois, ils marchèrent pas à pas, en poussant devant eux quelques poignées de troupes, en regardant avec crainte tout ce qu'ils laissaient derrière eux.

L'armée de Bohême, en se présentant devant les villes forestières, Schaffouse et Bâle, prête à violer cette neutralité helvétique si longtemps respectée, trouva devant elle quelques bataillons suisses et les protestations de la Diète. Elle y répondit :

« La marche irrésistible des événements, la nécessité de consolider par les moyens les plus prompts et les plus énergiques les résultats obtenus, forcent les armées alliées à traverser le territoire suisse. Aux yeux du monde, cette nécessité est peut-être justifiée déjà suffisamment par la nécessité d'une entreprise évidemment juste. Toutefois, les alliés s'arrêteraient devant une neutralité véritable ; mais une semblable neutralité ne saurait exister sans une indépendance réelle... Toute mesure prise par le gouvernement fédératif de la Suisse, quand même elle n'aurait pas été provoquée par le dominateur étranger, doit nécessairement se ressentir de son influence originaire. Elle n'est pour les puissances qu'une tentative maladroite imaginée pour entraver leur entreprise, et par conséquent un acte d'hostilité. »

Les bataillons suisses se dispersèrent sans combat ; l'accord de l'Autriche avec le canton de Berne était conclu depuis trois jours ; la Suisse reprenait son indépendance et s'en servait pour livrer sa neutralité. Les colonnes de Schwartzemberg passèrent le fleuve par Bâle, Lauffenbourg et Schaffouse. L'aile gauche se porta à travers tout le pays sur Genève, qui fut livrée par les habitants ; elle s'empara de Chambéry et des routes qui tournent la Suisse, et ne trouva de résistance que dans la population énergique et dévouée de la Savoie. Le centre s'avança sur Neufchâtel, passa le Jura, investit Besançon et se porta sur Langres ; il ne trouva devant lui que cinq à six mille hommes, qui reculèrent jusqu'à Troyes : la vallée de la Seine était ouverte. L'aile droite investit Huningue et Béfort, passa les Vosges et s'empara de Nancy : elle ne trouva devant elle que dix à douze mille hommes, qui reculèrent d'abord derrière la Meuse, puis à Vitry, sur la Marne.

L'armée de Silésie passa le Rhin entre Manheim et Coblentz ; la droite se porta sur Mayence, qui fut investie ; la gauche sur la route de Nancy, pour communiquer avec l'armée de Bohême ; le centre sur la Sarre, la Moselle, la Meuse, en laissant bloquées Sarrelouis, Metz, Verdun. Cette armée ne trouva devant elle que dix mille hommes, qui reculèrent peu à peu jusque sur la Marne, à Vitry.

L'armée du Nord, maîtresse de la Hollande, franchit le Wahal et la Meuse, se partagea en deux corps : la droite se porta contre Anvers, qui fut vigoureusement défendue par Carnot ; la gauche s'empara de Nimègue, de Clèves, de Dusseldorf, de Cologne, puis d'Aix, de Liége, de Namur ; elle passa l'ancienne frontière, prit Avesnes, qui n'avait pas de garnison, entra dans le bassin de l'Oise, et menaça Laon et Soissons. La droite ne trouva devant elle que le corps du général Maison, qui défendit habilement la Belgique, et empêcha l'ancienne frontière d'être entamée ; la gauche ne trouva devant elle que le corps de Macdonald, fort de douze mille hommes, qui abandonna successivement le Rhin, la Meuse, la Sambre, et de Namur recula jusqu'à Châlons, sur la Marne.

Ainsi, un mois après le commencement des opérations, la frontière du Rhin était tout entière perdue ; la frontière de Vauban était dépassée de Soissons à Langres et de Langres à Lyon ; les trois vallées menant à Paris étaient à la fois envahies.

Lorsque Napoléon vit la marche de l'armée de

Bohême par la Suisse et la trouée de Béfort, ainsi que les mouvements simultanés des armées de Silésie et du Nord, il comprit tout le plan des alliés et en fut douloureusement surpris. En voyant l'invasion se jeter d'abord dans la Hollande, il avait cru n'avoir à combattre que sur un point déterminé, en Belgique, sur ce vieux terrain de nos luttes avec l'Europe; il comptait y disputer le sol pied à pied, gagner du temps, retrouver des ressources, et renouveler Denain ou Fleurus ! Mais quand il vit les trois chemins naturels de l'invasion attaqués à la fois, la frontière de Louis XIV tout entière tournée et prise à revers, enfin Paris directement menacé et découvert, il fut un instant stupéfait! L'ennemi connaissait donc le secret de notre défense et le point vulnérable de notre territoire! Ce territoire que trente rois avaient mis huit siècles à conquérir, à former, dépôt sacré confié par la République à son génie, il était envahi, souillé, menacé de démembrement!

« J'ai trop fait la guerre, dit-il avec une poignante douleur, un remords sincère. J'ai trop compté sur la fortune... J'ai voulu faire de la France la première nation du monde... La France ne s'est pas trompée, c'est moi... »

Et il se prépara à une lutte suprême. Il pouvait

essayer une guerre défensive à la façon de 1712 ou de 1793, mettre à profit les places, les positions, les populations pour harceler l'ennemi, inquiéter ses mouvements, suspendre sa marche ; mais cette guerre de bicoques et de chicanes n'allait pas à son caractère ; il avait peu de confiance dans la vieille frontière ; il connaissait le découragement de la Franee et son impatience d'avoir la paix ; il voulait, avec sa fougue et son audace ordinaires, en finir par un coup de tonnerre, reporter, comme tant de fois, la terreur dans les rangs de ses ennemis, et leur prouver « qu'il était plus près de Vienne ou de Berlin qu'eux-mêmes n'étaient près de Paris. » Il ne s'occupa donc de la frontière monarchique que pour ordonner d'y faire quelques travaux de défense ; il donna les mêmes ordres pour Paris, mais sans veiller à leur exécution, enfin il chercha à suppléer par son génie à la double frontière qui lui faisait défaut.

Entre les cours parallèles de la Seine depuis Montereau jusqu'à Bar, de la Marne depuis Meaux jusqu'à Vitry, de l'Aisne depuis son confluent jusqu'à Sainte-Menehould, s'étend un large pays, fertile et accidenté dans son pourtour, plat, stérile, crayeux à son centre, habité par une population vigoureuse, calme, solide, qui a produit Jeanne d'Arc et Turenne. C'est la Champagne. Ce pays, presque entièrement découvert, que ferment à peine, au levant, les hauteurs de l'Argonne, tient les trois vallées convergentes sur Paris, est favorable aux grandes manœuvres, et peut former une large zone de défense en arrière de la frontière. En face de soi l'on a la Lorraine et l'Alsace, les deux provinces les plus militaires de la France ; à droite, on s'appuie sur la Bourgogne, à gauche sur la Picardie, deux des provinces fondamentales de l'ancienne monarchie ; enfin, derrière soi l'on a Paris. La partie la plus remarquable de ce pays est le quadrilatère compris entre Soissons et Sainte-Menehould, Montmirail et Vitry ; la Marne en forme la diagonale, Châlons en occupe le centre. De grands événements militaires s'y sont accomplis ; c'est là que se livra la bataille des plaines *catalauniques*, où Attila fut vaincu ; c'est par là que les armées espagnoles ont, sous François Ier, sous Henri IV, sous Louis XIV, envahi notre territoire ; c'est là qu'en 1792 les Prussiens furent arrêtés au combat de Valmy ; enfin c'est là que Napoléon résolut d'arrêter la marche des armées coalisées.

Ses maréchaux ayant défendu pied à pied pendant un mois le Jura, les Vosges, l'Argonne, les

Ardennes, ont reçu l'ordre de se concentrer dans ce pays ; tous les renforts qu'on peut tirer de l'armée des Pyrénées viennent s'y réunir, ainsi que les gardes nationales des départements du centre ; tout cela forme soixante à quatre-vingt mille hommes. Napoléon vient se mettre à leur tête. Son plan est d'empêcher la jonction de Blücher avec Schwartzemberg, de battre le premier isolément, de le rejeter sur la Moselle, de se rabattre lui-même par les Vosges sur le Rhin et de menacer la retraite de Schwartzemberg. Il compte sur la coopération de deux de ses lieutenants pour achever son œuvre : Augereau, qui a réuni à Lyon dix-huit mille hommes, doit remonter la Saône, soulever les paysans belliqueux de la Bresse et de la Franche-Comté, se porter sur la trouée de Béfort pour couper les communications de Schwartzemberg et lui fermer le retour sur le Rhin ; Maison, appuyé sur les places de l'ancienne frontière, doit inquiéter l'armée du Nord, enlever ses convois et arrêter sa marche dans le bassin de l'Oise, en lui montrant intactes, menaçantes et fermées derrière elle, Lille, Maubeuge et tant d'autres cités nationales que défendent leurs habitants et quelques faibles garnisons.

Nous n'avons pas à raconter les mémorables opérations de la campagne de 1814 ; qu'il nous suffise de rappeler, pour l'intelligence de ce qui va suivre, que Napoléon s'étant mis en marche sur Saint-Dizier pour empêcher la jonction de Schwartzemberg et de Blücher, arriva trop tard : les deux armées s'étaient réunies, et il eut à lutter, à la Rothière, avec soixante mille hommes contre deux cent mille. Il fut vaincu, poursuivi par l'armée de Bohême, forcé de se retirer successivement sur Troyes, Nogent et Montereau. Là, il apprit que l'armée de Silésie s'était séparée de l'armée de Bohême et qu'elle marchait sur Paris en une longue colonne qui suivait la rive gauche de la Marne. Il se jeta à travers le pays entre Seine et Marne, surprit cette armée dans sa marche, la mit en déroute à Champaubert, à Montmirail, à Vauchamp, enfin la rejeta sur Châlons. Là il suspendit sa poursuite. Il venait d'apprendre que l'armée du Nord, à la nouvelle de la déroute de Blücher, s'était mise en marche par la trouée de l'Oise, que, laissant un corps devant le général Maison et évitant les places de l'Escaut et de la Sambre, qui étaient bien gardées, elle avait occupé Avesnes, Laon et Soissons, les trois points capitaux de la route de Paris, qui n'avaient pas de garnison ; elle pouvait donner la main à Blücher. D'un autre côté, il apprenait que l'armée de Bohême avait passé la Seine à Nogent et Montereau, qu'elle s'avançait par Nangis sur Paris, dont elle n'était plus qu'à quinze lieues ; l'alarme était dans la capitale. Courant au danger le plus pressant, c'est-à-dire à Schwartzemberg, il reprit sa marche à travers le pays entre Marne et Seine, battit les Autrichiens à Mormans, à Montereau, les poussa sur Troyes, sur Bar, sur Chaumont, enfin jeta une si grande terreur dans leur armée que les fuyards reculèrent jusqu'au Rhin.

C'était pour Augereau le moment d'agir. Une marche en avant de son corps d'armée changeait la retraite de Schwartzemberg en déroute ; mais Augereau ignorait la valeur stratégique de la trouée de Béfort, comment Lyon pouvait sauver Paris, l'importance du rôle qu'on lui avait confié ; au lieu de la diversion large et décisive qu'on attendait de lui, il ne songeait qu'à faire une guerre de chicane contre le corps autrichien qui occupait la Suisse et la Savoie ; il fut, en définitive, forcé d'évacuer Lyon et de se retirer sur l'Isère. Schwartzemberg, rassuré, suspendit sa retraite. Le plan de Napoléon était manqué : il manquait au midi par le choix qu'il avait fait du moins capable de ses lieutenants ; il allait manquer au nord par l'oubli où il avait laissé les places de la vieille frontière.

L'armée du Nord, ébranlée par la retraite de Schwartzemberg, menacée sur ses derrières par le réseau des places de Vauban, avait reculé, après avoir donné des renforts à Blücher. Elle avait évacué Soissons, garni Laon, pris La Fère, et attendait, harcelée par Maison, que les deux autres armées eussent repris l'offensive. L'armée de Silésie était revenue de sa terreur : rétablie, renforcée, elle avait recommencé sa marche sur Paris en suivant la Marne. Dès que Napoléon l'apprit, il abandonna la poursuite de Schwartzemberg et courut de nouveau, à travers le pays entre Seine et Marne, pour surprendre une seconde fois Blücher. Mais celui-ci en est averti et se hâte d'échapper à son adversaire : il se jette sur la rive droite de la Marne et se dirige à la débandade sur Soissons, en appelant à son aide l'armée du Nord. Napoléon ne s'arrête point : il passe la Marne et se met à la poursuite de Blücher, comptant le rejeter sur l'Aisne, l'acculer à Soissons, l'écraser sous les murs de cette ville. L'armée de Silésie détruite, il aurait rallié les troupes de Maison, les garnisons des places du Nord, les paysans de la frontière, reporté la guerre dans la Belgique et sur le Rhin, et imposé la paix à la coalition. Mais Soissons avait ses vieux remparts en ruine, ses fossés comblés, ses portes à peine défendues par quelques canons ; sa garnison était de quinze cents hommes, mais débris de tous les corps, blessés ou malades, que le maréchal Mortier, dans sa retraite, y avait laissés ; enfin, pendant que les cinquante mille hommes de Blücher y accouraient d'un côté pour s'en faire un refuge, d'un autre côté elle était attaquée par presque toute l'armée du Nord accourue à l'aide de l'armée de Silésie. Soissons, menacée d'une prise d'assaut, capitula. La garnison en était à peine sortie que les colonnes prussiennes s'y précipitèrent pleines de joie : les armées du Nord et de Silésie étaient réunies. Le plan de Napoléon était encore manqué ! Les prodiges qu'il venait de faire, les combinaisons de génie qu'il allait encore essayer, tout cela était désormais inutile : la prise d'une de ces bicoques qu'il avait trop dédaignées déterminait sa ruine !

Pendant que les frontières de la France étaient perdues sur les champs de bataille, elles l'étaient également dans les négociations de Châtillon.

Avant même l'ouverture du congrès, Napoléon se doutait des mauvaises dispositions des alliés, et dès le 4 janvier il écrivait à Caulaincourt de ne pas céder sur les bases sommaires :

« La France sans ses limites naturelles ne serait plus en rapport avec les autres États de l'Europe.

L'Angleterre et toutes les puissances ont reconnu ces limites à Francfort. Les conquêtes de la France en deçà du Rhin et des Alpes ne peuvent compenser ce que l'Autriche, la Prusse, la Russie ont acquis en Pologne, en Finlande, ce que l'Angleterre a acquis en Asie... J'ai accepté les bases de Francfort, mais il est plus que probable que les alliés ont d'autres idées... Veut-on réduire la France à ses anciennes limites, c'est l'avilir. Il n'y a pas un cœur français qui n'en sentît l'opprobre au bout de six mois et qui ne le reprochât au gouvernement assez lâche pour le signer....

« Pour ce qui est de lui, ajoutait-il dans une conversation (17 janvier), sa résolution était bien prise : il ne laisserait pas la France moins grande qu'il ne l'avait reçue. Si donc les alliés voulaient changer les bases acceptées et proposer les limites anciennes, il ne voyait que trois partis : ou combattre et vaincre, ou combattre et mourir glorieusement, ou enfin, si la nation ne le soutenait pas, abdiquer. »

Le début de la campagne ébranla ces nobles résolutions : vaincu à la Rothière, forcé d'évacuer Troyes, ne sachant où sa retraite s'arrêterait, il écrivit à Caulaincourt (5 février), « qu'il lui donnait carte blanche pour conduire les négociations à une heureuse fin, sauver la capitale et éviter une bataille où sont les dernières espérances de la nation. » C'est dans ces tristes circonstances que, les conférences de Châtillon s'étant ouvertes (4 février), les ministres des puissances alliées déclarèrent « qu'ils se présentaient comme chargés de traiter de la paix avec la France au nom de l'Europe formant un seul tout; » puis ils énoncèrent ce qui suit :

« Les puissances alliées, réunissant le point de vue de la sûreté et de l'indépendance future de l'Europe, avec le désir de voir la France dans un état de possession analogue au rang qu'elle a toujours occupé dans le système politique, et considérant la situation dans laquelle l'Europe se trouve placée à l'égard de la France à la suite des succès obtenus par leurs armes, les plénipotentiaires des cours alliées ont ordre de demander :

« Que la France rentre dans les limites qu'elle avait avant la révolution, sauf des arrangements d'une convenance réciproque sur les positions de territoire au delà des limites de part et d'autre, et sauf des restitutions que l'Angleterre est prête à faire pour l'intérêt général de l'Europe contre les rétrocessions ci-dessus demandées à la France; qu'en conséquence la France abandonne toute influence directe hors de ses limites futures, et que la renonciation à tous les titres qui ressortent des rapports de souveraineté et de protectorat sur l'Italie, l'Allemagne et la Suisse, soit une suite immédiate de cet arrangement. »

Lorsque Napoléon apprit ces propositions, il fut douloureusement affecté; et comme ses ministres le suppliaient de faire une prompte réponse : « Quoi! vous voulez que je signe un pareil traité! que je foule aux pieds le serment que j'ai fait de maintenir l'intégrité du territoire de la République! Des revers inouïs ont pu m'arracher la promesse de renoncer aux conquêtes que j'ai faites; mais que j'abandonne aussi celles qui ont été faites avant moi; que je viole le dépôt qui m'a été remis avec tant de confiance; que pour prix de tant d'efforts, de sang et de victoires, je laisse la France plus petite que je ne l'ai trouvée, jamais! Le pourrais-je sans trahison ou sans lâcheté?... Et que serai-je pour les Français quand j'aurai signé leur humiliation? Que répondrai-je aux républicains quand ils viendront me redemander leur barrière du Rhin? »

Cependant on parvint à l'apaiser, et il fut répondu à Caulaincourt d'user de la carte blanche qu'on lui avait donnée, mais de ne céder que pas à pas : qu'il n'hésitât point à abandonner la Belgique, condition sans laquelle on n'aurait pas la paix de l'Angleterre, mais qu'il s'efforçât au moins de conserver la rive gauche du Rhin. Ce fut alors que Napoléon se porta contre l'armée de Blücher et la mit en déroute dans les combats de Champaubert, de Montmirail, de Vauchamp; qu'il se jeta ensuite sur l'armée de Schwartzemberg et la culbuta à Mormans et à Montereau. Ces succès l'enivrèrent : « Je vous avais donné carte blanche, écrivit-il à Caulaincourt (17 février), pour sauver Paris et éviter une bataille qui était la dernière espérance de la nation. La bataille a eu lieu : j'ai fait trente à quarante mille prisonniers; j'ai pris deux cents pièces de canon. J'ai entamé l'armée de Schwartzemberg, que j'espère détruire avant qu'elle ait repassé nos frontières... Mon intention est que vous ne signiez rien sans mon ordre... Je suis prêt à cesser les hostilités et à laisser les ennemis rentrer chez eux, s'ils signent les préliminaires basés sur les propositions de Francfort. »

Ce jour-là même, les plénipotentiaires des puissances alliées présentaient au duc de Vicence un projet de traité dont les principaux articles portaient :

« Art. 2. Sa Majesté l'Empereur des Français renonce pour lui et ses successeurs à la totalité des acquisitions, réunions ou incorporations de territoire faites par la France depuis le commencement de la guerre de 1792.

« Sa Majesté renonce également à toute influence constitutionnelle directe ou indirecte hors des anciennes limites de la France, telles qu'elles se trouvaient établies avant la guerre de 1792, et aux titres qui en dérivent, nommément à ceux de roi d'Italie, roi de Rome, protecteur de la Confédération du Rhin et médiateur de la Confédération suisse.

« Art. 3. Sa Majesté l'Empereur des Français reconnaît formellement la reconstruction suivante des pays limitrophes de la France :

« 1° L'Allemagne composée d'États indépendants, unis par un lien fédératif;

« 2° L'Italie divisée en États indépendants, placés entre les possessions autrichiennes en Italie et la France;

« 3° La Hollande sous la souveraineté de la maison d'Orange, avec un accroissement de territoire;

« 4° La Suisse, État libre, indépendant, replacé dans ses anciennes limites, sous la garantie de toutes les grandes puissances, la France y comprise;

« 5° L'Espagne sous la domination de Ferdinand VII, dans ses anciennes limites. »

Par l'article 5, l'Angleterre restituait à la France

ses colonies, à l'exception des Saintes, de Tabago, des îles Maurice et de Bourbon ; elle gardait l'île de Malte en toute souveraineté.

Par l'article 6, l'Empereur des Français devait remettre immédiatement les places occupées par ses troupes en Allemagne, en Italie, en Hollande, avec toute leur artillerie, munitions, archives, etc. Il devait également remettre, dans l'espace de quatre jours, aux armées alliées, les places de *Besançon*, de *Belfort* et de *Huningue*, qui resteraient en dépôt jusqu'à la ratification de la paix définitive.

Lorsque Napoléon eut connaissance du projet des alliés, il ne put contenir son indignation et, de Montereau, il écrivit à Caulaincourt :

« La France, pour être aussi forte qu'elle l'était en 1789, doit avoir ses limites naturelles en compensation du partage de la Pologne, de la destruction de la république de Venise, de la sécularisation du clergé d'Allemagne et des grandes acquisitions faites par les Anglais en Asie... Je suis si ému de l'infâme projet que vous m'envoyez que je me crois déjà déshonoré rien que de m'être mis dans le cas qu'on me le propose... J'aimerais mieux voir les Bourbons en France, avec des conditions raisonnables, que de subir les infâmes propositions que vous m'envoyez. Je vous réitère l'ordre de déclarer que les limites naturelles ne donnent à la France que le même pouvoir qu'avait Louis XIV ! »

Et il écrivit à l'empereur d'Autriche : « Les plénipotentiaires des alliés à Châtillon ont présenté une note dont la connaissance porterait en France l'exaltation et l'indignation au plus haut point. C'est la réalisation du rêve de Burke, qui voulait faire disparaître la France de la carte de l'Europe. Il n'est pas un Français qui ne préférât la mort plutôt que de subir des conditions qui nous rendraient esclaves de l'Angleterre... Jamais je ne céderai Anvers ni la Belgique. »

Cette lettre irrita au lieu de calmer la coalition, et Caulaincourt écrivit à l'Empereur : « Il faut des sacrifices, il faut les faire à temps. On ne veut qu'un prétexte pour rompre... Dussent-ils reculer momentanément même au delà du Rhin, la partie est tellement liée que les plus grands revers ne changeraient rien aux prétentions qu'ils ont émises. L'excès de votre ambition et mille autres circonstances ayant mis toute la population européenne sous les armes, des millions d'hommes marcheront, si les huit cent mille qui menacent Paris ne suffisent pas. »

En effet, M. de Metternich venait d'écrire au

duc de Vicence : « Si la paix ne se fait pas dans ce moment, nulle autre occasion ne se présentera plus dans laquelle il puisse être permis à un ministre anglais de proposer même une négociation; le triomphe des partisans de la guerre à extinction contre l'Empereur sera assuré, le monde sera bouleversé, et la France sera la proie de ces événements. »

En ce moment Soissons venait de capituler. L'Empereur se décida à envoyer des instructions définitives, d'après lesquelles Caulaincourt, poussé à bout, et ayant lutté pied à pied contre les exigences des alliés, présenta au congrès (15 mars) un contre-projet. « Napoléon renonçait à tous droits de souveraineté et de possession sur les provinces illyriennes, les départements français au delà des Alpes, l'île d'Elbe exceptée, et sur les départements français au delà du Rhin. Le Brabant hollandais, Wésel, Cassel, Kehl et le Valais n'étaient pas compris dans cette renonciation, l'Empereur les réservant pour des concessions ultérieures. Il renonçait à la couronne d'Italie en faveur du prince Eugène Beauharnais, l'Adige devant former la limite entre les États autrichiens et le royaume d'Italie. Il reconnaissait l'indépendance de la Hollande, de l'Allemagne, de l'Italie, de l'Espagne, de l'État de l'Église, etc. Il demandait que la princesse Élisa conservât la souveraineté de Lucques et de Piombino, le maréchal Berthier la principauté de Neufchâtel, etc. Les dispositions à faire des territoires auxquels l'Empereur renonçait seraient réglées dans un congrès. Dans toutes les places qu'abandonnait la France, elle se réservait les arsenaux, magasins, vaisseaux, munitions, et toutes choses qu'elle y a placées... »

Les plénipotentiaires alliés furent étonnés de cette communication que M. de Metternich qualifia de *roman* : « Si ce contre-projet est l'ultimatum de l'Empereur, écrivait-il à Caulaincourt; je dirai plus, si l'esprit qui règne dans cette pièce est celui qui préside encore à vos conseils, toute paix est impossible; les armes décideront du sort de l'Europe et de la France. » Alors les plénipotentiaires déclarèrent que « ces propositions étaient essentiellement opposées aux conditions que les puissances regardaient comme nécessaires à la reconstruction de l'édifice social, qu'en conséquence ils déclaraient les négociations comme terminées par le gouvernement français... »

Le congrès se sépara le 19 mars. Six jours après, les monarques alliés, dans une déclaration datée de Vitry, exposèrent à leur point de vue les négociations qui venaient d'être rompues, en s'efforçant « de soulever la volonté générale de la nation contre l'édifice monstrueux compris sous la dénomination d'Empire français, édifice politique, disaient-ils, fondé sur la ruine d'États jadis indépendants, agrandi par des provinces arrachées à d'antiques monarchies, soutenu au prix du sang, de la fortune et du bien-être d'une génération entière. » Ils ajoutaient « qu'ils avaient chargé leurs plénipotentiaires de remettre un projet de traité préliminaire renfermant toutes les bases qu'ils jugeaient nécessaires pour le rétablissement de l'équilibre politique... La France, rendue aux dimensions que des siècles de gloire et de prospérité, sous la domination de ses rois, lui avaient assurées, devait partager avec l'Europe les bienfaits de la liberté, de l'indépendance nationale et de la paix... » Et, s'indignant du contre-projet présenté par Caulaincourt, ils disaient : « Le gouvernement français demandait que des peuples étrangers à l'esprit français, des peuples que des siècles de domination ne fondraient pas dans la nation française, continuassent à en faire partie. La France devait conserver des dimensions incompatibles avec l'établissement d'un système d'équilibre et hors de proportion avec les autres grands corps politiques en Europe; elle devait garder les positions et les points offensifs au moyen desquels son gouvernement avait, pour le malheur de l'Europe et de la France, amené la chute de tant de trônes et opéré tant de bouleversements; des membres de la famille régnante en France devaient être replacés sur des trônes étrangers, etc. C'est dans un moment aussi décisif pour le salut du monde, que les souverains alliés renouvellent l'engagement solennel qu'ils ne poseront pas les armes avant d'avoir atteint le grand objet de leur alliance... »

Cet engagement, ils l'avaient déjà pris un mois auparavant dans le traité de Chaumont (1er mars), par lequel les puissances coalisées faisaient alliance offensive et défensive pour vingt ans et s'engageaient, en poursuivant la guerre contre la France avec toutes leurs ressources, à ne jamais faire de paix séparée. Par ce traité, fait sous l'inspiration des haines implacables de l'Angleterre, la France était mise au ban de l'Europe, et déclarée son unique ennemie. Les articles secrets maintenaient les arrangements projetés relativement à la Hollande, à l'Allemagne, à la Suisse, à l'Italie; ils invitaient l'Espagne, la Pologne, la Suède, etc., à y accéder, enfin, il déclaraient que les puissances alliées, après la paix définitive, « maintiendraient en campagne des forces suffisantes pour protéger les arrangements que les alliés devront faire entre eux pour le raffermissement de l'état de l'Europe. »

Cependant la fin de la lutte approchait. Napoléon, après la perte de Soissons, avait essayé de poursuivre Blücher et de le couper de la Belgique. Vainqueur à Craonne, vaincu à Laon, il fut forcé de rétrograder sur Reims. Là, le grand capitaine, avec son débris d'armée, tint pendant quelques jours en suspens et dans l'anxiété les deux grandes masses ennemies, l'armée de Bohême sur la Seine et l'Yonne, les armées de Silésie et du Nord sur l'Oise et l'Aisne, toutes deux n'osant marcher, malgré leur nombre, et redoutant quelque coup imprévu. A la fin, l'armée de Bohême s'étant remise en mouvement sur Paris, il repassa la Marne et se porta de nouveau contre cette armée : à son approche tout se mit en pleine retraite. Alors l'empereur de Russie, fatigué de ces fuites continuelles de trois armées devant un homme, instruit d'ailleurs de l'abandon où se trouvait Paris, certain d'y trouver des auxiliaires, fit décider dans le conseil des alliés que Blücher et Schwartzemberg se réuniraient dans le pays entre Seine et Marne et marcheraient en une seule masse sur Paris, que l'armée du Nord entrerait complètement en ligne par l'Oise et se joindrait aux deux autres armées; enfin qu'une armée nouvelle ouvrirait la frontière du nord et assurerait la retraite la plus courte aux trois armées, en s'emparant des places de l'Escaut ou de la Sambre.

Cette armée nouvelle, commandée par le duc de Weymar, venait de la Belgique et comptait quarante mille hommes. Elle fit d'abord de vaines tentatives sur l'Escaut; Maison qui s'était concentré sous le canon de Lille, la battit auprès de Condé; alors elle se tourna sur la Sambre contre Maubeuge. L'héroïque cité de 93 n'avait pas cinq cents hommes de garnison, mais les habitants, jusqu'aux femmes et aux enfants, firent une si belle résistance que Weymar fut forcé de se retirer sur Mons. Alors Maison reprit l'offensive, battit de nouveau l'ennemi près de Courtray, enfin manœuvra de telle sorte que, en définitive, la frontière du nord était intacte quand les coalisés livrèrent bataille devant Paris. Si par la plus vulgaire des prévoyances, cette ville eût été mise en état de résistance, si l'armée alliée eût perdu la bataille devant ses murs, privée de ses communications, manquant même de munitions, elle aurait trouvé lui fermant la retraite, la frontière de Villars et de Carnot, la frontière de fer.

Cependant les trois armées s'étaient mises en mouvement. Napoléon, incapable de leur résister, changea de plan. Il résolut de se jeter par Saint-Dizier dans les Vosges et sur le Rhin, d'y couper les communications de l'ennemi, de l'arrêter ainsi dans sa marche sur Paris et de l'entrainer dans ce nouveau système d'opérations. Ce plan était une inspiration du désespoir, qui n'avait aucune chance de succès; il n'en pouvait avoir que si Paris, fortifié, eût pu résister à une attaque pendant au moins quelques jours. D'ailleurs l'ennemi ne se laissa pas prendre à la course aventureuse de Napoléon et continua sa marche sur Paris.

Aucune mesure n'avait été prise pour couvrir et défendre, je ne dis pas cette capitale de l'Empire, ce cœur de la France, ce résumé de l'Etat, mais cette position militaire unique, ce point objectif suprême, ce réduit de toute la frontière [1]. On n'a-

[1] Un comité de défense avait reçu, le 26 décembre 1814, l'ordre de préparer un plan de fortifier Paris. Ce plan fut présenté le 12 janvier, mais l'Empereur le rejeta et ordonna seulement d'achever le mur d'enceinte ou d'octroi, d'établir aux barrières des tambours en charpente avec créneaux et embrasures, de faire des barricades dans les faubourgs extérieurs. Les tambours en char-

vait pas creusé un fossé, on n'avait pas élevé une redoute, on avait à peine fermé les barrières avec quelques palissades. Point d'autre garnison que des dépôts de conscrits; point d'autres chefs que des généraux invalides ou incapables ; pas d'autre armée que les corps de Marmont et de Mortier acculés sur Paris par les nécessités d'une retraite. Ces corps comptaient à peine quatorze mille hommes; on leur adjoignit sept ou huit mille soldats, gardes nationaux, vétérans ; et ces vingt et un ou vingt deux mille hommes soutinrent pendant dix heures une lutte héroïque à la suite de laquelle Paris capitula.

Lorsque Napoléon apprit que les alliés étaient sous les murs de Paris, il fut atterré. Il fit faire volte-face à ses troupes et accourut de sa personne, espérant que la ville tiendrait deux jours : il arriva trop tard.

pente furent seuls exécutés. Dans le cours de la campagne, Napoléon songea à entreprendre des travaux sérieux sur les hauteurs qui dominent la ville et il demanda un plan au comité. « Il faut des choses très-simples, écrivait-il à Joseph. » Ce plan fut envoyé le 15 mars, et probablement l'Empereur ne le reçut pas. Le 22, Joseph lui écrivit : « On attend impatiemment l'approbation de V. M. pour *commencer* les travaux de défense extérieure de Paris. » Enfin le 23, pressé par les généraux qui l'entouraient, il se décida à ordonner « de tracer les ouvrages extérieurs en préparant tout pour les entreprendre au premier ordre de l'Empereur ! » Six jours après, les alliés étaient devant Paris !

On sait que la capitulation de Paris amena l'abdication de l'Empereur et la restauration des Bourbons. Napoléon fut moins douloureusement affecté de sa chute que de l'état où il laissait la France ; et pendant le peu de temps qu'il resta à Fontainebleau avant de partir pour l'île d'Elbe, il répétait avec désespoir :

« La France sans frontières quand elle en avait de si belles ! C'est ce qu'il y a de plus poignant dans les humiliations qui s'accumulent sur ma tête..... La laisser si petite après l'avoir reçue si grande ! »

CHAPITRE VIII.

TRAITÉ DE 1814.

La restauration des Bourbons rendit faciles les négociations de l'Europe avec la France pour le rétablissement de la paix. Mais les alliés, qui avaient dit tant de fois qu'ils ne faisaient la guerre qu'à un homme, ne traitèrent pas avec plus de générosité, avec plus de prévoyance, le nouveau gouvernement que le gouvernement déchu. C'était le cas, comme ils le disaient à Francfort, « de confirmer à la France une étendue de territoire qu'elle n'avait jamais eue sous ses rois, » de reconnaître définitivement ces limites gauloises qui étaient entrées dans le droit public de l'Europe ; mais ils s'en tinrent, envers Louis XVIII comme envers Napoléon, aux conditions de Châtillon. Ils disaient dans la déclaration de Vitry « qu'ils étaient animés du seul désir de voir l'Europe reconstruite sur une juste échelle de proportion entre les puissances, » et ils replacèrent la France seule dans la situation de 1792, pendant qu'eux-mêmes s'étaient agrandis de la Pologne partagée entre les trois États du nord, de la Finlande prise par la Russie, des États vénitiens donnés à l'Autriche, des principautés ecclésiastiques données aux rois nouveaux d'Allemagne, de Malte, de Corfou, des Antilles, de Ceylan, de l'Hindoustan, etc., acquis par l'Angleterre. Qui peut dire cependant les chances de repos qu'aurait eues l'Europe par une large et sage concession, quelles causes de bouleversements et de révolutions l'on eût évitées? Les catastrophes de 1815, de 1830, eussent-elle été possibles? La monarchie restaurée des Bourbons n'eût-elle pas acquis, par les limites naturelles, des conditions de durée et de stabilité indéfinies?

Dès leur entrée dans Paris, les souverains alliés déclarèrent : « que si les conditions de la paix devaient renfermer de plus fortes garanties lorsqu'il s'agissait d'enchaîner l'ambition de Bonaparte, elles devaient être plus favorables lorsque, par un retour à un gouvernement sage, la France elle-même offrait l'assurance du repos; qu'ils respectaient l'intégrité de l'ancienne France, telle qu'elle a existé sous ses souverains légitimes... *Ils peuvent même faire plus*, ajoutaient-ils, parce qu'ils professent toujours le principe que pour le bonheur de l'Europe, il faut que la France soit grande et forte. »

Cette déclaration tranchait réellement la question des frontières que la France pouvait espérer; elle fut confirmée par la convention du 23 avril, qui mit fin aux hostilités. Cette convention fut signée avec un déplorable empressement par le comte d'Artois, lieutenant général du royaume, d'après le conseil de M. de Talleyrand : tous deux croyaient satisfaire au besoin le plus urgent de la France en hâtant l'évacuation du territoire.

« Pour constater, disait ce traité, le rétablissement des rapports d'amitié entre les puissances alliées et la France, et pour la faire jouir, autant que possible, d'avance des avantages de la paix, les puissances alliées feront évacuer par leurs armées le territoire français tel qu'il se trouvait, le 1er janvier 1792, à mesure que les places occupées encore hors de ces limites par les troupes françaises seront évacuées et remises aux alliées.

« Le lieutenant général du royaume de France donnera, en conséquence, aux commandants de ces places l'ordre de les remettre dans les termes suivants, savoir : les places situées sur le Rhin, non comprises dans les limites de la France du 1er janvier 1792, et celles entre le Rhin et les mêmes limites, dans l'espace de dix jours, à dater de la signature du présent acte ; les places du Piémont et des autres parties de l'Italie qui appartenaient à la France dans celui de quinze jours, celles de l'Espagne dans celui de vingt jours, et toutes les autres places, sans exception, qui se trouvent occupées par les troupes françaises, de manière à ce que la remise totale puisse être effectuée au 1er juin prochain.

« La dotation des forteresses et tout ce qui n'est pas propriété particulière demeurera et sera remis en entier aux alliés, sans qu'il puisse en être distrait aucun objet. Dans la dotation seront compris non-seulement les dépôts d'artillerie et de munitions, mais encore toutes autres provisions de tout genre, ainsi que les archives, inventaires, plans, cartes, modèles, etc.

« Les stipulations de l'article précédent seront appliquées aux places maritimes, » etc.

Cette convention fit perdre à la France les places fortes de la Belgique, de la Meuse et du Rhin, et en outre, celles que nous avions encore sur l'Elbe, sur l'Oder, en Italie, en Espagne, etc. Le nombre total était de cinquante-trois, avec douze mille bouches à feu, quarante-cinq vaisseaux ou frégates, etc. On se priva ainsi des seules compensations qu'on aurait pu offrir aux puissances alliées dans les négociations pour la paix, et le traité de Paris se trouva entièrement imposé par les vainqueurs.

Cependant ce ne fut pas sans lutte et sans discussion. M. de Talleyrand chercha à réparer la convention du 23 avril, en s'appuyant sur la déclaration des alliés, principalement sur la phrase : *ils peuvent même faire plus*. Il espérait obtenir le pays de Liége, le Luxembourg, Porentruy, Genève et la Savoie, et il descendit pour cela jusqu'à la supplication : « La France, disait-il, pourrait, sans se nuire, se contenter de son état ancien ; mais il lui sera doux de conserver, grâce à l'influence du souverain qui lui est rendu, une portion des conquêtes pour lesquelles elle a prodigué son sang pendant vingt années. » Mais les alliés repoussèrent toutes les demandes du négociateur ; et pour se dégager de leurs promesses, ils se contentèrent de céder quelques rognures de territoire qui n'avaient aucune importance politique et qui rectifiaient seulement la frontière de 1792. Ils s'en vantèrent comme d'un acte de magnanimité et purent dire dans le congrès de Vienne : « Qu'on avait ménagé l'amour-propre des Français en étendant encore leurs limites. »

« Le royaume de France, dit l'article 2 du traité de Paris (30 mai)[1], conserve l'intégrité de ses limites, telles qu'elles existaient à l'époque du 1er janvier 1792. Il recevra, en outre, une augmentation de territoire comprise dans la ligne de démarcation fixée par l'article suivant.

« Du côté de la Belgique, de l'Allemagne et de l'Italie, disait l'article 3, l'ancienne frontière, ainsi qu'elle existait au 1er janvier 1792, sera rétablie en commençant de la mer du Nord, entre Dunkerque et Nieuport, jusqu'à la Méditerranée, entre Cannes et Nice, avec les rectifications suivantes :

« 1° Dans le département de Jemmapes, les cantons de Dour, Merbes-le-Château, Beaumont et Chimay resteront à la France ;

« 2° Dans le département de Sambre-et-Meuse, les cantons de Valcour, Florennes, Beauraing et Gedinne appartiendront à la France ;

« 3° Dans le département de la Moselle, la nouvelle démarcation, là où elle s'écarte de l'ancienne,

[1] Voir ce traité dans toute son étendue, avec les articles additionnels, dans l'Appendice.

sera formée par une ligne à tirer depuis Perle jusqu'à Fremesdorf, et par celle qui sépare le canton de Tholey du reste du département de la Moselle ;

« 4° Dans le département de la Sarre, les cantons de Saarbruck et d'Arneval resteront à la France, ainsi qu'une partie de celui de Lebach, etc. ;

« 5° La forteresse de Landau ayant formé, avant l'année 1792, un point isolé dans l'Allemagne, la France conserve, au délà de ses frontières, une partie des départements du Mont-Tonnerre et du Bas-Rhin pour joindre la forteresse de Landau et son rayon au reste du royaume, etc. ;

« 6° Dans le département du Doubs, la frontière sera rectifiée de manière à ce qu'elle commence au-dessus de la Rançonnière, près de Locle, et suive la crête du Jura, entre le Cerneux-Péquignot et le village de Fontenelles jusqu'à une cime du Jura, située à environ sept ou huit mille pieds au N.-O. du village de la Brevine, où elle retombera dans l'ancienne limite de la France ;

« 7° Dans le département du Léman, les frontières entre le territoire français, le pays de Vaud et le territoire de la république de Genève resteront les mêmes qu'elles étaient avant l'incorporation de Genève à la France ; mais les cantons de Frangy et une partie des cantons de Saint-Julien, de Reigner, de la Roche, resteront à la France;

« 8° Dans le département du Mont-Blanc, la France acquiert la sous-préfecture de Chambéry, à l'exception des cantons de Saint-Pierre d'Albigny, de la Rocette et de Montmélian, et la sous-préfecture d'Annecy, à l'exception d'une partie du canton de Faverge.

« Du côté des Pyrénées les frontières restent telles qu'elles étaient entre les deux royaumes de France et d'Espagne à l'époque du 1er janvier 1792.

« Les cours alliées assurent à la France la possession de la principauté d'Avignon, du comtat Venaissin, du comté de Montbéliard et de toutes les enclaves qui ont appartenu autrefois à l'Allemagne, comprises dans la frontière ci-dessus indiquée, qu'elles aient été incorporées à la France avant ou après le 1er janvier 1792. »

Par l'article 6, la Hollande, placée sous la souveraineté de la maison d'Orange, reçoit un accroissement de territoire; les États de l'Allemagne sont indépendants et unis par un lien fédératif; la Suisse, indépendante, continue de se gouverner elle-même; l'Italie, hors des limites qui reviendront à l'Autriche, est composée d'États souverains.

L'article 7 stipule que l'île de Malte appartient en toute souveraineté à Sa Majesté Britannique.

Par l'article 8, Sa Majesté Britannique s'engage à restituer à Sa Majesté Très-Chrétienne les colonies, pêcheries, comptoirs et établissements que la France possédait au 1er janvier 1792, à l'exception de Tabago et de Sainte-Lucie, de l'île de France et de ses dépendances, nommément Rodrigue et les Séchelles, lesquelles Sa Majesté Très-Chrétienne cède en toute propriété à Sa Majesté Britannique.

Par les articles 9 et 10, la Suède et le Portugal restituent à la France la Guadeloupe et la Guyane.

Par l'article 12, Sa Majesté Très-Chrétienne s'engage à ne faire aucun ouvrage de fortification dans les établissements qui doivent lui être restitués et qui sont situés dans les limites de la souveraineté britannique sur le continent des Indes, et à ne mettre dans ces établissements que le nombre de troupes nécessaires pour le maintien de la police. Quant au droit de pêche des Français sur le grand banc de Terre-Neuve, sur les côtes de l'île de ce nom et dans le golfe Saint-Laurent, tout sera remis sur le même pied qu'en 1792.

Enfin l'article 32 dit : « Dans le délai de deux mois toutes les puissances qui ont été engagées de part et d'autre dans la précédente guerre, enverront des plénipotentiaires à Vienne pour régler, dans un congrès général, les arrangements qui doivent compléter les dispositions du présent traité »

Les articles secrets portaient : « Que la disposition à faire des territoires auxquels la France renonçait par le traité patent et les rapports entre ces territoires desquels devait résulter un équilibre réel et durable en Europe, serait réglée au congrès sur les bases arrêtées par les puissances alliées entre elles. » Et l'on indiquait sommairement que les possessions de l'empereur d'Autriche en Italie seraient limitées par le Pô, par le Tessin et par le lac Majeur ; que le roi de Sardaigne rentrerait en possession de ses anciens États, à l'exception de la partie de la Savoie assurée à la France, et qu'il recevrait une augmentation de territoire par l'État de Gênes; que les pays compris entre la mer, les frontières de la France fixées par le présent traité et la Meuse, seraient réunis à perpétuité à la Hollande; que les pays allemands de la rive gauche du Rhin, qui avaient été réunis à la France depuis 1792, serviraient à l'agrandissement des Pays-Bas et à des compensations pour la Prusse et autres États allemands, etc.

Tel fut le traité qui annulait les traités éphémères de Campo-Formio, de Lunéville, d'Amiens, de Presbourg, de Tilsitt, de Vienne; tel était le résultat navrant de vingt-trois années de guerres, d'innombrables victoires, de tant de royaumes conquis, de tant d'enivrement, d'enthousiasme et de gloire! Voilà à quel terme aboutissaient la République et l'Empire! La France reculait d'un siècle et retournait aux conditions, aux possessions, aux limitations du traité d'Utrecht! Et tout cela, comme nous allons voir, devait être aggravé par les actes du congrès de Vienne, et plus encore par les désastres de 1815!

Le traité de Paris fut pourtant accepté par le pays avec résignation, même avec reconnaissance : on ne mesura pas l'étendue des sacrifices qui nous étaient imposés; on ne vit que la paix, la réconciliation avec l'Europe, la fin de l'occupation étrangère! D'ailleurs, la France vaincue, après avoir si souvent abusé de ses victoires, aurait pu payer la paix de plus grandes représailles, de plus grandes humiliations, et si les vainqueurs ne le firent pas, elle le doit, non à leur modération, à leur magnanimité, mais à la crainte qu'elle inspirait encore dans son abaissement, aux quatorze siècles de grandeur qu'elle avait derrière elle, au nom des Bourbons, au prestige des souvenirs que rappelait cette illustre famille : l'ombre de Louis XIV protégea les frontières qu'il avait données à la France. Et cependant l'opinion populaire, aveugle et injuste, fit peser toute la responsabilité du traité de 1814, non sur l'homme qui avait amené l'Europe dans Paris, mais sur les Bourbons: venus, comme on le disait, dans les bagages de l'étranger, restaurés à la suite de nos désastres, ils semblèrent avoir acheté leur trône par une adhésion complaisante aux conditions des vainqueurs, et, pendant quinze ans, ils ne furent pour le peuple que les vassaux de la *Sainte-Alliance*.

Nous avons vu que, dans le congrès de Châtillon, les puissances alliées avaient partagé entre elles, et sous l'inspiration de l'Angleterre, les dépouilles de Napoléon ; les articles secrets du traité de Paris avaient confirmé ce partage ; le congrès de Vienne eut pour mission de le régler définitivement, d'aggraver ainsi la situation de nos frontières, enfin de disposer l'Europe dans un sens tout à fait hostile à la France, de telle sorte que celle-ci restât sans une alliée, et n'eût autour d'elle que des ennemis.

On se rappelle que l'ancienne diplomatie des

Bourbons avait eu principalement pour ambition d'envelopper le royaume d'États amis, neutres ou impuissants, qui lui formaient, pour ainsi dire, une deuxième zone de frontières; et, en effet, nous avons vu que, en 1789, la France était ainsi avoisinée par les Pays-bas autrichiens, l'évêché de Liége, les duchés de Clèves et de Juliers, les électorats ecclésiastiques, le duché de Deux-Ponts, puis par l'État de Bade, la Suisse et les États de Savoie, enfin par l'Espagne[1].

On sait que dans les négociations du traité d'Utrecht, le prince Eugène avait proposé d'annuler les frontières de la France, « en leur opposant, dans les États voisins, un système de *barrières* ou de réseaux de places fortes gardées à frais communs ; » que son plan fut exécuté en partie dans les Pays-Bas, mais qu'il échoua du côté du Rhin et des Alpes[2]. Ce fut ce plan qu'on reprit ou qu'on imita après le traité de Paris, et voici comment le congrès de Vienne disposa les États contigus à notre frontière, au moyen d'annexions, de partages, de distributions d'États beaucoup plus scandaleux que les réunions de Napoléon, tant de fois maudites.

[1] Voir les détails à la page 114.

[2] Voir page 103.

1° La Belgique, avec l'ancien évêché de Liége, fut annexée à la Hollande, et l'on en forma un *royaume des Pays-Bas*, donné à la maison d'Orange. C'était, comme on le voit, le système des *barrières* confiées à la garde des Hollandais, renouvelé et complété. L'Angleterre, qui exigea cette réunion, s'inquiéta peu si la Belgique et la Hollande différaient de race, de langue, de religion, de mœurs, d'intérêts : il fallait à tout prix qu'Anvers cessât d'être possession française, que la Belgique fût placée sous la surveillance immédiate de la puissance britannique, et que la marine hollandaise fût à la disposition de l'Angleterre[1]. Le royaume des Pays-Bas devint ainsi, non plus seulement une barrière contre la France, mais une sorte de citadelle d'où la coalition pouvait réprimer tous les mouvements de l'ennemi commun, préparer ses propres armements, et faire, à sa volonté, irruption jusqu'à Paris.

[1] Dans les projets de l'aristocratie anglaise, le royaume des Pays-Bas se serait trouvé dans une sorte d'union et de dépendance encore plus grande par rapport à l'Angleterre : le prince d'Orange devait épouser la princesse Charlotte, héritière de la couronne britannique. D'après cela la maison d'Orange aurait, dans l'avenir, régné en Angleterre, mais elle aurait apporté à l'empire britannique l'alliance directe, les forces et la marine des Pays-Bas, et la France aurait été immédiatement avoisinée, surveillée, menacée par l'Angleterre, devenue réellement maîtresse de la Belgique. Le mariage n'eut pas lieu.

2° Toute la frontière française, de la Meuse à Bâle, fut bordée, non plus comme autrefois par de petits États dépendant nominalement de l'empire d'Allemagne, et alliés ordinaires des rois très-chrétiens, mais par une puissance nouvelle, la *Confédération germanique*, confédération constituée uniquement contre la France, ayant une armée, des finances, trois grandes places dirigées contre elle, où celle-ci ne pouvait trouver un allié, où elle n'avait plus que des ennemis. Les États de la Confédération qui bordèrent la frontière française furent : le duché de Luxembourg, donné au roi des Pays-Bas, et où *Luxembourg* fut érigée en forteresse fédérale; le duché ou province du *Bas-Rhin*, dont on fit la partie méridionale de la monarchie prussienne; les possessions rhénanes du roi de Bavière[1], où l'on érigea plus tard *Landau* en forteresse fédérale; enfin le grand duché de Bade, où il fut convenu qu'on établirait une quatrième place de la Confédération. De ces États, le plus important était la *Prusse rhénane*.

[1] Ces possessions furent d'abord données à l'empereur d'Autriche; mais celui-ci ne se soucia pas de conserver cette partie isolée de sa monarchie, trop voisine d'ailleurs de la Prusse et de la France; il les céda au roi de Bavière en échange de territoires acquis par celui-ci aux dépens de l'Autriche dans les traités de Presbourg et de Vienne. Voir à l'Appendice la première convention spéciale du traité de 1815.

On sait que le roi de Prusse n'avait jadis sur la rive gauche du Rhin que le petit duché de Clèves, avec une partie de la Gueldre ; on lui donna la domination de toute la France rhénane, en lui concédant, outre ses anciens domaines, la plus grande partie des électorats ecclésiastiques, morcelés par quelques petites principautés [1], et on le constitua ainsi gardien de l'Allemagne contre la France, par la possession de la plus belle partie du Rhin : par celle des places de Coblentz, Cologne, Wesel; par le droit de garnison dans *Mayence*, déclarée place fédérale ; enfin, comme nous le verrons dans le traité de 1815, par la possession de Sarrelouis. La Prusse, agrandie en outre de la Westphalie, de la moitié de la Saxe, du tiers de la Pologne, de toute la Poméranie, devint ainsi l'une des grandes puissances de l'Europe. Sa frontière, tou-

[1] On aura une idée de ce morcellement par l'art. 49 de l'acte final du congrès :

« Art. 49. Il est réservé dans le ci-devant département de la Sarre, sur les frontières des États de S. M. le roi de Prusse, un district comprenant une population de 69,000 âmes, dont il sera disposé de la manière suivante : le duc de Saxe-Cobourg et le duc d'Oldenbourg obtiendront chacun un territoire comprenant 20 000 habitants ; le duc de Mecklenbourg-Strélitz et le landgrave de Hesse-Hombourg chacun un territoire comprenant 10,000 habitants, et le comte de Pappenheim un territoire comprenant 9,000 habitants. » Voilà la situation politique que le congrès faisait à d'anciens citoyens du grand empire !

chant à la Russie par l'embouchure du Niémen, vint couper, morceler, hacher nos anciens départements de l'Ourthe, de la Sarre, des Forêts, et surveiller Metz et Strasbourg.

3° La Confédération helvétique fut agrandie de trois cantons, le Valais, le territoire de Genève, la principauté de Neufchâtel, enlevés à l'empire français, et l'on réunit au canton de Berne le pays de Porentruy et autres territoires de l'ancien évêché de Bâle.

Le congrès admit en principe la neutralité perpétuelle de la Suisse; mais la déclaration de cette neutralité fut suspendue par les événements de 1815. Ces événements allaient démontrer que notre alliée séculaire n'avait plus contre nous que les passions et les préjugés de la coalition, et que nous ne devions plus trouver dans ces anciens frères d'armes que d'aveugles ennemis.

4° La Savoie, le Piémont, le comté de Nice, furent rendus au roi de Sardaigne, et on agrandit ses États du territoire d'une ancienne république, souvent alliée de la France, la république de Gênes, ce qui donna au petit royaume de Sardaigne, une marine. On fit ainsi de cet État une puissance militaire, plus importante encore par sa position que par ses possessions, et qui fut destinée à jouer, au midi de la France, le rôle qu'on donnait aux Pays-Bas dans le nord ; la monarchie piémontaise devint une tête de pont de l'Autriche, d'où la coalition menaçait Lyon et nos provinces méridionales, en interdisant à la France tous moyens d'agression en Italie.

4° Enfin l'Espagne n'était plus comme autrefois l'alliée du pacte de famille : pleine des souvenirs et des haines de 1808, elle se trouvait dans la dépendance de l'Angleterre, et faisait cause commune avec la coalition.

Ainsi donc, au lieu d'avoir comme autrefois une ceinture d'États faibles, amis ou protégés, la France n'avait plus qu'une ceinture d'États puissants, créés ou agrandis expressément contre elle, et presque tous ouvertement hostiles. De la mer du Nord à la Méditerranée, une muraille de places fortes, de positions militaires, de défiances et d'inimitiés se dressait contre elle ; au delà de cette muraille, elle n'avait pas un allié, pas un ami ; enfin elle se trouvait, pour ainsi dire, *internée* au centre de l'Europe. L'Angleterre était donc arrivée au but qu'elle poursuivait depuis deux siècles : la diminution, l'abaissement, l'annulation de la France !

D'après cet exposé du traité de Paris, des actes

du congrès de Vienne, de leurs résultats, de leurs conséquences, qui furent encore aggravées par les fautes et les maladresses du gouvernement de Louis XVIII, on conçoit que l'exilé de l'île d'Elbe qui avait à se reprocher ce grand désastre, ait tenté d'en tirer la France par un coup d'audace désespéré, qui vint mettre le comble à nos malheurs.

CHAPITRE IX.

TRAITÉS DE 1815.

Il n'est pas de notre sujet d'apprécier ni de raconter la catastrophe des Cent-Jours. Considérée au point de vue de la défense du pays et de l'histoire de ses frontières, elle sort de toutes les règles, de toutes les combinaisons militaires, bien qu'elle soit pleine des plus cruels enseignements. C'est l'anarchie qui domine ce désastreux épisode, l'anarchie aidée par la peur et fomentée par la trahison. Les divisions politiques et les haines de partis l'emportent sur le sentiment de l'indépendance nationale et font une question secondaire du salut de la patrie. Quelle valeur peuvent avoir les raisons stratégiques et les considérations de frontières, quand une partie du pays appelle l'étranger, quand l'armée elle-même est pleine d'anxiété et d'incertitude, quand on voit la France, pendant quelques jours, avoir à la fois trois gouvernements? Il n'y avait pourtant, ce semble, qu'un sentiment qui dût dominer la situation et animer tous les citoyens, c'était celui qu'exprimait Danton quand il criait aux Girondins : « Je ne connais que l'ennemi! Battons l'ennemi! »

Napoléon replacé sur le trône par la grande aventure du 20 mars, c'était la guerre avec l'Europe, c'était l'Europe revenant assaillir la France avec son million de soldats. Il s'y prépara avec son activité ordinaire, mais, à la vue des divisions qui déchiraient le pays, avec hésitation et sans confiance; et cependant, en moins de deux mois, il parvint à donner à la France une situation militaire qui semblait rassurante, si on la compare à celle de l'année précédente en face des mêmes dangers. L'armée se trouvait forte de deux cent mille hommes aguerris, entièrement disponibles, bien approvisionnés, pleins d'enthousiasme pour l'Empereur; elle avait pour réserve deux cent mille conscrits ou gardes nationaux répartis principalement dans les places fortes; on espérait la porter à six cent mille hommes en trois mois par de nouvelles levées. Nos arsenaux étaient bien garnis; des ateliers d'armes avaient été ouverts à Paris et dans les principales villes; on réparait et on approvisionnait toutes les places; on fermait les défilés du Jura, des Vosges, de l'Argonne; enfin de grands travaux étaient entrepris pour fortifier à la hâte Lyon et Paris, et ces deux grandes places stratégiques allaient avoir, l'une six cents bouches à feu, l'autre trois cents, avec cent mille hommes pour leur défense. Mais, pour compléter ces moyens de résistance, le temps manquait plus encore que la confiance, car la coalition n'avait pas désarmé en quittant la France, et, après avoir fait, dès le 25 mars, une déclaration de guerre à outrance contre Napoléon, elle avait mis en marche son million d'hommes.

Deux mois après, il y avait dans la Belgique cent mille Anglais, Hollandais, Allemands, sous le commandement de Wellington, cent vingt mille Prussiens sous le commandement de Blücher, vingt-cinq mille Allemands dans le Luxembourg. L'armée russe traversait l'Allemagne, forte de cent soixante-dix mille hommes, et s'avançait sur le Rhin, qu'elle devait passer à Mayence et à Manheim. L'armée autrichienne, grossie des contingents allemands et forte de deux cent cinquante-cinq mille hommes, s'avançait vers la Forêt-Noire et la Suisse, sous le commandement de Schwartzemberg; elle avait derrière elle trente-cinq mille hommes de la Confédération helvétique. Enfin, soixante-dix mille Austro-Piémontais menaçaient la Savoie et le Var, pendant que cinquante mille Espagnols marchaient vers les Pyrénées. Toutes ces armées devaient être appuyées par trois cent vingt-cinq mille hommes de réserves, de sorte que la France était menacée, allait être envahie, par un million cent cinquante mille ennemis.

D'après les dispositions de marche des armées alliées, on voit que leur plan d'invasion différait peu de celui de 1814. Les trois vallées convergentes sur Paris étaient abordées à la fois. L'armée autrichienne devait se partager en deux colonnes qui pénétreraient au midi et au nord de l'Alsace, c'est-à-dire par Bâle et par Gemersheim, en laissant les réserves en arrière pour assiéger les places, et en ayant pour point de réunion la Marne et Châlons. L'armée russe devait la joindre vers ce point, pendant que l'armée austro-sarde, après s'être emparée de Lyon, remonterait la Saône et assurerait les communications de Schwartzemberg avec la Suisse. Le 1er juillet était le terme assigné à l'entrée simultanée des armées autrichienne, russe et piémontaise. Quant aux armées de Wellington et de Blücher, n'ayant pas, comme en 1814, Anvers et les autres places belges, qui menaçaient leurs derrières, elles devaient prendre une part, dans les opérations, plus active que n'avait pu faire l'armée du Nord. Elles étaient les plus voisines de Paris, les premières disposées à entrer en campagne ; mais elles ne devaient se mettre en marche que quand les deux autres armées seraient arrivées à leur hauteur, c'est-à-dire vers Châlons ; alors elles devaient rapidement se mouvoir en traversant la Sambre vers Maubeuge, en laissant les réserves pour assiéger Philippeville et les autres places, puis marcher sur Avesnes, Laon et Soissons; elles seraient ainsi arrivées sur Paris en même temps que les deux autres armées. La coalition comptait que, vers le 20 juillet, six cent mille hommes seraient sous les murs de la capitale.

Ce plan des alliés, comme celui de 1814, reposait sur l'alliance et la coopération de la Suisse : or la Suisse, livrant de nouveau sa neutralité, était ouvertement entrée dans la coalition. Napoléon, après le 20 mars, avait écrit à la diète pour la rappeler à ses alliances naturelles et l'inviter à défendre son territoire. La diète lui répondit : « qu'elle était résolue à armer immédiatement pour veiller à la sûreté de ses frontières et pour satisfaire à ses *nouvelles obligations d'honneur et de gratitude.* » En effet, le 20 mai, elle signa une convention avec les puissances alliées par laquelle, sans coopérer directement à l'invasion de la France, elle donnait son adhésion formelle à la coalition, recevait les subsides de l'Angleterre, enfin « autorisait le passage des troupes alliées à travers quelques parties de la Suisse. » — « C'était sans tirer de conséquence pour l'avenir, disait le traité, et pour accélérer l'époque où le principe de la neutralité de la Suisse pourrait être appliqué d'une manière avantageuse et permanente. »

D'après la défection de la Suisse, le plan d'opérations des alliés était facile à prévoir. On conseilla à l'Empereur de le déjouer en se tenant sur la défensive, de prendre pour bases de la résistance Lyon et Paris, de tenir la campagne entre l'Aisne et la Seine avec cent quarante mille hommes d'élite et soixante mille partisans, d'y renouveler les prodiges de 1814, pendant que les places de la frontière, aujourd'hui bien garnies et soutenues par les populations insurgées, prendraient une part active aux opérations, en harcelant les ennemis sur leurs derrières, en leur coupant les munitions, en les forçant à faire des siéges. Il gagnerait ainsi du temps, et, deux mois après les hostilités commencées, il aurait en armes six cent mille hommes, tandis que l'ennemi ne pouvait arriver à Paris que diminué de moitié et trouvant des obstacles insurmontables dans les fortifications de cette ville, ses nombreux défenseurs et l'armée qui tiendrait la campagne.

Ce plan était bon pour des temps ordinaires, c'est-à-dire avec un gouvernement solide, reconnu et aimé de tous, pouvant commander tous les sacrifices et entraîner tous les dévouements. Mais le gouvernement impérial était haï d'une partie de la nation et inspirait peu de confiance même à ses adhérents; la représentation nationale lui était ouvertement hostile; les royalistes faisaient la guerre civile dans la Vendée et remuaient tout le Midi; les provinces qui avaient été ravagées l'année précédente, tremblaient à l'approche d'une nouvelle invasion; Paris était divisé, harassé, prêt à tout subir; enfin l'opinion publique, aveuglée ou égarée, croyait que Napoléon était la cause de tous les maux de la France, et qu'en le sacrifiant, l'Europe poserait les armes.

Dans cette situation, l'Empereur préféra prendre l'offensive. Il fallait aux armées russe et autrichienne près d'un mois avant qu'elles pussent franchir la frontière : il résolut de profiter de ce répit pour aller au-devant des armées du Nord, qui pouvaient seules entrer en campagne, de les surprendre et de les battre isolément; une victoire en Belgique lui rendait la confiance de la nation, arrêtait les armées qui marchaient sur le Rhin, et lui permettait de demander ou d'imposer la paix. Il réunit avec une rapidité merveilleuse cent trente mille hommes sur la Sambre, en laissa environ soixante mille en Alsace, sur le Jura, sur le Var, sur les Pyrénées, dans la Vendée; puis, appuyé d'une part sur les places de la Sambre, d'autre part sur les places d'entre Sambre et Meuse, il se porta d'Avesnes sur Charleroy, au point de contact des deux armées alliées.

Nous n'avons pas à raconter les événements de cette campagne de cinq jours, marquée par la victoire sanglante de Ligny, par l'immense désastre de Waterloo. En temps ordinaire, cette dernière bataille n'eût été qu'un autre Malplaquet; mais, dans la situation où était la France, elle fut la ruine de l'État. La défaite devint une déroute, et l'anarchie qui était dans le pays gagna l'armée qui venait de combattre si héroïquement: on ne parvint à la rallier qu'à Laon. Les deux armées ennemies se mirent à sa poursuite.

Wellington marcha de Waterloo par Nivelles et Binch, passa la frontière à Malplaquet et masqua les places de Valenciennes et du Quesnoy; Blücher marcha par Gosselies, passa la frontière à Merbes et fit capituler Avesnes, ce qui lui donna une place de retraite et de dépôt. Tous deux résolurent alors de marcher ensemble sur Paris par la rive droite de l'Oise, c'est-à-dire en tournant les débris de l'armée française qui se ralliaient à Laon et à Soissons. Cette marche, dans une guerre ordinaire, eût été insensée : au temps de Louis XIV, au temps de la Convention, elle eût conduit les deux généraux ennemis à un désastre certain et complet. En effet, ils n'avaient chacun que soixante mille hommes; leurs flancs et leurs derrières n'étaient point assurés; les armées russe et autrichienne étaient encore à trente lieues du Rhin; ils allaient se heurter contre une ville de six cent mille habitants, fortifiée et couverte par toute une armée. Wellington et Blücher savaient tout cela, et n'en continuèrent pas moins leur marche; mais ils prirent des mesures de sûreté : ils laissèrent derrière eux cent vingt mille hommes avec la mission expresse d'ouvrir la trouée de l'Oise en s'emparant, par des coups de main ou par des siéges, de Valenciennes, du Quesnoy, de Landrecies, de Maubeuge, de Mariembourg et de Philippeville; de plus, ils sollicitèrent les Russes et les Autrichiens de précipiter leur marche et d'aller droit sur Paris; enfin, ils pressèrent les négociations entamées depuis un mois avec les traîtres qui devaient leur livrer Paris sans combat. Napoléon avait abdiqué ; la Chambre des représentants était dans l'anarchie ; enfin le président du gouvernement provisoire, Fouché, trahissant à la fois l'Empereur, la représentation nationale et l'armée, était d'accord avec Wellington et Blücher pour amener le rétablissement des Bourbons.

Dans cette situation, la marche téméraire des alliés eut un plein succès. Le découragement était dans les places fortes comme dans l'armée, ébranlée par des bruits universels de trahison : Blücher s'empara de Guise sans coup férir, mais il ne put prendre La Fère ; Wellington, après une faible résistance, fit capituler Cambray et Péronne. L'armée française, voyant le mouvement des alliés sur la droite de l'Oise, recula jusqu'à Paris et se porta dans les lignes de fortifications qui avaient été élevées sur les hauteurs du nord. Elle comptait quatre-vingt mille hommes bien résolus et pouvait être appuyée par trente mille fédérés et gardes nationaux. Elle comptait venger Waterloo en écrasant les cent mille étrangers qui s'étaient aventurés si audacieusement sur Paris, et qui venaient de s'éparpiller par de fausses manœuvres autour de cette ville : la victoire était certaine, et l'ennemi lui-même l'a avoué. Une victoire, dans ces circonstances, n'aurait pas délivré le pays, puisque les Russes et les Autrichiens en ce moment passaient le Rhin, mais elle sauvait l'honneur, permettait de négocier, et aurait empêché la France de passer sous les fourches caudines des traités de 1815. La trahison en décida autrement. Fouché et Davoust sauvèrent les vainqueurs de Waterloo d'une ruine assurée en signant la convention du 5 juillet, qui livra Paris à l'étranger et força l'armée française de reculer derrière la Loire.

A la suite de cette désastreuse journée, Louis XVIII rentra dans la capitale; mais cette deuxième restauration des Bourbons n'arrêta pas l'irruption des armées alliées, et la France se trouva bientôt couverte de plus d'un million d'étrangers qui accouraient au partage du butin, ravageaient les campagnes, rançonnaient les villes, pillaient les arsenaux, démolissaient les forteresses. Nous n'avons pas à raconter les humiliations, les calamités de cette époque, la plus douloureuse de notre histoire : pour ceux qui en ont été témoins, le souvenir en est resté comme un sanglant cauchemar! D'ailleurs nous avons hâte d'arriver au dénouement, c'est-à-dire au traité du 20 novembre 1815.

Lorsque la coalition avait mis ses armées en mouvement, elle avait excité l'enthousiasme de ses soldats par des proclamations furieuses contre la France, en les conviant « au sac de la nouvelle Babylone », en leur promettant le partage et le démembrement de « cette ennemie commune du genre humain ». — « Marchons, disaient les princes allemands, pour écraser, pour partager cette terre impie, que la politique des rois ne peut laisser subsister sans danger pour les trônes. Il faut exterminer cette bande de brigands qu'on appelle l'armée française ; il faut mettre hors la loi tout ce peuple sans caractère, pour qui la guerre est un besoin. Le monde ne peut rester en paix tant qu'il existera un peuple français. »

C'est dans ces pensées de haine et de vengeance que les négociations s'ouvrirent. La Russie et l'Angleterre ne partageaient pas les fureurs de la soldatesque germanique ; elles n'avaient point d'intérêt à démembrer la France ; elles voulaient seulement l'humilier, la réduire, la tenir dans la dépendance et l'impuissance. Mais la Prusse et l'Autriche avaient des ardeurs plus cupides, plus violentes ; et comme elles n'osaient les témoigner ouvertement, elles mirent en avant les petits princes allemands, les descendants des anciens stipendiés de Louis XIV, ces courtisans de Napoléon, qui lui devaient leurs États et leurs couronnes. Ce fut en leur nom que le démembrement des frontières de la France fut demandé. La carte en fut dressée, dit-on, par l'état-major prussien : elle témoigne que nos ennemis avaient une connaissance parfaite de nos frontières, qu'ils avaient étudié savamment l'œuvre de Vauban, qu'ils en appréciaient tous les mérites; mais aussi que leur vengeance s'adressait aussi bien à la France ancienne qu'à la France nouvelle, qu'on était résolu à lui ôter non pas seulement tout moyen d'attaque, mais tout moyen de défense; que le vainqueur ne voulait la quitter que dépouillée, désarmée, mise à nu, ouverte à toutes les agressions comme à tous les outrages. En effet, d'après ce plan de démembrement que nous allons détailler, on nous aurait enlevé, moins quelques points peu importants, toute la zone de frontière conquise et construite avec tant de soins et de travaux, avec tant de génie et de patriotisme, par le grand roi, l'œuvre impérissable de Vauban et de Louvois, cette frontière de fer qui avait sauvé la France en 1712, en 1793; qui l'aurait sauvée de nouveau en 1814 avec plus de prévoyance; qui l'aurait sauvée en 1815 sans la trahison!

Nous savons que la première partie de la frontière du Nord est comprise entre la mer et la Lys, et que ce pays plat n'est défendu par aucun obstacle naturel. D'après le plan des alliés, on nous enlevait dans cette partie Dunkerque, Gravelines et Bergues ; on nous donnait pour limite la petite rivière de l'Aa, et l'on nous laissait pour unique défense Saint-Omer, qui, restant isolée, devenait inutile. Dans la deuxième partie, comprise entre la Lys et l'Escaut, on nous laissait généreusement cinq places : Aire, Saint-Venant, Béthune, Arras et Douay ; mais on nous prenait le grand boulevard de la frontière du Nord, Lille, par laquelle on pouvait passer impunément entre ces cinq places. Dans la troisième partie, comprise entre l'Escaut et la Sambre, c'est-à-dire dans la première section de la trouée de l'Oise, on nous prenait toutes les places qui la garnissent, moins une, c'est-à-dire Condé, Valenciennes, Bouchain, Le Quesnoy, Maubeuge, Landrecies ; on nous laissait seulement Cambray, ce qui mettait réellement notre frontière sur la Somme. Dans la quatrième partie, comprise entre la Sambre et la Meuse, et qui forme la deuxième section de la trouée de l'Oise, on nous prenait tout, c'est-à-dire Philippeville, Mariembourg, Avesnes, Rocroy, ce qui ouvrait tout le bassin de l'Oise et rendait inutiles les places en arrière de Guise et La Fère, qu'on nous laissait avec Laon et Soissons. Dans la cinquième partie, c'est-à-dire entre la Meuse et la Moselle, on nous prenait toutes les places, excepté Verdun, c'est-à-dire Givet, Charlemont, Mézières, Sedan, sur la Meuse; Montmédy et Longwy, sur le Chiers; Sierk, Thionville et Metz, sur la Moselle; de sorte que les Prussiens, devenus nos voisins, s'avançaient jusqu'à l'entrée de la Champagne. Dans la sixième partie, comprise entre la Moselle et les Vosges, on nous prenait Sarrelouis : c'était la seule qui existât, car Marsal était démantelée depuis Louis XIV, et par là toute la Lorraine était donnée à la Prusse. Dans la partie comprise entre les Vosges et le Rhin, on nous prenait tout, moins Phalsbourg, c'est-à-dire Landau, Bitche, Weissembourg, Lauterbourg, Strasbourg! puis Schelestadt, Neuf-Brisach, Béfort, Huningue! Du côté du Jura, les Suisses, nos anciens frères d'armes, devenus nos implacables ennemis, obtenaient non-seulement Béfort et Huningue, mais tout le revers occidental des montagnes, avec les défilés de Pontarlier, des Rousses, de Nantua, les forts de Joux et de l'Écluse; il ne restait que Besançon pour

16

couvrir cette frontière. Enfin on rendait toute la Savoie au roi de Sardaigne.

En résumé, les alliés voulaient nous prendre la Flandre et le Hainaut, partie de la Champagne, toute la Lorraine, toute l'Alsace, partie de la Franche-Comté, toute la Savoie; ou bien le département du Nord, parties du département du Pas-de-Calais et des Ardennes, les départements de la Moselle, du Bas-Rhin, du Haut-Rhin, parties des départements du Doubs, du Jura, de l'Ain, et le département du Mont-Blanc.

Ce plan de démembrement fut adopté par les puissances alliées, même par l'Angleterre : il n'y manquait plus que l'adhésion de la Russie. Lorsque le roi Louis XVIII en eut connaissance, il fut désespéré : « Mylord, dit-il au duc de Wellington, je croyais, en rentrant en France, régner sur le royaume de mes pères; il paraît que je me suis trompé. Je ne saurais rester qu'à ce prix. Croyez-vous que votre gouvernement consente à me recevoir, si je lui demande encore un asile? » Quant au ministre des affaires étrangères, le duc de Richelieu, il s'écria « qu'on voulait une nouvelle guerre de vingt-cinq ans, qu'on l'aurait; que l'armée de la Loire pouvait être en peu de jours rétablie et doublée ; que l'armée vendéenne entrerait dans ses rangs, et que la France monarchique ne se montrerait pas moins redoutable que la France républicaine. »

Et il fit appel à la loyauté comme aux vrais intérêts de l'empereur de Russie, dont il était l'ami. Alexandre se fit remettre la carte du démembrement, et il la donna au duc de Richelieu, en lui disant : « Monsieur le duc, voilà la France telle que mes alliés veulent la faire ; il n'y manque que ma signature, je vous promets qu'elle y manquera toujours. »

L'empereur de Russie ramena à son sentiment les ministres anglais ; les négociations recommencèrent sur des bases moins iniques et moins outrageantes ; mais la Prusse et l'Autriche poussèrent la Suisse ; les puissances secondaires continuèrent à montrer d'odieuses prétentions, et elles firent adopter pour bases de la paix les conditions suivantes : cession par la France des territoires qui lui avaient été donnés en 1814, au delà des limites de 1792 ; cession des places de Philippeville, Mariembourg, Condé, Givet et Charlemont, Sarrelouis, Landau, des forts de Joux et de l'Écluse ; démolition des fortifications de Huningue ; payement d'une indemnité de 800 millions ; occupation pendant sept ans des places de la frontière par une armée de cent cinquante mille hommes, entretenus par la France.

Ces conditions étaient humiliantes et ruineuses, mais il était impossible de les refuser, et le temps manquait pour les discuter, car la France était agonisante sous le million d'étrangers qui la foulaient aux pieds. Louis XVIII et son ministre luttèrent avec désespoir : ils firent valoir « que les cessions exigées de Sa Majesté très-chrétienne lui seraient imputées à crime par la nation, comme si elle eût acheté par là le secours des puissances alliées ; que ce serait un obstacle insurmontable à l'établissement de son pouvoir, et peut-être une cause de nouvelles révolutions ; » ils firent valoir encore que, par ces conditions, la France était réduite à un état de deuxième ordre, que l'équilibre européen en serait bouleversé, etc. Tout cela fut à peine écouté, et cependant les ministres alliés ne cessaient de dire « qu'ils étaient invariablement guidés par les plus purs sentiments de considération pour Louis XVIII, de déférence pour son illustre et ancienne maison, de respect pour ses malheurs. Enfin le duc de Richelieu, avec l'appui d'Alexandre, parvint à faire diminuer encore quelques-uns des sacrifices exigés, et il obtint la promesse que l'évacuation du territoire commencerait dès la signature du traité ; mais au moment d'y mettre son nom, le nom à jamais illustre du cardinal qui avait commencé la grandeur de la France, il recula et voulut donner sa démission; les larmes et les supplications de Louis XVIII le décidèrent à rester; et le *fatal traité* fut signé le 20 novembre 1815[1]. En voici les principaux articles :

« Art. 1er. Les frontières de la France seront telles qu'elles étaient en 1790, sauf les modifications de part et d'autre qui se trouvent indiquées dans l'article présent :

« 1° Sur les frontières du Nord, la ligne de démarcation restera telle que le traité de Paris l'avait fixée, jusque vis-à-vis de Quiévrain ; de là elle suivra les anciennes limites des provinces belgiques, du ci-devant évêché de Liége et du duché de Bouillon, telles qu'elles étaient en 1790, en laissant les

[1] Le lendemain, le duc de Richelieu écrivait :

« Tout est consommé. J'ai apposé hier, plus mort que vif, mon nom à ce fatal traité. J'avais juré de ne pas le faire, et je l'avais dit au roi; ce malheureux prince m'a conjuré, en fondant en larmes, de ne pas l'abandonner, et dès ce moment je n'ai pas hésité. J'ai la confiance de croire que sur ce point personne n'aurait fait mieux que moi ; et la France, expirante sous le poids qui l'accable, réclamait impérieusement une prompte délivrance ; elle commencera demain, à ce qu'on m'assure, et s'opérera successivement et promptement. »

territoires enclavés de *Philippeville* et de *Mariembourg* avec les places de ce nom, ainsi que tout le duché de Bouillon, hors des frontières de France. Depuis Villers, près d'Orval, jusqu'à Perle, la ligne restera telle qu'elle avait été désignée par le traité de Paris. De Perle, elle passera par Launsdorf, Waldwich, Schardorf, Niederweiling, Pellweiler (tous ces endroits restant avec leurs banlieues à la France) jusqu'à Houvre, et suivra de là les anciennes limites du pays de Sarrebruck, en laissant *Sarrelouis* et le cours de la Sarre, avec les endroits situés à la droite de la ligne ci-dessus désignée et leurs banlieues, hors des limites françaises[1]. Des limites du pays de Sarrebruck, la ligne de démarcation sera la même qui sépare actuellement de l'Allemagne les départements de la Moselle et du Bas-Rhin jusqu'à la Lauter, qui servira ensuite de frontière jusqu'à son embouchure dans le Rhin. Tout le territoire sur la rive gauche de la Lauter, y compris la place de *Landau*, fera partie de l'Allemagne ; cependant la ville de Weissembourg, traversée par cette rivière, restera tout entière à la France, avec un rayon sur la rive gauche n'excédant pas mille toises. »

[1] Tout cela ne fut réglé définitivement que par le traité de délimitation de 1820.

Un arrangement particulier entre les puissances alliées, qui précéda le traité de Paris, distribua ainsi les territoires enlevés à la France : Philippeville et Mariembourg avec les cantons voisins furent donnés au royaume des Pays-Bas ; Sarrelouis et son territoire à la Prusse ; Landau et son territoire à l'Autriche, qui les céda à la Bavière.

« 2. A partir de l'embouchure de la Lauter, le long des départements du Bas-Rhin, du Haut-Rhin, du Doubs et du Jura, jusqu'au canton de Vaud, les frontières resteront comme elles ont été fixées par le traité de Paris. Le thalweg du Rhin formera la démarcation entre la France et les États de l'Allemagne ; mais la propriété des îles, telle qu'elle sera fixée à la suite d'une nouvelle reconnaissance du cours de ce fleuve, restera immuable, quelque changement que subisse ce cours par la suite des temps. La moitié du pont entre Strasbourg et Kehl appartiendra à la France, et l'autre moitié au grand-duché de Bade.

« 3. Pour établir une communication directe entre le canton de Genève et la Suisse, la partie du pays de Gex bornée à l'est par le lac Léman, au midi par le territoire du canton de Genève, au nord par celui du canton de Vaud, à l'ouest par le cours de la Versoix et par une ligne qui renferme les communes de Collex-Bossy et Meyrin, laissant la commune de Ferney à la France, sera cédée à la Confédération helvétique pour être réunie au canton de Genève. La ligne des douanes françaises sera placée à l'ouest du Jura, de manière que tout le pays de Gex se trouve hors de cette ligne.

« 4. Des frontières du canton de Genève jusqu'à la Méditerranée, la ligne de démarcation sera celle qui, en 1790, séparait la France de la Savoie et du comté de Nice.

« 5. Tous les territoires et districts enclavés dans les limites du territoire français telles qu'elles ont été déterminées par le présent article resteront réunis à la France. »

L'article 3 portait : « Les fortifications d'*Huningue* ayant été constamment un objet d'inquiétude pour la ville de Bâle, les hautes parties contractantes, pour donner à la Confédération helvétique une nouvelle preuve de leur bienveillance et de leur sollicitude, sont convenues entre elles de faire démolir les fortifications d'Huningue; et le gouvernement français s'engage, par le même motif, à ne les rétablir dans aucun temps et à ne point les remplacer par d'autres fortifications à une distance moindre que trois lieues de la ville de Bâle.

« La neutralité de la Suisse sera étendue au territoire qui se trouve au nord d'une ligne à tirer depuis Ugine, y compris cette ville, au midi du lac d'Annecy, par Faverge jusqu'à Lecheraine, et de là au lac du Bourget jusqu'au Rhône, de la même manière qu'elle a été étendue aux provinces du Chablais et du Faucigny par l'article 92 de l'acte final du congrès de Vienne[1]. »

L'art. 4 fixa à la somme de 700 millions la partie pécuniaire de l'indemnité à fournir par la France aux puissances alliées.

L'art. 5 disait : « L'état d'inquiétude et de fermentation dont, après tant de secousses violentes et surtout après la dernière catastrophe, la France doit nécessairement se ressentir encore, exigeant pour la sûreté des États voisins des mesures de précaution et de garantie temporaires, il a été jugé indispensable de faire occuper pendant un certain temps, par un corps de troupes alliées, des positions militaires le long des frontières de la France, sous la réserve expresse que cette occupation ne portera aucun préjudice à la souveraineté de Sa Majesté Très-Chrétienne ni à l'état

[1] Voir page 346 cet article 92.

de possession tel qu'il est reconnu et confirmé par le présent traité.

« Le nombre de ces troupes ne dépassera pas cent cinquante mille hommes. Le commandant en chef de cette armée sera nommé par les puissances alliées. Ce corps d'armée occupera les places de Condé, Valenciennnes, Bouchain, Cambray, le Quesnoy, Maubeuge, Landrecies, Avesnes, Rocroy, Givet avec Charlemont, Mézières, Sedan, Montmédy, Longwy, Thionville, Bitche et la tête de pont du fort Louis.

« L'entretien de l'armée destinée à ce service devra être fourni par la France..... Le maximum de la durée de cette occupation militaire est fixé à cinq ans. Elle peut finir avant ce terme, si, au bout de trois ans, les souverains alliés, après avoir, de concert avec le roi de France, mûrement examiné la situation..... s'accordent à reconnaître que les motifs qui les portaient à cette mesure n'existent plus...[1] »; etc.

Telles sont les conditions principales du traité de 1815, qui ont tenu la France garrottée, surveillée, menacée pendant quarante-cinq ans, et qui ne sont aujourd'hui abrogées que sur deux parties

[1] Voir à l'Appendice le traité du 20 novembre 1815 dans toute son étendue.

de la frontière des Alpes. Si l'on résume ces conditions, on trouve que la coalition, qui s'était montrée d'abord dans les négociations si cupide, si brutale, si outrageante, semblait témoigner dans les articles du traité une sorte de modération. Cette modération était feinte : la coalition paraissait n'enlever à la France de 1792 que des lambeaux de territoire qui comprenaient ensemble 500 000 habitants : c'était donc une perte insignifiante, disaient les alliés, et qui était largement compensée par l'acquisition d'Avignon, de Montbéliard, de Mulhouse, villes que la France n'avait pas en 1790. Quant aux places comprises dans ces territoires et qu'on lui prenait ou démolissait (Philippeville, Mariembourg, Sarrelouis, Landau, Huningue), qu'étaient-ce que ces cinq petites villes dans le réseau formidable des places de Vauban?

La vérité est que ces cinq bicoques, avec les lambeaux de territoire adjacents, donnaient les entrées militaires de la France, les origines des trois vallées qui mènent sur Paris, enfin étaient « les clefs de notre maison ». En effet, Philippeville et Mariembourg, ces places acquises par Mazarin avec tant d'intelligence et de sollicitude[1],

[1] Voir page 42.

gardaient, avec Avesnes et Rocroy, le triangle entre Sambre et Meuse, dont Namur occupe le sommet, et dans lequel se trouvent les sources de l'Oise. Ce triangle, en 1792, en 1814, garni à sa base de Landrecies, Avesnes, Rocroy et Mézières ; sur les côtés, de Maubeuge et de Givet, et dans le milieu, de Philippeville et Mariembourg, formait une bonne frontière, qui gardait très-bien les sources de l'Oise : c'est pour cela que l'ennemi en 1712, en 1793, avait mieux aimé aborder l'autre partie de la trouée, entre Escaut et Sambre ; d'ailleurs ce triangle nous permettait d'attaquer directement la Sambre vers Charleroy et de faire de cette rivière la base de nos opérations en Belgique : c'est ce que l'armée française avait fait en 1793 ; c'est ce que venait de faire Napoléon en 1815. En nous enlevant Philippeville et Mariembourg avec les cantons adjacents, on a formé sur la frontière un entrant qui fait aller tortueusement notre limite de Maubeuge aux sources de l'Oise et des sources de l'Oise à Givet, qui laisse Maubeuge et Givet sans communications, qui isole et rend inutiles Avesnes et Rocroy, enfin qui permet à l'invasion d'arriver sans obstacle dans la vallée de l'Oise, et de là sur Paris.

L'état-major prussien ne fut pas moins habile

dans le choix de Sarrelouis, clef du chemin qui mène dans la vallée de la Marne. Ce chemin, intermédiaire entre la trouée de l'Oise et celle de Béfort, part de Mayence, traverse le large espace compris entre la Moselle et les Vosges, franchit la Moselle et arrive sur la Marne à Saint-Dizier. Louis XIV, après la paix de Nimègue, avait vu le danger de cette partie de la Lorraine qui tourne l'Alsace et ouvre la Champagne, et c'est pour cela qu'il avait pris et fortifié Sarrelouis. Sarrelouis, appuyée à gauche sur Thionville, à droite sur Bitche, ayant Metz en arrière, couvrait complétement cette ouverture, qui n'avait été franchie qu'en 1814, et avec une témérité extrême : car, à la fin de la campagne, aucune des places de cette partie de la frontière n'appartenait à l'ennemi, et c'était là que Napoléon, dans sa dernière marche sur Saint-Dizier, voulait reporter le théâtre de la guerre. Sarrelouis, donnée par la coalition à la Prusse, replace la France au traité de Nimègue, isole Metz de Strasbourg, rouvre de toutes parts la Lorraine et donne le clef de la vallée de la Marne.

La frontière de l'Alsace, de Huningue à Landau, est la meilleure frontière de la France : d'abord un grand fleuve, garni de belles places, avec ses affluents, puis la chaîne parallèle des Vosges, avec ses défilés fortifiés, en arrière la Moselle et la Meuse : tout cela semble composer un ensemble redoutable; mais c'est à la condition expresse que le Rhin ne puisse être tourné ni par le nord, ni par le midi. Or, du côté du nord, la grande place de Mayence ouvre le Rhin et menace tout le pays entre Rhin et Vosges; au midi, la ville de Bâle ouvre, en avant de la trouée de Béfort, la vallée de l'Ill et le chemin de Strasbourg. Voilà pourquoi Louis XIV, dans le *règlement* de ses frontières, avait pris et fortifié Landau, qui garde la route de Mayence à Strasbourg avec tout le nord de l'Asace; voilà pourquoi il avait fortifié Huningue, qui garde de même le midi de cette frontière, et plus encore la porte de Bâle; voilà pourquoi aussi le traité de 1815 nous a pris Landau et démoli Huningue. Par là, la belle frontière de l'Alsace devient secondaire : on peut aborder directement Strasbourg, soit au nord, soit au sud; enfin, et pour comble, la démolition de Huningue a pour principal objet d'ouvrir la trouée de Béfort, et par conséquent la grande route de Paris par la Seine.

Ainsi qu'on le voit, les brèches ouvertes dans notre frontière par le traité de 1815, presque insignifiantes en apparence, ont été faites avec un art profond, avec une parfaite connaissance de la géographie militaire de la France, dans un but d'avenir[1]. Les places que les alliés se réservaient d'occuper pendant cinq ans furent choisies avec la même habileté. Ces places étaient : 1° Condé, Valenciennes, Bouchain, Cambray, le Quesnoy, Maubeuge et Landrecies : ce sont toutes les défenses de la première section de la trouée de l'Oise ; 2° Avesnes, Rocroy, Givet, Mézières, Sedan : ce sont, avec Philippeville et Mariembourg, qu'on nous enlevait, toutes les défenses de la deuxième section de cette même trouée ; 3° Montmédy et Longwy : ces places couvrent l'espace entre Meuse et Moselle ; 4° Thionville et Bitche : ces places, avec Sarrelouis, qu'on nous enlevait, couvrent tout l'espace entre Vosges et Moselle ; 5° enfin entre Vosges et Rhin, on se contentait de la tête de pont du fort Louis, parce qu'on nous prenait Landau et qu'on démolissait Huningue. Pour ne pas blesser à l'extrême le sentiment national, la coalition respectait Strasbourg, Metz et Lille, mais en même temps elle donnait le commandement des cent cinquante mille hommes qu'elle laissait pour garder la France au duc de Wellington.

[1] « Ils m'ont fait voir, disait Louis XIV en 1709, que leur intention était de s'ouvrir des voies plus faciles pour pénétrer dans l'intérieur de mon royaume, toutes les fois qu'il conviendrait à leurs intérêts de commencer une nouvelle guerre. »

Des conventions spéciales entre les puissances alliées précédèrent et complétèrent le traité de Paris[1]. Nous avons déjà indiqué celle qui régla la distribution des territoires enlevés à la France ; un des articles de cette convention déclara forteresses de la Confédération germanique *Luxembourg*, *Mayence* et *Landau*. Une autre régla la distribution, entre les puissances alliées, des indemnités pécuniaires que devait payer la France, et destina une partie de ces indemnités « à garantir la tranquillité des pays limitrophes de la France par la fortification de quelques points qui sont le plus menacés. » La somme fut fixée à 137 millions et demi, sur laquelle le roi des Pays-Bas reçut 60 millions, avec la condition expresse qu'il maintiendrait ses forteresses « en bon état d'armement sous la surveillance des hautes puissances. » Le roi de Prusse eut 20 millions ; le roi de Bavière, 15 ; le roi de Sardaigne, 10 ; le roi d'Espagne, 7 et demi. Cinq millions furent destinés à achever les ouvrages de Mayence, et vingt à la construction d'une nouvelle forteresse fédérale sur le Haut-Rhin[2].

[1] Voir ces conventions à l'Appendice. Elles ont autant d'importance que le traité lui-même, et c'est l'ensemble du traité et des conventions qu'on appelle ordinairement *les traités de* 1815.

[2] Cette forteresse, construite depuis 1830, est Rastadt, dans la Forêt-Noire. Les puissances alliées dépensèrent en fortifications

Le même jour où furent signées ces conventions ainsi que le traité, les quatre grandes puissances, n'étant pas encore rassurées, signèrent un nouveau traité d'alliance « pour maintenir dans sa force et vigueur le traité signé aujourd'hui, et veiller à ce que les stipulations de ce traité et les conventions particulières qui s'y rapportent soient strictement et fidèlement exécutées dans toute leur étendue. » Ce traité d'alliance se termine par une menace cachée de démembrement éventuel :

« Comme les mêmes principes révolutionnaires qui ont soutenu la dernière usurpation criminelle pourraient encore, sous d'autres formes, déchirer la France et menacer ainsi le repos des autres États..., les puissances alliées, constamment disposées à adopter toute mesure propre à assurer la tranquillité en Europe par le maintien de l'ordre établi en France, s'engagent à fournir les contingents stipulés dans le traité de Chaumont, et, en cas de besoin, la totalité de leurs forces, pour conduire la guerre à une issue prompte et heureuse, se réservant d'arrêter entre elles, relativement à la

plus d'argent qu'elles n'en reçurent. Ainsi, jusqu'en 1830, le roi des Pays-Bas avait dépensé 160 millions, le roi de Prusse et la Confédération germanique 162 millions, le roi de Sardaigne 23 millions, etc.

paix qu'elles signeraient d'un commun accord, des arrangements propres à offrir à l'Europe une garantie suffisante contre le retour d'une calamité semblable. »

Enfin, le même jour fut signé l'acte par lequel les puissances signataires du traité de Paris « reconnaissent d'une manière formelle et authentique la neutralité perpétuelle de la Suisse, et lui garantissent l'inviolabilité de son territoire.... Elles reconnaissent également la neutralité des parties de la Savoie qui sont désignées dans la déclaration du congrès de Vienne, en date du 20 mars, et dans la paix de Paris d'aujourd'hui, comme devant avoir part à la neutralité de la Suisse... Elles font connaître d'une manière authentique que la neutralité et l'inviolabilité de la Suisse, ainsi que son indépendance de toute influence étrangère, sont conformes aux véritables intérêts de la politique européenne. »

« Elles déclarent en outre qu'on ne peut ni ne doit tirer aucune conséquence désavantageuse à la neutralité et à l'inviolabilité de la Suisse des événements qui ont occasionné le passage des troupes alliées par une partie du territoire de la Confédération suisse. Ce passage, accordé volontairement par les cantons, a été une suite nécessaire de l'accession libre de la Suisse aux principes que les puissances signataires du traité du 25 mars ont manifestés. »

Il nous reste à mentionner, pour clore la série des humiliations de 1815, un incident relatif à l'enlèvement des objets d'art dont nos victoires avaient enrichi le musée du Louvre. Ce fut le gouvernement anglais qui s'en fit le promoteur, et, dans la note qu'il adressa aux puissances alliées sur ce sujet, il donna les raisons secrètes et politiques de cet outrage : c'était une dernière précaution contre le rétablissement des limites naturelles !

« Ces dépouilles, disait lord Castlereagh, qui empêchent une réconciliation morale entre la France et les pays qu'elle a envahis, ne sont pas nécessaires pour rappeler les exploits de ses armées, lesquels, nonobstant la cause dans laquelle ils ont été accomplis, doivent à jamais faire respecter les armes de la nation au dehors; mais tant que ces objets resteront dans Paris, continuant pour ainsi dire les actes et les titres des pays qui ont été abandonnés, les idées de réunir encore ces pays à la France ne seront jamais entièrement éteintes, et le génie du peuple français ne s'associera jamais complétement à l'existence plus limitée qui est assignée à la nation sous les Bourbons. »

Et Wellington ajoutait : « Il faut que le peuple français soit averti, s'il ne le sent pas encore, que l'Europe est plus forte que lui, que le jour de la rétribution doit venir tôt ou tard, et qu'enfin il lui soit donné une grande leçon de morale[1] ! »

[1] Supplément au Recueil des traités de Martens, t. X, p. 651.

CHAPITRE X.

LES FRONTIÈRES DE LA FRANCE DEPUIS 1815 JUSQU'EN 1860.

La France resta, pendant quinze ans, dans les limitations et les avoisinements que lui avaient donnés le congrès de Vienne et les traités de 1815, le gouvernement de la Restauration portant injustement tout le poids de cette situation douloureuse. Les Bourbons, qui le savaient, auraient voulu s'en affranchir, et, par quelque grande réparation, recouvrer leurs droits à la reconnaissance nationale. C'était aussi le vœu des royalistes éclairés, qui regardaient les traités de 1815 comme *abominables*, et qui auraient désiré donner au royaume la limite du Rhin[1]; « sans cela, disait M. de Bonald, la France n'est pas *finie* et ne saurait être *stable.* » Mais il n'y eut à ce sujet que des projets,

[1] Voir principalement sur ce sujet *le Congrès de Vérone* de Chateaubriand.

des écrits, des pourparlers avec la cour de Russie, la seule qui voulût admettre que les actes du congrès de Vienne ne pouvaient être éternels. En définitive, le gouvernement de la Restauration ne put rien faire pour réparer ou rétablir nos frontières perdues, et il en porta la peine. Quand il tomba sous les haines et les défiances populaires, ce fut moins pour avoir violé la charte constitutionnelle que pour avoir signé (« en fondant en larmes! ») les traités de 1815, et les journées de Juillet furent réellement une revanche que le peuple croyait prendre contre les prétendus alliés de l'étranger.

La révolution de 1830 jeta d'abord la terreur dans les cours de l'Europe : on crut que la France, en chassant les Bourbons restaurés à la suite de nos défaites, allait rentrer dans la carrière des conquêtes, se venger de 1815 et reprendre ses limites du Rhin. Mais, sous la main pacifique du roi Louis-Philippe, la tourmente s'apaisa, et tout l'effet de la révolution de 1830 se réduisit à faire tomber un pan de la muraille ennemie, que les craintes de la coalition avaient élevée autour de la France. La Belgique se sépara violemment de la Hollande.

Les parties démembrées de la France impériale

en 1814 n'étaient pas retournées sous leurs anciens maîtres, ou n'avaient pas été placées sous des dominations nouvelles, sans répugnance et sans regret. Elles avaient pu maudire les tyrannies du gouvernement de Napoléon, ses guerres interminables, les rigueurs de la conscription ; mais elles avaient reconnu et béni tout ce que nous avions apporté chez elle : l'abolition du régime féodal, l'égalité politique, l'introduction de nos codes et de nos lois civiles, une administration régulière et équitable, d'immenses travaux d'utilité publique. D'ailleurs, la Belgique et la Savoie étaient françaises d'origine et de langage; et si les provinces rhénanes ne l'étaient pas, elles se trouvaient, comme la Belgique et la Savoie, intimement unies à la France par la communauté du sentiment religieux, par la foi catholique. Enfin, elles avaient, pendant vingt ans, partagé nos victoires et nos malheurs, et ce n'était pas sans orgueil qu'elles se sentaient françaises, faisant partie de la grande nation, associées à sa gloire, jouissant des bienfaits de sa civilisation. Les exemples de la Flandre, de la Franche-Comté, surtout de l'Alsace, devenues si facilement françaises sous l'ancienne monarchie, avaient déjà démontré quelle est la puissance d'assimilation de la France, de ce pays sympathique qui, comme la Rome ancienne, se donne tout à tous et ne veut dans son sein que des frères. Après vingt ans d'existence française, la Savoie, même Genève, était déjà un autre Dauphiné; la Belgique, grâce à Anvers, et malgré quelques oppositions, quelques rancunes, était de même une autre Flandre; quant aux provinces rhénanes, encore quelques années, et elles eussent été une nouvelle Alsace, aussi brave, aussi loyale, aussi dévouée que l'ancienne.

La Savoie, qui avait si dignement témoigné, en 1814 et en 1815, ses sentiments français, retourna néanmoins, sans trop de répugnance, sous la domination des rois de Sardaigne : c'étaient ses antiques seigneurs, qui lui avaient toujours montré une affection paternelle. Les habitants des provinces rhénanes, distribués comme des bestiaux à cinq ou six petits princes, ou bien adjugés à un grand État protestant, regrettèrent plus vivement leur changement d'existence politique. Il fallut user de ménagements pour les y habituer, et, entre autres mesures, leur conserver les lois civiles de la France. Quant à la Belgique, unie ou subordonnée à un État qui différait d'elle par la race, la religion, les mœurs, les intérêts, elle témoigna immédiatement ses répugnances, fit opposition à tous les actes de la maison d'Orange, et, une fois passées ses premières bouffées de vengeance contre le régime impérial, elle regretta son existence française.

A la suite de la révolution de 1830, les Belges s'insurgèrent contre le gouvernement hollandais, et un congrès s'assembla à Bruxelles pour décider du sort du pays. La majorité, d'accord avec l'opinion publique, penchait pour que la Belgique rentrât dans l'unité française, et il semble qu'un effort du gouvernement de Louis-Philippe eût suffi pour amener ce grand résultat; mais ce n'était point le compte de l'Angleterre, qui avait combattu pendant vingt ans et dépensé vingt milliards pour empêcher Anvers d'être française. Elle s'efforça de retrouver sa barrière de 1814, et fit décider que la Belgique formerait un État indépendant; que cet État aurait pour roi le duc Léopold de Saxe-Cobourg, devenu presque un prince anglais; qu'il serait déclaré neutre à perpétuité.

Il n'entre pas dans notre sujet de rechercher s'il eût été possible au gouvernement de Louis-Philippe d'effectuer cette réunion de la Belgique à la France, au prix d'une rupture avec l'Angleterre, et en bravant une nouvelle coalition. Il nous suffit de dire que si, d'un côté, la création du royaume de Belgique parut avantageuse à la France, parce que l'œuvre favorite du congrès de Vienne, le royaume des Pays-Bas, cessa d'exister; parce que la frontière française sembla délivrée et comme reculée de cinquante lieues; parce que les places fortes élevées contre nous et avec notre argent tombaient aux mains d'une puissance neutre, et qui nous devait son existence[1]; d'un autre côté, l'Angleterre avait empêché peut-être pour jamais la réunion de ce pays à la France; elle l'avait interdit à nos agressions, rattaché à sa politique et à ses intérêts; enfin elle avait établi en Belgique une sorte de préfet anglais. Les événements ont démontré, en effet, que la création du nouveau royaume a été peu favorable à la France. La Belgique, libre et prospère sous un gouvernement sage et éclairé, semble avoir perdu, malgré la communauté de races, de langue et de religion, presque toutes ses affinités politiques vers la France; et la création, en 1858, du camp retranché d'Anvers, camp qui s'appuie, d'une part, sur l'Angleterre, d'autre part, sur la Prusse, démontre qu'elle peut redevenir la

[1] La démolition de ces forteresses fut demandée par la France et accordée en principe par la conférence de Londres, mais ajournée à une nouvelle délibération où l'on choisirait les forteresses à démolir. Il n'en fut plus question.

citadelle de la coalition[1]. Quant à sa neutralité, elle est chimérique et impossible : par la nature de son sol et sa configuration géographique, « c'est le théâtre obligé des invasions françaises, c'est le champ-clos que la nature semble avoir préparé à la France et à ses ennemis pour y vider leurs querelles ; c'est enfin une région dont la disposition est telle qu'elle semble appeler la guerre, et avoir été créée exprès pour les batailles[2]. »

Le gouvernement de 1830, malgré son amour

[1] « Quand les fortifications d'Anvers, dit un journal anglais, seront complétées, la Belgique aura une citadelle en état de défier une puissante armée. Tout le pays pourra être abandonné à l'ennemi ; un général pourra envahir Bruxelles ; les vieilles forteresses que Louis XIV était fier de prendre pourront être démantelées ; la monarchie belge n'en restera pas moins debout derrière les murs d'Anvers. » Et dans le parlement belge, le général Renard disait, le 27 juillet 1858 : « Au point de vue militaire, et quelles que soient les alliances que l'avenir nous réserve, Anvers fortifiée et bien occupée prêtera un appui également efficace à la nation qui nous prêtera son appui. D'abord pour l'Angleterre cela n'a pas besoin de s'expliquer : l'Angleterre, par ses flottes, pouvant toujours s'approcher d'Anvers, trouverait dans notre camp une excellente base d'opérations. Quant à l'Allemagne, cette position est excellente pour elle, soit qu'elle occupe la Belgique, soit que, repoussée, elle ait à redouter une attaque sur ses possessions du bas Rhin. Anvers, tant qu'elle sera debout, empêcherait l'ennemi de se baser assez solidement sur la Meuse. »

[2] Voir ma *Géographie militaire*, p. 223 de la 6e édition. A ces considérations géographiques on peut ajouter ce fait : En 1840, la coalition s'étant reformée contre la France, la Prusse avait la pensée d'occuper la Belgique, malgré sa neutralité, et de se porter contre notre frontière. Le gouvernement français fit demander au

de la paix, était, comme les gouvernements précédents, soupçonné, haï, menacé par la coalition. Il n'avait garde de songer à une revanche de 1815, encore moins aux frontières naturelles ; au moindre mouvement, il eût attiré sur la France la moitié de l'Europe, même l'Angleterre, sa douteuse alliée, qui le discréditait sans cesse par des procédés injurieux; il devait donc, sans autre ambition, se mettre en mesure de garder et couvrir la France dans les frontières défectueuses qu'on lui avait imposées, et, en s'efforçant de leur rendre leur importance et leur efficacité, la préparer à toutes les éventualités. Il entreprit ce travail modeste avec une sollicitude pleine de patriotisme, réforma, compléta, simplifia l'œuvre de Vauban, enfin répara, autant qu'il le pouvait, les brèches de 1815 ; aucun gouvernement, depuis Louis XIV, n'en avait autant fait, et ce sera l'éternel honneur du règne de Louis-Philippe. Voici dans quel esprit fut fait ce travail.

On abandonna ou démantela les anciennes places dont les événements avaient démontré l'inutilité.

gouvernement belge s'il pouvait s'opposer à l'entrée des Prussiens et de quelles forces il pourrait disposer, en lui déclarant que, s'il était incapable de défendre sa neutralité, l'armée française entrerait immédiatement en Belgique et y prendrait position.

comme Ardres, Bapaume, Stenay, Sierck, Fort-Louis, Oleron, etc.; on répara ou augmenta presque toutes les autres; on en construisit de nouvelles, Soissons, Langres, etc.; enfin on fortifia Lyon et Paris.

La trouée de l'Oise avait été ouverte, comme nous l'avons vu, par la perte de Philippeville et de Mariembourg, ce qui permettait, en laissant de côté les places de la Sambre et de l'Escaut, d'aborder directement l'Aisne : on sait le rôle désastreux qu'avait joué Soissons, située sur ce cours d'eau, et qui garde si complétement la route d'Avesnes à Paris. On fit de cette ville une place de premier ordre, et l'on forma ainsi une deuxième zone de défense en arrière, comprise entre l'Oise, l'Aisne, le canal des Ardennes et la Meuse, cette deuxième zone étant défendue, sur l'Oise, par Guise et La Fère ; sur l'Aisne, par Soissons ; entre l'Oise et l'Aisne, par Laon ; sur la Meuse, par Mézières et Sédan. Dans la trouée des Ardennes, ouverte si complétement par la perte de Sarrelouis, on rebâtit Marsal, sur la Seille, et Toul, qui ferme la Moselle. Pour obvier à la perte de Landau, on augmenta Weissembourg, et l'on doubla les fortifications de Bitche. Enfin, pour réparer l'outrage de Huningue, on fit de Béfort une place de premier ordre, avec un vaste camp retranché, et l'on transforma Langres, à l'entrée du bassin de la Seine, en une grande place, de sorte que la route de Béfort sur Paris se trouva entièrement fermée. Nous laissons de côté quelques forteresses nouvelles dans le Jura, les Alpes et les Pyrénées, comme celle des Rousses, qui ferme la route de Genève à Besançon, dans le Jura méridional; Tournoux, dans la vallée de Barcelonnette; le Portalet, dans la vallée d'Oleron; et nous ne disons rien des travaux immenses entrepris pour la défense de nos ports et de nos côtes.

Il restait à fortifier deux points capitaux, oubliés ou ajournés par Louis XIV, devenus plus que jamais les points objectifs de l'invasion, et sans lesquels toute défense est maintenant impuissante. Le gouvernement profita des troubles qui éclatèrent à Lyon en 1834 pour couvrir cette ville par une série de forts, qui en font une grande place stratégique pouvant servir de refuge à une armée en retraite, ou de base à des opérations offensives. Cette place, située au point de rencontre des trois bassins du Rhône supérieur, de la Saône, du Rhône inférieur, garde ou observe tous les passages des Alpes, menace la Suisse, et la force à maintenir sa neutralité; enfin elle se lie à la défense de Paris par le bassin de la Saône et la trouée de Béfort.

Depuis la paix, on avait songé plusieurs fois à compléter nos frontières en fortifiant Paris, c'est-à-dire en ôtant à la coalition la pensée et la tentation de renouveler ses marches téméraires et ses fortunes inespérées de 1814 et de 1815. Ainsi, en 1826, un plan de fortification de Paris avait été proposé à Charles X par M. de Clermont-Tonnerre, ministre de la guerre ; en 1831, au moment où l'on pouvait craindre une nouvelle coalition contre la France, on commença quelques ouvrages défensifs sur les hauteurs qui dominent Paris ; enfin, en 1836, un projet de loi sur ce sujet fut présenté à la Chambre des députés ; mais il y reçut un tel accueil que le ministère le retira : la population était formellement opposée à l'idée de fortifier Paris.

Les événements d'Orient, en 1840, permirent au gouvernement de brusquer la solution de cette question capitale. La coalition de 1815 s'était reformée contre la France, la guerre était imminente, et nos ennemis d'outre-Rhin conviaient « l'Europe à venir une troisième fois coucher dans Paris. » Le gouvernement français fit des apprêts de défense ; et une ordonnance du 13 septembre, sur le rapport de M. Thiers, président du conseil des ministres, prescrivit l'exécution des fortifications de Paris. Nous n'avons pas à raconter comment les dangers de guerre furent éloignés, comment la France rentra dans le concert européen; il nous suffit de dire que, malgré le rétablissement des relations pacifiques, les travaux de la fortification de Paris continuèrent, et le 10 janvier 1841 un projet de loi sur ce sujet fut présenté aux chambres avec la demande d'un crédit de 140 millions.

« Notre beau pays a un immense avantage, dit M. Thiers; il est *un*. Trente-quatre millions d'hommes, sur un sol d'une moyenne étendue, y vivent d'une même vie, y sentent, y pensent, y disent la même chose presque au même instant. Grâce surtout à des institutions qui portent les paroles en quelques heures d'un bout de la France à l'autre, grâce à des moyens administratifs qui portent en quelques minutes un ordre aux extrémités du sol, ce grand tout pense et se meut comme un seul homme. Il doit à cet ensemble une force que n'ont pas des empires plus considérables, mais qui sont privés de cette prodigieuse simultanéité d'action; mais il n'a cet avantage qu'à la condition d'un centre unique d'où part l'impulsion commune et qui meut tout l'ensemble. C'est Paris qui parle par la presse, qui commande par le télégraphe : frappez ce centre, et la France est comme un homme frappé à la tête. Eh bien ! que devons-nous faire dans une situation semblable? Le Paris qu'on veut frapper, il faut le couvrir ; ce but que se proposent les grandes guerres d'invasion, il faut le leur enlever en le mettant à l'abri de leurs coups. En supprimant ce but, vous ferez tomber toutes les combinaisons qui tendent vers lui. En un mot, fortifiez la capitale, et vous apporterez une modification immense à la guerre, à la politique ; vous rendez impraticables les guerres d'invasion, c'est-à-dire les guerres de principe. »

La loi relative aux fortifications de Paris fut adoptée par les deux Chambres et publiée le 3 avril 1841 ; elle stipula que les travaux comprendraient : 1° une enceinte continue embrassant les deux rives de la Seine, bastionnée et terrassée avec dix mètres d'escarpe revêtue ; 2° des ouvrages extérieurs casematés.

Ces travaux furent terminés en moins de quatre ans ; et aujourd'hui Paris se trouve couvert, outre l'enceinte continue, par une série de six forts sur la rive droite, avec l'arsenal de Vincennes et la place de Saint-Denis ; de sept forts sur la rive gauche, avec la grande ville de garnison de Versailles. Grâce à ces travaux, le *règlement des frontières* de Vauban est complet et la *frontière de fer* a repris son efficacité ; les cinq brèches de 1815 sont réparées ou deviennent impuissantes ; toute trahison de la Suisse est impossible, parce qu'elle devient inutile ; enfin la France a repris sa confiance en elle-même et peut braver les coalitions.

La révolution de 1848 ébranla tous les trônes et sembla destinée à briser les traités de 1815 ; mais la République se montra aussi désireuse de la paix que le gouvernement de Louis-Philippe ; elle se contenta de la déclaration suivante :

« Les traités de 1815, écrivait M. de Lamartine aux ambassadeurs de la France, n'existent plus en droit aux yeux de la République française ; toutefois les circonscriptions territoriales de ces traités sont un fait qu'elle admet comme base et comme point de départ dans ses rapports avec les autres nations. Mais si les traités de 1815 n'existent plus que comme faits à modifier d'un commun accord, et si la République déclare hautement qu'elle a pour droit et pour mission d'arriver régulièrement et pacifiquement à ces modifications, le bon sens, la modération, la conscience, la prudence de la République, existent et sont pour l'Europe une meilleure et plus honorable garantie que les lettres de ces traités, si souvent violés et modifiés par elle...»

Cependant la révolution de 1848, comme celle de 1830, eut pour effet d'abattre encore un pan de la muraille ennemie que les traités de 1815 avaient élevée contre nous. La maison de Savoie, nous l'avons vu, avait été placée à l'avant-garde de la coalition contre la France, et ses États avaient été constitués, comme le royaume des Pays-Bas, en une sorte de tête de pont ou de citadelle destinée à contenir ou surveiller nos frontières du Midi; mais cette maison avait, depuis des siècles, l'ambition d'arriver à la domination de l'Italie. La Lombardie s'étant soulevée contre les Autrichiens, le roi de Piémont fit volte-face, se mit à la tête des peuples italiens, et tout naturellement d'ennemi de la France devint son allié; mais, après avoir révolutionné presque tous les États de la Péninsule, il fut vaincu, rejeté du Mincio sur la Sesia, heureux de trouver derrière les Alpes la protection de la France. Malgré cet échec, l'œuvre de 1815 était brisée de ce côté; l'Autriche chancelait dans sa domination de l'Italie; la France reprenait son influence sur les populations de race latine.

Ce n'était pas seulement en Italie que l'œuvre du congrès de Vienne se trouvait ébranlée, entamée; elle l'était aussi en Allemagne, où les révolutions de Vienne et de Berlin, l'insurrection de la Hongrie, les troubles de Bade et du Holstein, avaient jeté la confusion dans toutes les cours ennemies de la France; la question d'Orient, injurieusement résolue en 1840 contre le gouvernement de Louis-Philippe, vint achever la séparation de la coalition et rendit d'un seul coup à la France sa liberté d'action, son influence politique et sa prépondérance militaire.

L'empereur de Russie, Nicolas, au moment où la France venait de restaurer le trône impérial et d'y placer un neveu de Napoléon, crut le moment venu de donner satisfaction à l'ambition russe en démembrant l'empire ottoman. Il se croyait certain de l'alliance de l'Autriche, qui lui était attachée par l'intérêt et la reconnaissance; de la connivence de la Prusse, de l'immobilité de l'Angleterre, à qui l'on offrait une part des dépouilles; quant à la France, exclue depuis quarante ans des conseils intimes des grandes puissances, et sortant à peine de l'anarchie, il ne pouvait être question d'elle que pour constater son impuissance. Napoléon III, avec une parfaite intelligence de la situation et de la politique nationale, saisit avec empressement l'occasion offerte à la France de sortir enfin de l'état de suspicion et de dépendance où l'avaient placée les traités de 1815. Une grande guerre éclata, guerre toute politique, d'équilibre européen, de tradition nationale, comme la France en avait fait souvent sous l'ancienne monarchie, guerre qui devenait nécessairement pour elle une sorte d'émancipation, et qui pouvait être une première étape pour reprendre sa grandeur et ses frontières. La France, alliée à l'Angleterre, s'y montra, comme aux temps de Rocroy et de Marengo, jeune et sûre d'elle-même, ardente et sage, pleine de force et de mesure, reprenant tout naturellement et sans efforts la place que la Providence et son génie lui ont assignée. On sait quel en fut le résultat : la Russie vaincue, déçue de ses ambitions, mais ménagée; l'Autriche ayant délaissé la Russie sans s'allier à la France, et, grâce à ce jeu équivoque, restant isolée et suspecte; la Prusse contrainte à l'immobilité soumise et patiente d'un état de troisième ordre; l'Angleterre humiliée du rôle secondaire qu'elle avait eu dans cette guerre, de la gloire éclatante de son alliée, de la revanche que les fils des vaincus de Waterloo avaient prise à Inkerman en sauvant son armée; enfin la coalition de 1815 rompue, brisée, forcée de s'incliner devant cette ennemie qu'elle avait traitée jadis sans ménagement, sans intelligence et sans pitié !

Tel était en ce moment l'ascendant repris par la France, que, dans le congrès qui termina la guerre d'Orient, le gouvernement de Napoléon III aurait pu tout exiger et tout obtenir. Ses ennemis espéraient qu'il manquerait de modération, et que, de même qu'on avait introduit dans ce congrès les affaires d'Italie, il y serait question de quelque échange de territoire, de quelque rectification de frontières. Il n'en fut rien, et nos anciens désastres ne furent obscurément et incidemment rappelés que par le lieu et la date du traité : *Paris, 30 mars !* Dans tout l'éclat de sa gloire nouvelle, la France, avec un oubli dédaigneux, garda ses cinq plaies mal fermées de 1815 ; mais la coalition n'existait plus !

Notre ennemie de 1812 était venue d'elle-même s'offrir à nos représailles ; notre ennemie de 1813, celle des congrès de Prague et de Châtillon, trois ans après le traité de 1856, fit la même faute. L'Autriche attaqua le Piémont, à l'abri duquel tous les peuples de l'Italie étaient en fermentation. Le Piémont, devenu tête de pont de la France contre l'Autriche, ne pouvait être laissé à la merci de cette alliée équivoque de 1854. Une armée française passa les Alpes, battit les Autrichiens à Montebello, à Magenta, à Solferino, et les contraignit à la paix glorieuse et sage de Villafranca, par laquelle l'empereur d'Autriche céda la Lombardie à l'empereur des Français, et celui-ci la donna au roi de Piémont. De plus les États d'Italie devaient former une confédération placée naturellement sous la protection de la France. Mais ce traité n'arrêta pas la révolution italienne : les duchés de Parme et de Modène, la Toscane, la Romagne, s'insurgèrent contre leurs souverains et se réunirent au Piémont, qui forma ainsi un État de neuf millions d'âmes. Cet État devait bientôt, et par des moyens que nous n'avons pas à justifier, absorber toute l'Italie !

Devant ces graves événements, la France avait à prendre des précautions, à réclamer des garanties, à exiger des dédommagements, et il fut convenu que la Savoie et le pays de Nice lui seraient cédés comme compensation légitime des agrandissemonts du Piémont.

Voici en quels termes l'empereur des Français exprima (3 mars 1860) au Corps législatif et à l'Europe ce grand changement aux traités de 1815.

« En présence de cette transformation de l'Italie du nord qui donne à un État puissant tous les passages des Alpes, il était de mon devoir, pour la sûreté de nos frontières, de réclamer les versants français des montagnes. Cette revendication d'un territoire de peu d'étendue n'a rien qui doive alarmer l'Europe et donner un démenti à la politique de désintéressement que j'ai proclamée plus d'une fois, car la France ne veut procéder à cet agrandissement, quelque faible qu'il soit, ni par une occupation militaire, ni par une insurrection provoquée, ni par de sourdes manœuvres, mais en exposant franchement la question aux grandes puissances. Elles comprendront sans doute, dans leur équité, comme la France le comprendrait certainement pour chacune d'elles en pareille circonstance, que l'important remaniement territorial qui va avoir lieu nous donne droit à une garantie indiquée par la nature elle-même. »

Un traité fut conclu à Turin, le 24 mars 1860, entre l'empereur des Français et le roi de Sardaigne ; ses articles principaux portaient :

« 1. Sa Majesté le roi de Sardaigne consent à la réunion de la Savoie et de l'arrondissement de Nice (*circondario di Nizza*) à la France, et renonce pour lui et tous ses descendants et successeurs, en faveur de Sa Majesté l'empereur des Français, à ses droits et titres sur lesdits territoires. Il est entendu, entre Leurs Majestés, que cette réunion sera effectuée sans nulle contrainte de la volonté des populations, et que les gouvernements de l'empereur des Français et du roi de Sardaigne se concerteront le plus tôt possible sur les meilleurs moyens d'apprécier et de constater les manifestations de cette volonté.

« 2. Il est également entendu que Sa Majesté le roi de Sardaigne ne peut transférer les parties neutralisées de la Savoie qu'aux conditions auxquelles il les possède lui-même, et qu'il appartiendra à Sa Majesté l'empereur des Français de s'entendre à ce sujet tant avec les puissances représentées au congrès de Vienne qu'avec la Confédération helvétique, et de leur donner les garanties qui résultent des stipulations rappelées dans le précédent article.

« 3. Une commission mixte déterminera, dans un esprit d'équité, les frontières des deux États, en tenant compte de la configuration des montagnes et de la nécessité de la défense[1]. »

Les populations de la Savoie et du pays de Nice, appelées à se prononcer par le suffrage universel sur l'annexion de leur pays à la France, votèrent cette annexion à une grande majorité. Alors le

[1] La convention de délimitation entre le France et les États sardes est du 5 mars 1861.

parlement piémontais adopta la loi qui confirmait le traité de Turin. Enfin, le 12 juin 1860, un sénatus-consulte ayant prononcé « que la Savoie et l'arrondissement de Nice feront partie intégrante de l'empire français », le Corps législatif adopta à l'unanimité une loi qui formait des pays annexés trois départements nouveaux : *Savoie*, *Haute-Savoie*, *Alpes-Maritimes*[1]. « Ce qui ajoute à notre satisfaction, dit le président, c'est la pensée que des traités qui avaient laissé dans le cœur de tout Français un sentiment de malaise ne sont plus invoqués judaïquement contre nous. »

L'annexion ou la restitution de la Savoie et de Nice est le plus grave changement qu'aient subi, depuis un demi-siècle, les frontières de la France : nos limites naturelles au midi sont rétablies. Cette annexion n'a pas seulement rendu à la France des territoires peuplés de 700,000 habitants, des populations braves, dévouées, aussi françaises par le cœur que par la géographie; mais elle nous a donné des positions militaires de premier ordre, de nouvelles défenses, de nouvelles sûretés contre nos ennemis.

[2] Le 2 février 1861 a été conclu avec le prince de Monaco un traité par lequel il cède à la France les communes de Menton et de Roquebrune et garde la ville de Monaco, qui est cependant enclavée dans l'Empire et dans notre système de douanes.

Du côté de Nice, le Var, si facilement abordable, est couvert par la chaîne des Alpes ; Toulon se trouve garanti de toute agression continentale ; un port militaire, Villefranche, est ajouté à notre frontière maritime. Du côté de la Savoie, la grande route du mont Cenis nous appartient avec celle du petit Saint-Bernard ; Lyon et le Rhône sont garantis de toute agression venant des Alpes ; la porte de Genève est cernée et rendue inutile ; la Suisse, enveloppée à l'occident et au midi, gardée, protégée par notre voisinage, est désormais en mesure de défendre sa neutralité[1] ; tous les défilés

[1] La Suisse fut mécontente de l'annexion de la Savoie ; et avec cette vivacité acrimonieuse qu'elle met dans tous ses rapports avec la France depuis cinquante ans, elle prétendit que, dans l'acte final du congrès de Vienne, le Chablais et le Faucigny ayant été déclarés neutres comme la Suisse, l'état politique de ces provinces ne pouvait être modifié que du consentement de la diète fédérale ; elle demanda même que ces provinces fussent annexées directement à la Suisse, parce que c'était, disait-elle, dans son intérêt seul que le principe de la neutralité avait été étendu au Chablais et au Faucigny. Cette allégation était sans fondement, car c'était expressément sur la demande du roi de Sardaigne que cette neutralité avait été accordée ; il paraissait donc clair que la cession de la Savoie à la France avait fait cesser une neutralité sans cause. Cependant le gouvernement français, avec son calme et sa modération ordinaires, soumit la question aux puissances signataires du congrès de Vienne. Les cours de Prusse et de Russie furent d'avis que l'article 2 du traité de Turin suffisait pour rassurer la Suisse, et qu'il n'y avait pas lieu de poursuivre un accord immédiat ; la cour d'Autriche demanda que la France et la Suisse fissent un compromis avant que le différend fût présenté à l'approbation des

du Jura se trouvent ainsi fermés, et par contre-coup la porte de Bâle ; enfin, la fortification de Paris venant se joindre à toutes ces sûretés, la frontière du nord-est a repris toute sa puissance, toute son utilité.

La France a donc recouvré sa frontière naturelle du midi : recouvrera-t-elle sa frontière naturelle du nord? Indubitablement. Il lui faut toutes les limites que la main de Dieu lui a tracées, celles qu'elle avait dans son passé celtique et romain, celles qu'elle a reconquises dans sa régénération de 1789; il faut qu'elle renferme dans son territoire le champ de bataille de Tolbiac et le tombeau de Charlemagne ; il faut qu'elle ait, comme le disait Vauban à Louis XIV, *son pré carré.* Les frontières naturelles de la France sont entrées dans le droit public de l'Europe depuis soixante-douze ans ; elles sont une nécessité fondamentale des temps nouveaux ; elles sont le gage de la paix du monde.

Mais à chaque jour suffit sa peine. Nous avons vu avec quelle persévérance, quelle modération, quelle sagesse, tous les rois de France ont travaillé pendant des siècles à reconstruire notre territoire,

puissances ; l'Angleterre seule soutint avec animation les prétentions de la Suisse. La question est restée en suspens. On peut en voir la discussion approfondie dans les articles publiés par le *Journal des Débats*, numéros des 7 avril 1859 et 25 février 1860.

et quelle puissante vitalité, quelle robuste grandeur, ce long et patriotique travail a données à la France. Le but, nous le savons, fut malheureusement dépassé, et l'œuvre est en partie à recommencer; mais quel progrès n'a-t-elle pas déjà fait en moins de cinquante ans? Nos voisinages de l'Escaut et des Alpes transformés, la Savoie et Nice reconquises, la coalition brisée, la France replacée à son rang! Le reste est œuvre de temps, de patience, de conciliation. Il se fera sans secousse et pacifiquement, si l'Europe est sage et confiante, si elle veut abdiquer ses préjugés et ses vieux ressentiments, si elle accepte des nécessités tracées par la nature, l'histoire, la raison et la justice; mais, dès ce jour, et quoi qu'elle veuille, quoi qu'elle fasse, *les traités de* 1815 *ont cessé d'exister.*

APPENDICE

RENFERMANT LE TRAITÉ DE PARIS DU 30 MAI 1814
AVEC LES ARTICLES ADDITIONNELS
ET LE TRAITÉ DE PARIS DU 30 NOVEMBRE 1815
AVEC LES CONVENTIONS SPÉCIALES

TRAITÉ DE PARIS DU 30 MAI 1814 AVEC LES ARTICLES ADDITIONNELS[1].

Au nom de la très-sainte et indivisible Trinité :

Sa Majesté le roi de France et de Navarre, d'une part, et Sa Majesté l'empereur d'Autriche, roi de Hongrie et de Bohême, et ses alliés, d'autre part, étant animés d'un égal désir de mettre fin aux longues agitations de l'Europe et aux malheurs des peuples par une paix solide, fondée sur une juste répartition de forces entre les puissances, et portant dans ses stipulations la garantie de sa durée; et Sa Majesté l'empereur d'Autriche, roi de Hongrie et de Bohême, et ses alliés, ne voulant plus exiger de la France, aujourd'hui que, s'étant replacée sous le gouvernement pa-

[1] Ce traité a été fait en quatre instruments séparés et identiques, entre l'Autriche et la France, entre la Grande-Bretagne et la France, entre la Prusse et la France, entre la Russie et la France. Nous donnons le traité conclu avec l'Autriche.

ternel de ses rois, elle offre ainsi à l'Europe un gage de sécurité et de stabilité, des conditions et des garanties qu'ils lui avaient à regret demandées sous son dernier gouvernement, leursdites Majestés ont nommé des plénipotentiaires pour discuter, arrêter et signer un traité de paix et d'amitié, savoir :

Sa Majesté le roi de France et de Navarre, M. Charles-Maurice Talleyrand-Périgord, prince de Bénévent, grand-aigle de la Légion d'honneur, etc.; et Sa Majesté l'empereur d'Autriche, roi de Hongrie et de Bohême, MM. le prince Clément-Wenceslas-Lothaire de Metternich-Winnbourg-Ochsenhausen, chevalier de la Toison d'or; lesquels après avoir échangé leurs pleins pouvoirs trouvés en bonne et due forme, sont convenus des articles suivants :

Article premier. — Il y aura, à compter de ce jour, paix et amitié entre Sa Majesté le roi de France et de Navarre, d'une part, et Sa Majesté l'empereur d'Autriche, roi de Hongrie et de Bohême, et ses alliés, de l'autre part, leurs héritiers et successeurs, leurs États et sujets respectifs, à perpétuité.

Les hautes parties contractantes apporteront tous leurs soins à maintenir, non-seulement entre elles, mais encore, autant qu'il dépend d'elles, entre tous les États de l'Europe, la bonne harmonie et intelligence, si nécessaire à son repos.

Art. 2. — Le royaume de France conserve l'intégrité de ses limites, telles qu'elles existaient à l'époque du 1er janvier 1792; il recevra en outre une augmentation de territoire comprise dans la ligne de démarcation fixée par l'article suivant.

Art. 3. — Du côté de la Belgique, de l'Allemagne et de l'Italie, l'ancienne frontière, ainsi qu'elle existait le 1er juin 1792, sera rétablie, en commençant de la mer du Nord, entre Dunkerque et Nieuport, jusqu'à la Méditerranée, entre Cannes et Nice, avec les rectifications suivantes :

1° Dans le département de Jemmapes, les cantons de Dour, Merbes-le-Château, Beaumont et Chimay resteront à la France; la ligne de démarcation passera là où elle touche le canton de Dour, entre ce canton et ceux de Boussu et de Paturage, ainsi que plus loin entre celui de Merbes-le-Château et ceux de Binch et de Thuin.

2° Dans le département de Sambre-et-Meuse, les cantons de Valcour, Florennes, Beauring et Gédinne appartiendront à la France : la démarcation, quand elle atteint ce département, suivra la ligne qui sépare les cantons précités du département de Jemmapes et du reste de celui de Sambre-et-Meuse.

3° Dans le département de la Moselle, la nouvelle démarcation, là où elle s'écarte de l'ancienne, sera formée par une ligne à tirer depuis Perle jusqu'à Fremesdorff, et par celle qui sépare le canton de Tholey du reste du département de la Moselle.

4° Dans le département de la Sarre, les cantons de Saarbruck et d'Arneval resteront à la France, ainsi que la partie de celui de Lebach qui est située au midi d'une ligne à tirer le long des confins des villages de Herchenbach, Ueberhofen, Hilsbach et Hall (en laissant ces différents endroits hors de la frontière française), jusqu'au point où, près de Querselle (qui appartient à la France), la ligne qui sépare les cantons d'Arneval et d'Ottweiler atteint celle qui sépare ceux d'Arneval et de Lebach; la frontière de ce côté sera formée par la ligne ci-dessus désignée, et ensuite par celle qui sépare le canton d'Arnoval de celui de Bliecastel.

5° La forteresse de Landau ayant formé, avant l'année 1792, un point isolé dans l'Allemagne, la France conserve au delà de ses frontières une partie des départements du Mont-Tonnerre et du Bas-Rhin, pour joindre la forteresse de Landau et son rayon au reste du royaume. La nouvelle démarcation, en partant du point où, près d'Obersteinbach (qui reste hors des limites de la France), la frontière, entre le département de la Moselle et celui du Mont-Tonnerre, atteint le département du Bas-Rhin, suivra la ligne qui sépare les cantons de Weissembourg et de Bergzabern (du côté de la France). des cantons de Pirmasens, Dahn et Anweiler (du côté de l'Allemagne), jusqu'au point où ces limites. près du village de Wolmersheim, touchent l'ancien rayon de la forteresse de Landau : de ce rayon qui reste ainsi qu'il était en 1792, la nouvelle frontière suivra le bras de la rivière de la Queich, qui, en quittant ce rayon près de Queichem (qui reste à la France), passe près des villages de Merlenheim, Knittelsheim et Belheim (demeurant également français), jusqu'au Rhin, qui continuera ensuite à former la limite de la France et de l'Allemagne.

Quant au Rhin, le thalweg constituera la limite, de manière cependant que les changements que subira par la suite le cours de ce fleuve n'auront à l'avenir aucun effet sur la propriété des îles qui s'y trouvent : l'état de possession de ces îles sera rétabli tel qu'il existait à l'époque de la signature du traité de Lunéville.

6° Dans le département du Doubs, la frontière sera rectifiée de manière à ce qu'elle commence au-dessus la Rançonnière, près de Locle, et suive la crête du Jura entre le Cerneux Péquignot et le village de Fontenelles, jusqu'à une cime du Jura située à environ sept ou huit mille pieds au nord ouest du village de la Brévenne, ou elle retombera dans l'ancienne limite de la France.

7° Dans le département du Léman, les frontières entre le territoire français, le pays de Vaud et les différentes portions du territoire de la république de Genève (qui fera partie de la Suisse), restent les mêmes qu'elles étaient avant l'incorporation de Genève à la France. Mais le canton de Frangy, celui de Saint-Julien (à l'exception de la partie située au nord d'une ligne à tirer du point où la rivière de la Laire entre, près de Chancy, dans le territoire génevois, le long des confins de Seseguin, Lacouex et Seseneuve, qui resteront hors des limites de la France), le canton de Reigner (à l'exception de la portion qui se trouve à l'est d'une ligne qui suit les confins de la Muraz, Bussy Pers et Cornier, qui seront hors des limites françaises) et le canton de La Roche à l'exception des endroits nommés La Roche et Armanoy, avec leurs districts), resteront à la France : la frontière suivra les limites de ces différents cantons et les lignes qui séparent les portions qui demeurent à la France de celles qu'elle ne conserve pas,

8° Dans le département du Mont-Blanc, la France acquiert la sous préfecture de Chambéry (à l'exception des cantons de l'Hôpital, de Saint-Pierre d'Albigny, de la Rocette et de Montmélian), et la sous préfecture d'Annecy (à l'exception de la partie du canton de Faverge située à l'est d'une ligne qui passe entre Ourchaise et Marlens du côté de la France, et Marthod et Ugine du côté opposé, et qui suit après la crête des montagnes, jusqu'à la frontière du canton de Thones) : c'est cette ligne qui, avec la limite des cantons mentionnés, formera de ce côté la nouvelle frontière.

Du côté des Pyrénées, les frontières restent telles qu'elles étaient entre les deux royaumes de France et d'Espagne à l'époque du 1er janvier 1792 ; et il sera de suite nommé une commission mixte de la part des deux couronnes, pour en fixer la démarcation finale.

La France renonce à tous droits de souveraineté, de suzeraineté et de possession sur tous les pays et districts, villes et endroits quelconques situés hors de la frontière ci-dessus désignée ; la principauté de Monaco étant toutefois replacée dans les rapports où elle se trouvait avant le 1er janvier 1792.

Les cours alliées assurent à la France la possession de la principauté d'Avignon, du comtat Venaissin, du comté de Montbéliard et de toutes les enclaves qui ont appartenu autrefois à l'Allemagne, comprises dans la frontière ci-dessus indiquée, qu'elles aient été incorporées à la France avant ou après le 1er janvier 1792.

Les puissances se réservent réciproquement la faculté entière de fortifier tel point de leurs États qu'elles jugeront convenable pour leur sûreté.

Pour éviter toute lésion de propriétés particulières, et mettre à couvert, d'après les principes les plus libéraux, les biens d'individus domiciliés sur les frontières, il sera nommé, par chacun des États limitrophes de la France, des commissaires français à la délimitation des pays respectifs.

Aussitôt que le travail des commissaires sera terminé, il sera dressé des cartes signées par les commissaires respectifs, et placé des poteaux qui constateront les limites réciproques.

Art. 4. — Pour assurer les communications de la ville de Genève avec d'autres parties du territoire de la Suisse situées sur le lac, la France consent à ce que l'usage de la route par Versoy sait commun aux deux pays ; les gouvernements respectifs s'entendront à l'amiable sur les moyens de prévenir la contrebande et de régler le cours des postes et l'entretien de la route.

Art. 5. — La navigation sur le Rhin, du point où il devient navigable jusqu'à la mer, et réciproquement, sera libre, de telle sorte qu'elle ne puisse être interdite à personne ; et l'on s'occupera, au futur congrès, des principes d'après lesquels on pourra régler les droits à lever par les Etats riverains, de la manière la plus égale et la plus favorable au commerce de toutes les nations.

Il sera examiné et décidé de même, dans le futur congrès, de quelle manière, pour faciliter les communications entre les peuples, et les rendre toujours moins étrangers les uns aux autres, la disposition ci-dessus pourra être également étendue à tous les autres fleuves qui, dans leur cours navigable, séparent ou traversent différents États.

Art. 6. — La Hollande, placée sous la souveraineté de la maison d'Orange, recevra un accroissement de territoire. Le titre et l'exercice de la souveraineté n'y pourront, dans aucun cas, appartenir à aucun prince portant ou appelé à porter une couronne étrangère.

Les États de l'Allemagne seront indépendants et unis par un lien fédératif.

La Suisse, indépendante, continuera de se gouverner par elle-même.

L'Italie, hors des limites des pays qui reviendront à l'Autriche, sera composée d'Etats souverains.

Art. 7. — L'île de Malte et ses dépendances appartiendront en toute propriété et souveraineté à Sa Majesté Britannique.

Art. 8. — Sa Majesté Britannique, stipulant pour elle et ses alliés, s'engage à restituer à Sa Majesté Très-Chrétienne, dans les délais qui seront ci-après fixés, les colonies, pêcheries, comptoirs et établissements de tout genre que la France possédait au 1er janvier 1792 dans les mers et sur les continents de l'Amérique, de l'Afrique et de l'Asie, à l'exception toutefois des îles de Tabago et de Sainte-Lucie, et de l'île de France et de ses dépendances, nommément Rodrigue et les Séchelles, lesquelles Sa Majesté Très-Chrétienne cède en toute propriété et souveraineté à Sa Majesté Britannique, comme aussi de la partie de Saint-Domingue cédée à la France par la paix de Bâle, et que Sa Majesté Très-Chrétienne rétrocède à Sa Majesté Catholique en toute propriété et souveraineté.

Art. 9. — Sa Majesté le roi de Suède et de Norvége, en conséquence d'arrangements pris avec ses alliés pour l'exécution de l'article précédent, consent à ce que l'île de la Guadeloupe soit restituée à Sa Majesté Très-Chrétienne, et cède tous les droits qu'il peut avoir sur cette île.

Art. 10. — Sa Majesté Très-Fidèle, en conséquence d'arrangements pris avec ses alliés, et pour l'exécution de l'article 8, s'engage à restituer à Sa Majesté Très-Chrétienne, dans le délai ci-après fixé, la Guyane française, telle qu'elle existait au 1er janvier 1792 L'effet de la stipulation ci-dessus étant de faire revivre la contestation existante à cette époque au sujet des limites, il est convenu que cette contestation sera terminée par un arrangement amiable entre les deux cours, sous la médiation de Sa Majesté Britannique.

Art. 11. — Les places et forts existant dans les colonies et établissements qui doivent être rendus à Sa Majesté Très-Chrétienne, en vertu des articles 8, 9 et 10 seront remis dans l'état où ils se trouveront au moment de la signature du présent traité.

Art. 12. — Sa Majesté Britannique s'engage à faire jouir les sujets de Sa Majesté Très-Chrétienne, relativement au commerce et à la sûreté de leurs personnes et propriétés, dans les limites de la souveraineté britannique sur le continent des Indes, des mêmes facilités, priviléges et protection qui sont à présent ou seront accordés aux nations les plus favorisées. De son côté, Sa Majesté Très-Chrétienne n'ayant rien plus à cœur que la perpétuité de la paix entre les deux couronnes de France et d'Angleterre, et voulant contribuer, autant qu'il est en elle, à écarter dès à présent, des rapports des deux peuples, ce qui pourrait un jour altérer la bonne intelligence mutuelle, s'engage à ne faire aucun ouvrage de fortification dans les établissements qui doivent lui être restitués et qui sont situés dans les limites de la souveraineté britannique sur le continent des Indes, et à ne mettre dans ces établissements que le nombre de troupes nécessaire pour le maintien de la police.

Art 13. — Quant au droit de pêche des Français sur le grand banc de Terre-Neuve, sur les côtes de l'île de ce nom et des îles adjacentes, et dans le golfe de Saint-Laurent, tout sera remis sur le même pied qu'en 1792.

Art. 14. — Les colonies, comptoirs et établissements qui doivent être restitués à Sa Majesté Très Chrétienne par Sa Majesté Britannique ou ses alliés, seront remis, savoir : ceux qui sont dans les mers du Nord ou dans les mers et sur les continents de l'Amérique et de l'Afrique, dans les trois mois et ceux qui sont au delà du cap de Bonne-Espérance, dans les six mois qui suivront la ratification du présent traité.

Art. 15. — Les hautes parties contractantes s'étant réservé par l'article 4 de la convention du 23 avril dernier, de régler dans le présent traité de paix définitif le sort des arsenaux et des vaisseaux de guerre armés et non armés qui se trouvent dans les places maritimes remises par la France en exécution de l'article 2 de ladite convention, il est convenu que lesdits vaisseaux et bâtiments de guerre armés et non armés, comme aussi l'artillerie navale et les munitions navales, et tous les matériaux de construction et d'armement, seront partagés entre la France et le pays où les places sont situées, dans la proportion de deux tiers pour la France et d'un tiers pour les puissances auxquelles lesdites places appartiendront. Seront considérés comme matériaux, et partagés comme tels, dans la proportion ci-dessus énoncée, après avoir été démolis, les vaisseaux et bâtiments en construction qui ne seraient pas en état d'être mis en mer six semaines après la signature du présent traité.

Des commissaires seront nommés de part et d'autre pour arrêter le partage et en dresser l'état; et des passe ports ou sauf-conduits seront donnés par les puissances alliées pour assurer le retour en France des ouvriers, gens de mer et employés français.

Ne sont pas compris dans les stipulations ci-dessus les vaisseaux et arsenaux existant dans les places maritimes qui seraient tombées au pouvoir des alliés antérieurement au 23 avril, ni les vaisseaux et arsenaux qui appartenaient à la Hollande, et nommément la flotte du Texel.

Le gouvernement de France s'oblige à retirer ou à faire vendre tout ce qui lui appartiendra par les stipulations ci-dessus énoncées, dans le délai de trois mois après le partage effectué.

Dorénavant, le port d'Anvers sera uniquement un port de commerce.

Art. 16. — Les hautes parties contractantes, voulant mettre et faire mettre dans un entier oubli les divisions qui ont agité l'Europe, déclarent et promettent que, dans les pays restitués et cédés par le présent traité, aucun individu, de quelque classe et condition qu'il soit, ne pourra être poursuivi, inquiété ou troublé, dans sa personne ou dans sa propriété, sous aucun prétexte, ou à cause de sa conduite ou opinion politique, ou de son attachement, soit à aucune des parties contractantes, soit à des gouvernements qui ont cessé d'exister ou pour toute autre raison, si ce n'est pour les dettes contractées envers les individus, ou pour des actes postérieurs au présent traité.

Art. 17. — Dans tous les pays qui doivent ou devront changer de maître, tant en vertu du présent traité que des arrangements qui doivent être faits en conséquence, il sera accordé aux habitants, naturels et étrangers, de quelque condition et nation qu'ils soient, un espace de six ans, à compter de l'échange des ratifications, pour disposer, s'ils le jugent convenable, de leurs propriétés acquises, soit avant, soit depuis la guerre actuelle, et se retirer dans tel pays qu'il leur plaira de choisir.

Art. 18. — Les puissances alliées voulant donner à Sa Majesté Très-Chrétienne un nouveau témoignage de leur désir de faire disparaître, autant qu'il est en elles, les conséquences de l'époque de malheurs si heureusement terminée par la présente paix, renoncent à la totalité des sommes que les gouvernements ont à réclamer de la France, à raison de contrats, de fournitures et d'avances quelconques faites au gouvernement français dans les différentes guerres qui ont eu lieu depuis 1792.

De son côté, Sa Majesté Très-Chrétienne renonce à toute réclamation qu'elle pourrait former contre les puissances alliées, aux mêmes titres. En exécution de cet article, les hautes parties contractantes s'engagent à se remettre mutuellement tous les titres, obligations et documents qui ont rapport aux créances auxquelles elles ont réciproquement renoncé.

Art. 19. — Le gouvernement français s'engage à faire liquider et payer les sommes qu'il se trouverait devoir d'ailleurs dans les pays hors de son territoire, en vertu de contrats ou d'autres engagements formels passés entre des individus ou des établissements particuliers et les autorités françaises, tant pour fournitures qu'à raison d'obligations légales.

Art. 20. — Les hautes parties contractantes nommeront, immédiatement après l'échange des ratifications du présent traité, des commissaires pour régler et tenir la main à l'exécution de l'ensemble des dispositions renfermées dans les articles 18 et 19. Ces commissaires s'occuperont de l'examen des réclamations dont il est parlé dans l'article précédent, de la liquidation des sommes réclamées, et du mode dont le gouvernement français proposera de s'en acquitter. Ils seront chargés de même de la remise des titres, obligations et documents relatifs aux créances auxquelles les hautes parties contractantes renoncent mutuellement, de manière que la ratification du résultat de leur travail complétera cette renonciation réciproque.

Art. 21. — Les dettes spécialement hypothéquées dans leur origine sur les pays qui cessent d'appartenir à la France, ou contractées pour leur administration intérieure, resteront à la charge de ces mêmes pays. Il sera tenu compte, en conséquence, au gouvernement français, à partir du 22 décembre 1813, de celles de ces dettes qui ont été converties en inscriptions au grand livre de la dette publique de France. Les titres de toutes celles qui ont été préparées pour l'inscription et n'ont pas encore été inscrites seront remis au gouvernement des pays respectifs. Les états de toutes ces dettes seront dressés et arrêtés par une commission mixte.

Art. 22. — Le gouvernement français restera chargé, de son côté, du remboursement de toutes les sommes versées par les sujets des pays ci-dessus mentionnés dans les caisses françaises, soit à titre de cautionnements, de dépôts ou de consignations.

De même les sujets français, serviteurs desdits pays, qui ont versé des sommes à titre de cautionnements, dépôts ou consignations, dans leurs trésors respectifs, seront fidèlement remboursés.

Art. 23. — Les titulaires de places assujetties à cautionnement, qui n'ont pas de maniement de deniers, seront remboursés avec les intérêts jusqu'à parfait payement, à Paris, et par cinquième et par année, à partir de la date du présent traité.

A l'égard de ceux qui sont comptables, ce remboursement commencera au plus tard six mois après la présentation de leurs comptes, le seul cas de malversation excepté. Une copie du dernier compte sera remise au gouvernement de leur pays, pour lui servir de renseignements et de point de départ.

Art. 24 — Les dépôts judiciaires et consignations faits dans les caisses d'amortissement, en exécution de la loi du 28 nivôse an XIII (18 janvier 1805), et qui appartiennent à des habitants des pays que la France cesse de posséder, seront remis, dans le terme d'une année à compter de l'échange des ratifications du présent traité, entre les mains des autorités desdits pays, à l'exception de ceux de ces dépôts et consignations qui intéressent des sujets français ; dans lequel cas ils resteront dans la caisse d'amortissement, pour n'être remis que sur les justifications résultant des décisions des autorités compétentes.

Art. 25. — Les fonds déposés par les communes et établissements publics dans la caisse de service et dans la caisse d'amortissement, ou dans toute autre caisse du gouvernement, leur seront remboursés par cinquième, d'année en année, à partir de la date du présent traité, sous la déduction des avances qui leur auraient été faites, et sauf les oppositions régulières faites sur ces fonds par des créanciers desdites communes et desdits établissements publics.

Art. 26. — A dater du 1er janvier 1814, le gouvernement français cesse d'être chargé du payement de toute pension civile, militaire et ecclésiastique, solde de retraite et traitement de réforme, à tout individu qui se trouve n'être plus sujet français.

Art. 27. — Les domaines nationaux acquis à titre onéreux par des sujets français dans les ci-devant départements de la Belgique, de la rive gauche du Rhin et des Alpes, hors des anciennes limites de la France, sont et demeurent garantis aux acquéreurs.

Art. 28. — L'abolition des droits d'aubaine, de détraction et autres de la même nature, dans les pays qui l'ont réciproquement stipulée avec la France, ou qui lui avaient précédemment été réunis, est expressément maintenue.

Art. 29. — Le gouvernement français s'engage à faire restituer les obligations et autres titres qui auraient été saisis dans les provinces occupées par les armées ou administrations françaises : et, dans le cas où la restitution ne pourrait en être effectuée, ces obligations et titres sont et demeurent anéantis.

Art. 30. — Les sommes qui seront dues pour tous les travaux d'utilité publique non encore terminés, ou terminés postérieurement au 31 décembre 1812, sur le Rhin et dans les départements détachés de la France par le présent traité, passeront à la charge des futurs possesseurs du territoire, et seront liquidées par la commission chargée de la liquidation des dettes des pays.

Art. 31. — Les archives, cartes, plans et documents quelconques appartenant aux pays cédés, ou concernant leur administration, seront fidèlement rendus en même temps que le pays, ou, si cela était impossible, dans un délai qui ne pourrait être de plus de six mois après la remise des pays mêmes.

Cette stipulation est applicable aux archives, cartes et planches qui pourraient avoir été enlevées dans les pays momentanément occupés par les différentes armées.

Art. 32. — Dans le délai de deux mois, toutes les puissances qui ont été engagées de part et d'autre dans la présente guerre enverront des plénipotentiaires à Vienne pour régler, dans un congrès général, les arrangements qui doivent compléter les dispositions du présent traité.

Art. 33. — Le présent traité sera ratifié, et les ratifications en seront échangées dans le délai de quinze jours, ou plus tôt, si faire se peut.

En foi de quoi les plénipotentiaires respectifs l'ont signé, et y ont apposé le cachet de leurs armes.

Fait à Paris, le 30 mai de l'an de grâce 1814.

Prince de Bénévent, prince de Metternich.
comte de Stadion.

ARTICLE ADDITIONNEL.

Les hautes parties contractantes, voulant effacer toutes les traces des événements malheureux qui ont pesé sur leurs peuples, sont convenus d'annuler explicitement les effets des traités de 1805 et 1809, en autant qu'ils ne sont déjà annulés de fait par le présent traité. En conséquence de cette détermination. Sa Majesté Très-Chrétienne promet que les décrets portés contre des sujets français, ou réputés français, étant ou ayant été au service de Sa Majesté Impériale et Royale Apostolique, demeureront sans effet, ainsi que les jugements qui ont pu être rendus en exécution de ces décrets.

Le présent article additionnel aura la même force et valeur que s'il était inséré mot à mot au traité patent de ce jour; il sera ratifié, et les ratifications en seront échangées en même temps. En foi de quoi les plénipotentiaires respectifs l'ont signé, et y ont apposé le cachet de leurs armes.

Fait à Paris, le 30 mai de l'an de grâce 1814.

Prince DE BÉNÉVENT, prince DE METTERNICH,
comte DE STADION.

ARTICLE ADDITIONNEL AU TRAITÉ AVEC LA RUSSIE.

Le duché de Varsovie étant sous l'administration d'un conseil provisoire établi par la Russie, depuis que ce pays a été occupé par ses armées, les deux hautes parties contractantes sont convenues de nommer immédiatement une commission spéciale composée, de part et d'autre, d'un nombre égal de commissaires qui seront chargés de l'examen, de la liquidation et de tous les arrangements relatifs aux prétentions réciproques.

Le présent article additionnel aura la même force et valeur que s'il était inséré mot à mot au traité patent de ce jour; il sera ratifié, et les ratifications en seront échangées en même temps. En foi de quoi les plénipotentiaires respectifs l'ont signé, et y ont apposé le cachet de leurs armes.

Fait à Paris, le 30 mai de l'an de grâce 1814.

Prince DE BÉNÉVENT,
André, comte DE RASOUMOFFSKY,
Charles-Robert, comte DE NESSELRODE.

ARTICLES ADDITIONNELS AU TRAITÉ AVEC LA GRANDE-BRETAGNE.

Article premier. — Sa Majesté Très Chrétienne, partageant sans réserve tous les sentiments de Sa Majesté Britannique relativement à un genre de commerce que repoussent et les principes de la justice naturelle et les lumières des temps où nous vivons, s'engage à unir, au futur congrès, tous ses efforts à ceux de Sa Majesté Britannique, pour faire prononcer par toutes les puissances de la chrétienté l'abolition de la traite des noirs, de telle sorte que ladite traite cesse universellement, comme elle cessera définitivement et dans tous les cas de la part de la France, dans un délai de cinq années, et qu'en outre, pendant la durée de ce délai, aucun trafiquant d'esclaves n'en puisse importer ni vendre ailleurs que dans les colonies de l'Etat dont il est sujet.

Art. 2 — Le gouvernement britannique et le gouvernement français nommeront incessamment des commissaires pour liquider leurs dépenses respectives pour l'entretien des prisonniers de guerre, afin de s'arranger sur la manière d'acquitter l'excédant qui se trouverait en faveur de l'une ou de l'autre des deux puissances.

Art. 3. — Les prisonniers de guerre respectifs seront tenus d'acquitter, avant leur départ du lieu de leur détention, les dettes particulières qu'ils pourraient y avoir contractées, ou de donner au moins une caution satisfaisante.

Art. 4. — Il sera accordé de part et d'autre, aussitôt après la ratification du présent traité de paix, mainlevée du séquestre qui aurait été mis, depuis l'an 1792, sur les fonds, revenus, créances et autres effets quelconques des hautes parties contractantes ou de leurs sujets.

Les mêmes commissaires dont il est fait mention à l'article 2 s'occuperont de l'examen et de la liquidation des réclamations des sujets de Sa Majesté Britannique envers le gouvernement français pour la valeur des biens meubles ou immeubles indûment confisqués par les autorités françaises, ainsi que pour la perte totale ou partielle de leurs créances ou autres propriétés indûment retenues sous le séquestre depuis l'année 1792.

La France s'engage à traiter à cet égard les sujets anglais avec la même justice que les sujets français ont éprouvée en Angleterre ; et le gouvernement anglais, désirant concourir pour sa part au nouveau témoignage que les puissances alliées ont voulu donner à Sa Majesté Très-Chrétienne, de leur désir de faire disparaître les conséquences de l'époque de malheur si heureusement terminée par la présente paix, s'engage, de son côté, à renoncer, dès que justice complète sera rendue à ses sujets, à la totalité de l'excédant qui se trouverait en sa faveur, relativement à l'entretien des prisonniers de guerre, de manière que la ratification du résultat du travail des commissaires susmentionnés, et l'acquit des sommes ainsi que la restitution des effets qui seront jugés appartenir aux sujets de Sa Majesté Britannique, compléteront sa renonciation.

Art 5. Les deux hautes parties contractantes, désirant d'établir les relations les plus amicales entre leurs sujets respectifs, se réservent et promettent de s'entendre et de s'arranger, le plus tôt que faire se pourra, sur leurs intérêts commerciaux, dans l'intention d'encourager et d'augmenter la prospérité de leurs Etats respectifs.

Les présents articles additionnels auront la même force et valeur que s'ils étaient insérés mot à mot au traité de ce jour ; ils seront ratifiés, et les ratifications en seront échangées en même temps. En foi de quoi les plénipotentiaires respectifs les ont signés, et y ont apposé le cachet de leurs armes.

Fait à Paris, le 30 mai de l'an de grâce 1814.

Prince DE BÉNÉVENT, CASTLEREAGH,
ABERDEEN, CATHCART,
CHARLES STEWART, lieutenant général.

ARTICLE ADDITIONNEL AU TRAITÉ AVEC LA PRUSSE.

Quoique le traité de paix conclu à Bâle le 5 avril 1795, celui de Tilsitt du 9 juillet 1807, la convention de Paris du 20 septembre 1808, ainsi que toutes les conventions et actes quelconques conclus depuis la paix de Bâle entre la Prusse et la France, soient déjà annulés de fait par le présent traité, les hautes parties contractantes ont jugé néanmoins à propos de déclarer encore expressément que lesdits traités cessent d'être obligatoires pour tous leurs articles, tant patents que secrets, et qu'elles renoncent mutuellement à tout droit et se dégagent de toute obligation qui pourrait en découler.

Sa Majesté Très-Chrétienne promet que les décrets portés contre les sujets français ou réputés français, étant ou ayant été au service de Sa Majesté Prussienne, demeureront sans effet, ainsi que les jugements qui ont pu être rendus en exécution de ces décrets.

Le présent article additionnel aura la même force et valeur que s'il était inséré mot à mot au traité patent de ce jour; il sera ratifié, et les ratifications en seront échangées en même temps. En foi de quoi les plénipotentiaires respectifs l'ont signé et y ont apposé le cachet de leurs armes.

Fait à Paris, le 30 mai de l'an de grâce 1814.

Prince DE BÉNÉVENT,
CHARLES-AUGUSTE, baron DE HARDENBERG,
CHARLES-GUILLAUME, baron DE HUMBOLDT.

TRAITÉ DE PARIS DU 20 NOVEMBRE 1815[1], AVEC LES CONVENTIONS SPÉCIALES.

Au nom de la très-sainte et indivisible Trinité;

Les puissances alliées ayant, par leurs efforts réunis et par le succès de leurs armes, préservé la France et l'Europe des bouleversements dont elles étaient menacées par le dernier attentat de Napoléon Buonaparte et par le système révolutionnaire reproduit en France pour faire réussir cet attentat;

Partageant aujourd'hui avec Sa Majesté Très-Chrétienne le désir de consolider par le maintien inviolable de l'autorité royale et la mise en vigueur de la charte constitutionnelle l'ordre des choses heureusement rétabli en France, ainsi que celui de ramener entre la France et ses voisins ces rapports de convenance et de bienveillance réciproque que les funestes effets de la révolution et du système de conquêtes avaient troublés pendant si longtemps;

Persuadées que ce dernier but ne saurait être atteint que par un arrangement propre à leur assurer de justes indemnités pour le passé et des garanties solides pour l'avenir;

Ont pris en considération, de concert avec Sa Majesté le roi de France, le moyen de réaliser cet arrangement; et ayant reconnu que l'indemnité due aux puissances ne pouvait être ni toute territoriale, ni toute pécuniaire, sans porter atteinte à l'un ou à l'autre des intérêts essentiels de la France, et qu'il serait plus convenable de combiner les

[1] Ce traité ayant été dressé uniformément en quatre instruments séparés entre la Grande-Bretagne et la France, entre l'Autriche et la France, entre la Prusse et la France, entre la Russie et la France, on se borne à donner ici l'instrument signé entre la Grande-Bretagne et la France sur la copie présentée en français et en anglais aux deux chambres du Parlement.

deux modes de manière à prévenir ces deux inconvénients. Leurs Majestés Impériale et Royale ont adopté cette base pour leurs transactions actuelles: et se trouvant également d'accord sur celle de la nécessité de conserver pendant un temps déterminé dans les provinces frontières de la France un certain nombre de troupes alliées, elles sont convenues de réunir les différentes dispositions fondées sur ces bases dans un traité définitif.

Dans ce but et à cet effet, Sa Majesté le roi du royaume-uni de la Grande-Bretagne et d'Irlande, pour elle et pour ses alliés d'une part, et Sa Majesté le roi de France et de Navarre d'autre part, ont nommé leurs plénipotentiaires pour discuter, arrêter et signer ledit traité définitif, savoir:

Sa Majesté le roi du royaume-uni de la Grande-Bretagne et d'Irlande,

Le très-honorable Robert Stewart, vicomte Castlereagh, chevalier de l'ordre très noble de la Jarretière, conseiller de Sa Majesté en son conseil privé, membre du Parlement, colonel du régiment de milice de Londonderry, et son principal secrétaire d'État, ayant le département des affaires étrangères;

Et le très-illustre et très-noble seigneur Arthur, duc, marquis et comte de Wellington, marquis de Douro, vicomte Wellington, de Talaveyra et de Wellington, baron Douro de Wellesley, conseiller de Sa Majesté en son conseil privé, feld-maréchal de ses armées, colonel du régiment royal des gardes à cheval, chevalier du très-noble ordre de la Jarretière, chevalier grand-croix du très-honorable ordre du Bain, prince de Waterloo, duc de Ciudad Rodrigo et grand d'Espagne de la première classe, duc de Vittoria, marquis de Torres Vedras, comte de Vimeira en Portugal, chevalier de l'ordre très-illustre de la Toison d'or, de l'ordre militaire d'Espagne de Saint-Ferdinand, chevalier grand-croix de l'ordre impérial de Saint-Georges de Russie, chevalier grand-croix de l'ordre de l'Aigle noir de Prusse, chevalier grand-croix de l'ordre royal militaire de Portugal de la Tour et de l'Epée, chevalier grand-croix de l'ordre royal militaire de Suède de l Epée, chevalier grand croix des ordres de l' léphant de Danemark, de Guillaume des Pays-Bas, de l'Annonciade de Sardaigne, de Maximilien-Joseph de Bavière et de plusieurs autres, et commandant en chef des armées britanniques en France et de celles de Sa Majesté le roi des Pays-Bas;

Et Sa Majesté le roi de France et de Navarre :

Le sieur Armand-Emmanuel du Plessis-Richelieu, duc de Richelieu, chevalier de l'ordre royal et militaire de Saint-Louis et des ordres de Saint Alexandre Newski, Saint-Wladimir, Saint Georges de Russie, pair de France, premier gentilhomme de la chambre de Sa Majesté Très-Chrétienne, son ministre et secrétaire d Etat des affaires étrangères, président du conseil de son ministère;

Lesquels, après avoir échangé leurs pleins pouvoirs, trouvés en bonne et due forme, ont signé les articles suivants :

Art. 1er. — Les frontières de la France seront telles qu'elles étaient en 1790, sauf les modifications de part et d'autre qui se trouvent indiquées dans l'article présent :

1 Sur les frontières du Nord, la ligne de démarcation restera telle que le traité de Paris l'avait fixée, jusque vis-à-vis de Quiévrain; de là elle suivra les anciennes limites des provinces belgiques, du ci devant évêché de Liége et du duché de Bouillon, telles qu elles étaient en 1790, en laissant les territoires enclavés de Philippeville et de Marienbourg avec les places de ce nom, ainsi que tout le duché de Bouillon, hors des frontières de la France; depuis Villers, près d'Orval (sur les confins du département des Ardennes et du grand-duché de Luxembourg), jusqu'à Perle, sur la chaussée qui conduit de Thionville à Trèves, la ligne restera telle qu'elle avait été désignée par le traité de Paris. De Perle elle passera par Launsdorf, Waldwich,

Schardorf, Nieder-Weiling, Pellweiler (tous ces endroits restant avec leurs banlieues à la France) jusqu'à Houvre, et suivra de là les anciennes limites du pays de Sarrebruck, en laissant Sarrelouis et le cours de la Sarre, avec les endroits situés à la droite de la ligne ci-dessus désignée et leurs banlieues hors des limites françaises. Des limites du pays de Sarrebruck, la ligne de démarcation sera la même qui sépare actuellement de l'Allemagne les départements de la Moselle et du Bas-Rhin jusqu'à la Lauter, qui servira ensuite de frontière jusqu'à son embouchure dans le Rhin. Tout le territoire sur la rive gauche de la Lauter, y compris la place de Landau, fera partie de l'Allemagne; cependant la ville de Weissembourg, traversée par cette rivière, restera tout entière à la France, avec un rayon sur la rive gauche n'excédant pas mille toises, et qui sera plus particulièrement déterminée par les commissaires que l'on chargera de la délimitation prochaine.

2° A partir de l'embouchure de la Lauter, le long des départements du Bas-Rhin, du Haut-Rhin, du Doubs et du Jura jusqu'au canton de Vaud, les frontières resteront comme elles ont été fixées par le traité de Paris. Le thalweg du Rhin formera la ligne de démarcation entre la France et les Etats de l'Allemagne; mais la propriété des îles, telle qu'elle sera fixée à la suite d'une nouvelle reconnaissance du cours de ce fleuve, restera immuable, quelques changements que subisse ce cours par la suite des temps. Des commissaires seront nommés de part et d'autre par les hautes parties contractantes, dans le délai de trois mois, pour procéder à ladite reconnaissance. La moitié du pont entre Strasbourg et Kehl appartiendra à la France, et l'autre moitié au grand-duché de Bade.

3° Pour établir une communication directe entre le canton de Genève et la Suisse, la partie du pays de Gex bornée à l'est par le lac Léman, au midi par le territoire du canton de Genève, au nord par celui du canton de Vaud, à l'ouest par le cours de la Versoix et par une ligne qui renferme les communes de Collex-Bussy et Meyrin, en laissant la commune de Ferney à la France, sera cédée à la Confédération helvétique pour être réunie au canton de Genève. La ligne des douanes françaises sera placée à l'ouest du Jura, de manière que le pays de Gex se trouve hors de cette ligne.

4° Des frontières du canton de Genève jusqu'à la Méditerranée, la ligne de démarcation sera celle qui, en 1790, séparait la France de la Savoie et du comté de Nice. Les rapports que le traité de paix de 1814 avait rétablis entre la France et la principauté de Monaco cesseront à perpétuité, et les mêmes rapports existeront entre cette principauté et Sa Majesté le roi de Sardaigne.

5° Tous les territoires et districts enclavés dans les limites du territoire français, telles qu'elles ont été déterminées par le présent article, resteront réunis à la France.

6° Les hautes parties contractantes nommeront, dans le délai de trois mois après la signature du présent traité, des commissaires pour régler tout ce qui a rapport à la délimitation des pays de part et d'autre; et aussitôt que le travail de ces commissaires sera terminé, il sera dressé des cartes et placé des poteaux qui constateront les limites respectives.

Art. 2. — Les places et les districts qui, selon l'article précédent, ne doivent plus faire partie du territoire français, seront remis à la disposition des puissances alliées, dans les termes fixés par l'article 9 de la convention militaire annexée au présent traité, et Sa Majesté le roi de France renonce à perpétuité pour elle, ses héritiers et successeurs aux droits de souveraineté et de propriété qu'elle a exercés jusqu'ici sur lesdites places et districts.

Art. 3. — Les fortifications d'Huningue ayant été constamment un objet d'inquiétude pour la ville de Bâle, les hautes parties contractantes, pour donner à la Confédération helvétique une nouvelle preuve de leur bienveillance et de leur sollicitude, sont convenues entre elles de faire démolir les fortifications d'Huningue, et le gouvernement français s'engage, par le même motif, à ne les rétablir dans aucun temps, et à ne point les remplacer par d'autres fortifications à une distance moindre que trois lieues de la ville de Bâle.

La neutralité de la Suisse sera étendue au territoire qui se trouve au nord d'une ligne à tirer depuis Ugine, y compris cette ville, au midi du lac d'Annecy par Faverge, jusqu'à Lecheraine, et de là au lac du Bourget jusqu au Rhône, de la même manière qu'elle est étendue aux provinces de Chablais et de Faucigny par l'article 92 de l'acte final du congrès de Vienne [1].

Art. 4. — La partie pécuniaire de l'indemnité à fournir par la France aux puissances alliées est fixée à la somme de 700 millions. Le mode, les termes, et les garanties du payement de cette somme seront réglés par une convention particulière qui aura la même force et valeur que si elle était insérée textuellement au présent traité.

Art. 5. — L'état d'inquiétude et de fermentation dont,

[1] Voici cet article : « Les provinces de Chablais et de Faucigny et tout le territoire de Savoie au nord d'Ugine, appartenant à S. M. le roi de Sardaigne, feront partie de la neutralité de la Suisse telle qu'elle est reconnue et garantie par les puissances. En conséquence, toutes les fois que les puissances voisines de la Suisse se trouveront en état d'hostilité ouverte ou imminente, les troupes de S. M. le roi de Sardaigne qui pourraient se trouver dans ces provinces se retireront et pourront, à cet effet, passer par le Valais, si cela devient nécessaire ; aucunes autres troupes amies, d'aucune autre puissance, ne pourront traverser ni stationner dans les provinces et territoires susdits, sauf celles que la Confédération suisse jugerait à propos d'y placer ; bien entendu que cet état de choses ne gêne en rien l'administration de ces pays, où les agents civils de S. M. le roi de Sardaigne pourront aussi employer la garde municipale pour le maintien du bon ordre. »

après tant de secousses violentes, et surtout après la dernière catastrophe, la France, malgré les intentions paternelles de son roi et les avantages assurés par la charte constitutionnelle à toutes les classes de ses sujets, doit nécessairement se ressentir encore, exigeant, pour la sûreté des Etats voisins, des mesures de précaution et de garantie temporaires, il a été jugé indispensable de faire occuper pendant un certain temps par un corps de troupes alliées, des positions militaires le long des frontières de la France, sous la réserve expresse que cette occupation ne portera aucun préjudice à la souveraineté de Sa Majesté Très-Chrétienne, ni à l'état de possession tel qu'il a été reconnu et confirmé par le présent traité.

Le nombre de ces troupes ne dépassera pas 150,000 hommes. Le commandant en chef de cette armée sera nommé par les puissances alliées.

Le corps d'armée occupera les places de Condé, Valenciennes, Bouchain, Cambray, le Quesnoy, Maubeuge, Landrecies, Avesnes, Rocroy, Givet avec Charlemont, Mézières Sedan, Montmédy, Thionville, Longwy, Bitche et la tête de pont du fort Louis.

L'entretien de l'armée destinée à ce service devant être fourni par la France, une convention spéciale réglera tout ce qui peut avoir rapport à cet objet. Cette convention, qui aura la même force et valeur que si elle était textuellement insérée dans le présent traité, réglera de même les relations de l'armée d'occupation avec les autorités civiles et militaires du pays.

Le maximum de la durée de cette occupation militaire est fixé à cinq ans. Elle peut finir avant ce terme, si au bout de trois ans les souverains alliés, après avoir, de concert avec Sa Majesté le roi de France, mûrement examiné la situation et les intérêts réciproques et les progrès que le rétablissement de l'ordre et de la tranquillité aura faits en France, s'accordent à reconnaître que les motifs qui les portaient à cette mesure ont cessé d'exister. Mais, quel que soit le résultat de cette délibération, toutes les places et positions occupées par les troupes alliées seront, au terme de cinq ans révolus, évacuées sans autre délai, et remises à Sa Majesté Très-Chrétienne, ou à ses héritiers et successeurs.

Art. 6. — Les troupes étrangères autres que celles qui font partie de l'armée d'occupation évacueront le territoire français dans les termes fixés par l'article 9 de la convention militaire annexée au présent traité.

Art. 7. — Dans tous les pays qui changeront de maître, tant en vertu du présent traité que des arrangements qui doivent être faits en conséquence, il sera accordé aux habitants, naturels ou étrangers, de quelque condition et nature qu'ils soient, un espace de six ans, à compter de l'échange des ratifications, pour disposer, s'ils le jugent convenable, de leurs propriétés et se retirer dans le pays qu'il leur plaira de choisir.

Art. 8. — Toutes les dispositions du traité de Paris du 30 mai 1814 relatives aux pays cédés par ce traité s'appliquent également aux différents territoires et districts cédés par le présent traité.

Art. 9. — Les hautes parties contractantes s'étant fait représenter les différentes réclamations provenant du fait de la non-exécution des articles 19 et suivants du traité du 30 mai 1814, ainsi que des articles additionnels de ce traité signés entre la Grande-Bretagne et la France, désirant de rendre plus efficaces les dispositions énoncées dans ces articles, et ayant à cet effet déterminé par deux conventions séparées la marche à suivre de part et d'autre pour l'exécution complète des articles susmentionnés, ces deux dites conventions, telles qu'elles se trouvent jointes au présent traité, auront la même force et valeur que si elles y étaient textuellement insérées.

Art. 10. — Tous les prisonniers faits pendant les hostilités, de même que tous les otages qui peuvent avoir été enlevés ou donnés, seront rendus dans le plus court délai possible. Il en sera de même des prisonniers faits antérieurement au traité du 30 mai 1814, et qui n'auraient pas encore été restitués.

Art. 11. — Le traité de Paris du 30 mai 1814, ainsi que l'acte final du congrès de Vienne du 9 juin 1815, sont confirmés et maintenus dans toutes celles de leurs dispositions qui n'auraient pas été modifiées par les clauses du présent traité.

Art. 12. — Le présent traité, avec les conventions qui y sont jointes, sera ratifié en un seul acte, et les ratifications en seront échangées dans le terme de deux mois, ou plus tôt, si faire se peut.

En foi de quoi les plénipotentiaires l'ont signé et y ont apposé le cachet de leurs armes.

Fait à Paris, le 20 novembre de l'an de grâce 1815.

Castlereagh, Wellington,
Richelieu [1].

ARTICLE ADDITIONNEL.

Les hautes puissances contractantes, désirant sincèrement donner suite aux mesures dont elles se sont occupées au congrès de Vienne, relativement à l'abolition complète et universelle de la traite des nègres d'Afrique, et ayant déjà, chacune dans ses États, défendu sans restriction à leurs colonies et sujets toute part quelconque à ce trafic, s'engagent à réunir de nouveau leurs efforts pour assurer le succès final des principes qu'elles ont proclamés dans la déclaration du 4 février 1815, et à concerter, sans perte de temps, par leurs ministres aux cours de Londres et de

[1] Les autres instruments sont signés : de la part de l'Autriche, Metternich, Wissemberg; de la part de la Prusse, Hardemberg, Humboldt; de la part de la Russie, Rasoumowski, Capo-d'Istria.

Paris, les mesures les plus efficaces pour obtenir l'abolition entière et définitive d'un commerce aussi odieux et aussi hautement réprouvé par les lois de la religion et de la nature.

CONVENTIONS SPÉCIALES ANNEXÉES AU TRAITÉ DE PARIS.

1. *Protocole pour régler les dispositions relatives aux territoires et places cédés par la France, aux arrangements territoriaux qu'il reste à faire en Allemagne, et au système défensif de la Confédération germanique, arrêté par les ministres des cours impériales et royales d'Autriche, de Russie, de la Grande-Bretagne et de Prusse, parafé à Paris le 3 novembre 1815 et signé le 20 novembre.*

Les ministres des cours impériales et royales d'Autriche, de Russie, de la Grande-Bretagne et de Prusse, ayant pris en considération les mesures rendues nécessaires par les arrangements avec la France qui vont terminer la guerre actuelle, ainsi que celles qu'il reste à prendre pour compléter le système politique établi par le congrès de Vienne, sont convenus de consigner dans le présent protocole :

1° Les dispositions relatives aux cessions territoriales à faire par la France et aux contributions destinées à renforcer la ligne de défense des États limitrophes ;

2° Les dispositions relatives à certains revirements de territoire en Allemagne ;

3° Enfin celles qui ont rapport au système défensif de la Confédération germanique.

A. *Dispositions relatives aux cessions à faire par la France.*

Art. 1er. — Sa Majesté le roi des Pays-Bas devant participer dans une juste proportion aux avantages qui résultent de l'arrangement présent avec la France, et vu l'état de ses frontières du côté de ce pays, il est convenu que les districts ayant fait partie des provinces belges, de l'évêché de Liége et du duché de Bouillon, ainsi que les places de Philippeville et Marienbourg avec leurs territoires, seront remis à Sa Majesté le roi des Pays-Bas pour être réunis à ses Etats.

Sa Majesté le roi des Pays-Bas recevra en outre, sur la partie de la contribution française destinée à renforcer la ligne de défense des Etats limitrophes, la somme de 60 millions de francs, qui doit être employée à la fortification des frontières des Pays Bas, conformément aux plans et règlements que les puissances arrêteront à cet égard.

Il est de plus convenu qu'en considération des avantages que Sa Majesté le roi des Pays-Bas retirera de ces dispositions, tant par l'accroissement que par les moyens de défense de son territoire, la quote-part de l'indemnité pécuniaire à laquelle Sadite Majesté pourrait prétendre servira à mettre au niveau d'une juste proportion les indemnités de l'Autriche et de la Prusse.

Art. 2. — Les districts qui, par le nouveau traité de paix avec la France, seront détachés du territoire français dans les départements de la Sarre et de la Moselle, y compris la forteresse de Sarrelouis, seront réunis aux Etats de Sa Majesté le roi de Prusse.

Art. 3. — Les territoires que la France doit céder dans le département du Bas Rhin, y compris la ville de Landau, seront réunis aux possessions de la rive gauche du Rhin, dévolues à Sa Majesté Impériale et Royale par l'acte final du congrès de Vienne[1]; Sa Majesté pourra disposer de ses

[1] Article 51 : Tous les territoires et possessions tant sur la rive gauche du Rhin, dans les ci-devant départements de la Sarre et du Mont-Tonnerre, que dans les ci-devant départements de Fulde et de Francfort, ou

possessions sur la rive gauche du Rhin dans les arrangements territoriaux avec la Bavière ou avec d'autres pays de la Confédération germanique.

Art. 4. — Versoix, avec la partie du pays de Gex qui sera cédée par la France, sera réunie à la Suisse pour faire partie du canton de Genève.

La neutralité de la Suisse sera étendue au territoire qui se trouve au nord d'une ligne à tirer depuis Ugine, y compris cette ville, au milieu du lac d'Annecy, et de là au lac Bourget jusqu'au Rhône, de la même manière qu'elle a été étendue aux provinces de Chablais et de Faucigny par l'art. 92 de l'acte final du congrès de Vienne [1].

Art. 5. — Pour faire participer Sa Majesté le roi de Sardaigne dans une juste proportion aux avantages qui résultent des arrangements présents avec la France, il est convenu que la partie de la Savoie qui était restée à la France en vertu du traité de Paris du 30 mai 1814, sera réunie aux Etats de Sadite Majesté, à l'exception de la commune de Saint-Julien, qui sera remise au canton de Genève.

Sa Majesté le roi de Sardaigne recevra en outre, sur la partie de la contribution française destinée à renforcer la ligne de défense des Etats limitrophes, la somme de 10 millions de francs, laquelle doit être employée à la fortification de ses frontières, conformément aux plans et règlements que les puissances arrêteront à cet égard.

Il est également convenu qu'en considération des avantages que Sa Majesté Sarde retirera de ces dispositions tant pour l'accroissement que pour les moyens de défense de son territoire, la quote-part à l'indemnité pécuniaire à

enclavés dans les pays adjacents mis à la disposition des puissances alliées par le traité de Paris du 30 mai 1814, dont il n'a pas été disposé par les articles du présent traité, passent en toute souveraineté et propriété sous la domination de S. M. l'empereur d'Autriche. »

[1] Voir page 346.

laquelle Sadite Majesté pourrait prétendre servira à mettre au niveau d'une juste proportion les indemnités de l'Autriche et de la Prusse.

B. *Dispositions relatives aux arrangements territoriaux en France.*

Art. 6. — Sa Majesté Impériale et Royale Apostolique cédera à Sa Majesté le roi de Prusse, dans le département de la Sarre, les districts désignés dans le tableau ci-joint[1].

Sa Majesté le roi de Prusse s'engage, de son côté, à satisfaire les grands ducs de Mecklembourg-Strelitz et d'Oldenbourg, le duc de Cobourg, le landgrave de Hesse-Hombourg et le comte de Pappenheim, conformément à l'article 54 de l'acte final du congrès de Vienne[2].

Art. 7. — Sa Majesté l'empereur de toutes les Russies, Sa Majesté le roi de la Grande Bretagne et Sa Majesté le roi de Prusse s'engagent à employer tous leurs moyens pour faire obtenir à Sa Majesté Impériale et Royale Apostolique, de la part de Sa Majesté le roi de Bavière, la rétrocession des territoires désignés dans le tableau ci-joint, contre les indemnités désignées dans le même tableau[3].

On engagera en même temps la cour de Bavière à échan-

[1] Saarbourg avec le reste de Conz, d'après les limites de la paix de 1814 et exclusivement des parcelles sur la rive droite de la Moselle qui appartenaient autrefois à Luxembourg, Mœrtzig, Wadern, Tholey, partie de Lebach d'après le traité de 1814; Ottweiller, Saint-Wendel, les restes de Birkenfeld et Hermeskell; les restes de Baumholder et Grumbach.

[2] Voir page 253.

[3] Ces territoires, donnés à la Bavière par Napoléon d'après les traités de Presbourg et de Vienne, sont : le Hausruckviertel, l'Innviertel, la principauté de Salzbourg, etc. Les indemnités sont : dans le département du Mont-Tonnerre, les arrondissements de Deux-Ponts, de Kaiserslautern, de Spire, et dans l'arrondissement d'Alzey, le canton de Kircheim; dans le département de la Sarre, les cantons de Waldmohr, de Bliescastel, de

ger avec Son Altesse Royale l'électeur de Hesse les districts d'Aufenau, Wort et Hochst contre une partie suffisante du bailliage de Lorhaupten.

En vertu des arrangements ci-dessus spécifiés, les quatre puissances assurent à Sa Majesté le roi de Bavière les avantages suivants :

1° Une somme proportionnelle des contributions françaises destinées à renforcer la ligne de défense des États limitrophes, laquelle sera employée d'après les plans et règlements qui seront généralement arrêtés à cet égard ;

2° Le droit de garnison dans la place de Landau, qui sera une des forteresses de la Confédération germanique ;

3° Une route militaire de Wurzbourg à Frankenthal ;

4° La réversion de la partie du Palatinat appartenant à la maison de Bade après l'extinction de la ligne du grand-duc régnant.

ART. 8. — L'Autriche cédera au grand-duc de Hesse, en indemnité du duché de Westphalie, un territoire sur la rive gauche du Rhin, comprenant une population de 140.000 hab., conformément au traité conclu entre l'Autriche, la Prusse et le grand-duché de Hesse. Les échanges se feront d'après le tableau ci-joint, dressé sur la base du revirement territorial entre l'Autriche et la Bavière, tel qu'il se trouve indiqué dans l'article précédent [1].

ART. 9. — La réversion de la partie du Palatinat appartenant au grand-duc de Bade ayant été assurée à l'Autriche par le protocole du 10 juin 1815 des conférences du

Coussel; dans le département du Bas-Rhin, le canton de Landau ; plus, sur la rive droite du Rhin, sept bailliages, ayant une population de 58,000 habitants.

[1] Le duc de Hesse-Darmstadt cède à la Prusse le duché de Westphalie, comprenant 140,000 âmes ; à la Bavière quatre bailliages, comprenant 25 000 âmes, etc. Il obtient en échange, sur la rive gauche du Rhin : les villes de Mayence, Bingen, Oppenheim, Altzey, Worms et six autres, sur la rive droite du Rhin, la principauté d'Isembourg, etc.

congrès de Vienne, Sa Majesté Impériale et Royale Apostolique est prête à renoncer à cette réversion en faveur de Sa Majesté le roi de Bavière, pour faciliter les arrangements indiqués à l'art. 7 du présent protocole. La réversion du Brisgau, qui a été également assurée à l'Autriche par ledit protocole du 10 juin, sera maintenue.

C. *Système défensif de la Confédération germanique.*

Art. 10. — Les places de Mayence, Luxembourg et Landau sont déclarées places de la Confédération germanique, abstraction faite de la souveraineté territoriale de ces places.

Les plénipotentiaires d'Autriche et de Prusse n'étant point autorisés à renoncer en faveur de l'une ou de l'autre de leurs cours respectives au droit de garnison dans la place de Mayence, il est convenu que le service militaire et l'administration continueront à subsister dans cette place d'après l'arrangement actuellement en vigueur, jusqu'à ce que les cours alliées tombent d'accord d'un arrangement définitif à cet égard.

Leurs Majestés l'empereur d'Autriche, l'empereur de toutes les Russies, et Sa Majesté le roi de la Grande Bretagne emploieront leurs meilleurs offices pour faire obtenir à Sa Majesté le roi de Prusse le droit de garnison dans la place de Luxembourg, conjointement avec Sa Majesté le roi des Pays-Bas, ainsi que le droit de nommer le gouverneur de cette place.

La garnison de Landau sera, jusqu'à l'époque de son échange, entièrement composée de troupes autrichiennes, et elle sera de même, après sa cession, entièrement composée en temps de paix de troupes bavaroises. Cependant, en temps de guerre, le grand-duc de Bade sera tenu à fournir le tiers de la garnison nécessaire pour la défense de la place.

Les puissances étant convenues de consacrer au système défensif de l'Allemagne la somme de 60 millions à prendre sur la partie des contributions françaises destinée à renforcer la ligne de défense des États limitrophes, ladite somme sera distribuée ainsi qu'il suit :

Sa Majesté le roi de Prusse en recevra 20 millions pour les fortifications du bas Rhin ; 20 millions seront réservés pour la construction d'une quatrième place fédérale sur le haut Rhin; Sa Majesté le roi de Bavière ou tel autre souverain des pays limitrophes de la France entre le Rhin et les États prussiens aura 15 millions, et 5 millions seront employés à achever les ouvrages de Mayence. Il sera disposé des différentes sommes conformément aux plans et règlements qui seront généralement arrêtés à cet égard.

Art. 11. — Le présent protocole aura la force d'une convention entre les quatre puissances jusqu'à ce que les arrangements auxquels il se rapporte soient définitivement terminés.

Fait et signé à Paris, le 3 novembre 1815.

Wellington.	Rasumoffski.
Hardenberg.	Capo d'Istria.
Castlereagh.	Humboldt.
	Wessemberg.

2. *Protocole sur la distribution des sept cents millions que la France payera aux puissances alliées, qui tiendra lieu d'une convention particulière sur cet objet; parafé à Paris, le* 6 *novembre* 1815, *et signé le* 20 *novembre.*

Les soussignés plénipotentiaires, s'étant réunis pour arrêter les principes de la distribution des sommes que la France payera en vertu du traité de Paris du.... entre leurs cours respectives et Etats alliés, et ayant pris en considération qu'il semble superflu dè conclure une convention particulière sur cet arrangement, sont résolus de consigner dans le présent protocole tout ce qui a rapport à cet objet, et de regarder ce protocole comme ayant la même force et valeur qu'une convention expresse et formelle faite en vertu des pleins pouvoirs dont ils sont munis, et d'après les instructions qu'ils ont reçues de leurs cours respectives. En conformité de cette détermination, ils ont arrêté les articles suivants.

Art. 1er. — Les puissances alliées, reconnaissant la nécessité de garantir la tranquillité des pays limitrophes de la France par la fortification de quelques points qui sont les plus menacés, destinent à cet objet une partie des sommes qui seront payées par la France, en n'abandonnant que le restant à titre d'indemnité à la distribution générale.

Cette somme destinée aux fortifications sera le quart de la totalité des payements de la France ; mais, comme la cession de la forteresse de Sarrelouis, fondée également sur le motif de la sûreté générale, rend superflu l'établissement des nouvelles fortifications du côté où se trouve cette forteresse et qu'elle a été évaluée par le comité militaire, consulté à ce sujet par le conseil des ministres, à 50 millions, à cette forteresse entrera pour cette somme dans le calcul des sommes destinées aux fortifications, de telle sorte que le quart mentionné ci-dessus ne sera pas réduit de 700 millions, effectif promis par la France, mais de 750 millions y compris la cession de Sarrelouis. Conformément à cette disposition, la somme destinée aux fortifications est fixée à 187,500,000 francs, savoir à 137,500,000 francs de valeurs réelles et à 50 millions représentés par la forteresse de Sarrelouis.

Art. 2. — En distribuant ces 137 1/2 millions de francs entre les États limitrophes de la France, les soussignés ministres ont eu égard tant au besoin plus ou moins urgent que ces États ont de nouvelles fortifications et aux frais plus ou moins considérables que nécessite leur con struction qu'aux moyens que possèdent ces États ou qu'ils acquièrent par le traité actuel.

Suivant ces principes, Leurs Majestés : le roi des Pays-Bas recevra 60 millions : le roi de Prusse 20 millions : le roi de Sardaigne, 16 millions ; le roi de Bavière ou tel autre souverain du pays limitrophe de la France entre le Rhin et le territoire prussien, 15 millions ; le roi d'Espagne, 7 1/2 millions.

Des 25 millions qui restent à distribuer, 5 seront destinés à achever les ouvrages de Mayence et 20 à la construction d'une nouvelle forteresse fédérale sur le haut Rhin.

L'emploi de ces sommes aura lieu conformément aux plans et règlements que les puissances arrêteront a cet égard.

Art. 3. — Déduction faite de la somme destinée aux fortifications, celle regardée comme stipulée à titre d'indemnité reste de 562 1/2 millions, dont la distribution se fera de la manière suivante.

Art. 4. — Quoique tous les États alliés aient fait preuve du même zèle et du même dévouement pour la cause commune, il y en a cependant qui, comme la Suède, dispensée, dès le commencement, vu la difficulté de faire passer la Baltique à ses troupes de toute coopération active, n'ont point fait d'efforts du tout, ou qui, en ayant fait réellement, ont été, ainsi que l'Espagne, le Portugal le Danemark, empêchés, par la rapidité des événements, de coopérer efficacement au succès. La Suisse, qui a rendu des services très-essentiels à la cause commune, n'a pas accédé sous les mêmes conditions que les autres alliés au traité du 25 mars. Ces Etats se trouvant par là dans une position différente qui ne permet pas de les classer avec les autres Etats alliés d'après le nombre de leurs troupes, on est convenu, pour leur faire obtenir, autant que les circonstances le permettent, une juste indemnisation, que 12 1/2 millions seront distribués de manière que l'Espagne en reçoive 5 millions, le Portugal 2 millions, le Danemark 2 1/2 millions, la Suisse 3 millions.

Art. 5. – Le poids de la guerre ayant porté en premier lieu sur les armées sous le commandement du maréchal duc de Wellington et du maréchal-prince de Blücher, et ces armées ayant en outre pris la ville de Paris, il est convenu qu'il sera affecté sur la contribution une somme de 25 millions pour la Prusse, sauf les arrangements que la Grande-Bretagne fera sur la somme qui doit lui revenir à ce titre, avec les puissances dont les forces ont composé l'armée du maréchal duc de Wellington.

Art. 6. — Les 500 millions qui restent après la déduction des sommes stipulées dans les articles précédents seront partagés de manière que la Prusse, l'Autriche, la Russie et l'Angleterre en obtiendront chacune un cinquième.

Art 7. — Quoique les États qui ont accédé au traité du 25 mars aient fourni un nombre de troupes inférieur à celui des puissances principales il a été résolu de ne point avoir égard à cette inégalité. Ils jouiront, en conséquence, collectivement du cinquième qui, d'après les dispositions de l'article précédent reste des 500 millions.

Art. 8. — La répartition de ce cinquième entre les différents États accédants se fera d'après le nombre des troupes fournies par eux, conformément aux traités et nommément de la même manière qu'ils ont concouru à la somme de 10 millions allouée par le gouvernement français pour la solde des troupes Le tableau de cette répartition est annexé au présent protocole [1].

Art. 9. — Sa Majesté le roi de Sardaigne recouvrant partie de la Savoie, et Sa Majesté le roi des Pays-Bas rece-

[1] Ce tableau renferme les noms de vingt-neuf puissances accédantes, ayant fourni 236,150 hommes de troupes; les principales sont : la Bavière, ayant fourni 60,000 hommes, et recevant une part de 25,517,798 fr.; les Pays-Bas, ayant fourni 50,000 hommes, et recevant 21,264,832 fr.; le Wurtemberg, ayant fourni 20,000 hommes, et recevant 8,505,932 fr.; la

vant, outre les places de Marienbourg et de Philippeville et quelques autres districts, celle de la Belgique, que le traité de Paris de 1814 laissait à la France, et les deux souverains trouvant dans cet agrandissement de leur territoire une juste compensation de leurs efforts, ils ne participeront point à l'indemnité pécuniaire, et leur quote-part sera partagée entre la Prusse et l'Autriche.

Les articles 10, 11, etc., règlent les détails relatifs au mode de payement de l'indemnité.

3. *Convention conclue le* 20 *novembre* 1815, *en conformité de l'article* 4 *du traité de Paris, et relative au payement de l'indemnité pécuniaire à fournir par la France aux puissances alliées.*

Le payement auquel la France s'est engagée vis-à-vis des puissances alliées, à titre d'indemnité, par l'article 4 du traité de ce jour, aura lieu dans la forme et aux époques déterminées par les articles suivants :

ART. 1er. — La somme de 700 millions de francs, montant de cette indemnité, sera acquittée jour par jour, par parties égales, dans le courant de cinq années, au moyen de bons au porteur sur le trésor royal de France, ainsi qu'il va être dit.

ART. 2. — Le trésor remettra d'abord aux puissances alliées quinze engagements de 46 millions deux tiers, formant la somme totale de 700 millions payables : le premier le 31 mars 1816, le second le 31 juillet de la même année, et ainsi de suite, de quatre mois en quatre mois, pendant les cinq années successives.

ART. 3. — Ces engagements ne pourront être négociés; mais ils seront échangés périodiquement contre des bons

Sardaigne, ayant fourni 15,000 hommes, et recevant 6,379,447 fr.; etc., jusqu'à la principauté de Lichstenstein, ayant fourni 100 hommes, et recevant 42,520 fr.

au porteur négociables, dressés dans la forme usitée pour le service ordinaire du trésor royal.

Art. 4. — Dans le mois qui précédera les quatre pendant lesquels un engagement sera acquitté, cet engagement sera divisé par le trésor de France en bons au porteur payables à Paris, par portions égales, depuis le premier jusqu'au dernier jour des quatre mois. Ainsi, l'engagement de 46 millions 2|3 échéant le 31 mars 1816 sera échangé, au mois de novembre 1815, contre des bons au porteur payables par parties égales depuis le 1er décembre 1815 jusqu'au 31 mars 1816, etc.

Art. 5. — Il ne sera point délivré un seul bon au porteur pour l'échéance de chaque jour ; mais cette échéance sera divisée en plusieurs coupures de 1,000, 2,000, 5 000, 10,000, et 20.000 francs, dont la réunion formera la somme totale du payement de chaque jour.

Art. 6. — Les puissances alliées, convaincues qu'il est autant de leur intérêt que de celui de la France qu'il ne soit pas émis simultanément une somme trop considérable de bons au porteur, conviennent qu'il n'y en aura jamais en circulation pour plus de 50 millions de francs à la fois.

Art. 7. — Il ne sera payé par la France aucun intérêt pour le délai de cinq années que les puissances alliées lui accordent pour le payement des 700 millions.

Art. 8 — Le 1er janvier 1816, il sera remis par la France aux puissances alliées, à titre de garantie de la régularité des payements, une rente sur le grand livre de la dette publique de France, de la somme de 7 millions de francs au capital de 140 millions. Cette rente servira à suppléer, s'il y a lieu, à l'insuffisance des recouvrements du gouvernement français et à mettre à la fin de chaque semestre les payements de niveau avec les échéances des bons au porteur.

Les autres articles, 9, 10, etc , sont relatifs aux détails des payements, jusqu'à l'article 16 et dernier, ainsi conçu :

« Le gouvernement français s'engage à exécuter, indépendamment de l'indemnité pécuniaire stipulée par la présente convention, tous les engagements contractés par les conventions particulières conclues avec les différentes puissances et leurs co-alliées, relativement à l'habillement et à l'équipement de leur armée, et à faire délivrer et payer exactement les bons et mandats provenant desdites conventions, en tant qu'ils ne seraient pas encore réalisés à l'époque de la signature du traité principal et de la convention présente.

Fait à Paris, le 20 novembre de l'an de grâce 1815.

CASTLEREAGH, WELLINGTON,
RICHELIEU.

4. *Convention du 20 novembre 1815, conclue en conformité de l'article 5 du traité de Paris, relativement à l'occupation d'une ligne militaire en France par une armée alliée.*

ART. 1er. — La composition de l'armée de 150,000 hommes qui, en vertu de l'article 5 du traité de ce jour, doit occuper une ligne militaire le long des frontières de la France, la force et la nature des contingents à fournir par chaque puissance, de même que le choix des généraux qui commanderont ces troupes, seront déterminés par les souverains alliés.

ART. 2. — Cette armée sera entretenue par le gouvernement français de la manière suivante :

Le logement, le chauffage, l'éclairage, les vivres et les fourrages doivent être fournis en nature. Il est convenu que le nombre total des rations ne pourra jamais être porté au delà de 200,000 pour hommes et de 50,000 pour chevaux, et qu'elles seront délivrées suivant le tarif annexé à la présente convention.

Quant à la solde, l'équipement, l'habillement et autres objets accessoires, le gouvernement français subviendra à cette dépense moyennant le payement d'une somme de 50 millions de francs par an, payables en numéraire de mois en mois à dater du 1er décembre 1815, entre les mains des commissaires alliés. Cependant les puissances alliées, pour concourir autant que possible à tout ce qui peut satisfaire Sa Majesté le roi de France et ses sujets, consentent à ce qu'il ne soit payé, dans la première année, que 30 millions de francs sur la solde, sauf à être remboursées dans les années subséquentes de l'occupation.

Art. 3. — La France se charge également de pourvoir à l'entretien des fortifications et bâtiments militaires et d'administration civile, ainsi qu'à l'armement et à l'approvisionnement des places qui, en vertu de l'article 5 du traité de ce jour, doivent rester à titre de dépôt entre les mains des troupes alliées.

Ces divers services, pour lesquels on se réglera d'après les principes adoptés par l'administration française de la guerre, se feront sur la demande qui en sera adressée au gouvernement français par le commandant en chef des troupes alliées, avec lequel on conviendra d'un mode de constater les besoins et les travaux propres à écarter toute difficulté et à remplir le but de cette stipulation d'une manière qui satisfasse également aux intérêts des parties respectives.

Le gouvernement français prendra, pour assurer les différents services énoncés dans cet article et l'article précédent, les mesures qu'il jugera les plus efficaces, et se concertera, à cet égard, avec le général en chef des troupes alliées.

Art. 4. — Conformément à l'article 5 du traité principal, la ligne militaire que les troupes alliées doivent occuper s'étendra le long des frontières qui séparent les départements du Pas-de-Calais, du Nord, des Ardennes, de la Meuse, de la Moselle, du Bas-Rhin et du Haut-Rhin de l'intérieur de la France; il est de plus convenu que ni les troupes alliées ni les troupes françaises n'occuperont (à moins que ce ne soit pour des raisons particulières et d'un commun accord) les territoires et districts ci-après nommés, savoir : dans le département de la Somme, tout le pays au nord de cette rivière, depuis Ham jusqu'à son embouchure dans la mer ; dans le département de l'Aisne, les districts de Saint Quentin, Vervins et Laon ; dans le département de la Marne, ceux de Reims, Sainte-Menehould et Vitry ; dans le département de la Haute-Marne, ceux de Saint-Dizier et Joinville : dans le département de la Meurthe, ceux de Toul, Dieuze, Sarreguemines et Blamont ; dans le département des Vosges, ceux de Saint-Dié, Bruyères et Remiremont ; le district de Lure dans le département de la Haute-Saône, et celui de Saint-Hippolyte dans le département du Doubs.

Nonobstant l'occupation par les alliés de la portion de territoire fixée par le traité principal de la présente convention, Sa Majesté pourra entretenir, dans les villes situées dans le territoire occupé, des garnisons, dont le nombre toutefois ne dépassera pas ce qui est déterminé dans l'énumération suivante :

Calais. . . .	1000 hommes.	Douai et fort de Scarpe. . .	1000 hommes.
Gravelines . .	500	Bergues . . .	500
Béthune . . .	500	Saint-Omer . .	1500
Montreuil . .	500	Verdun . . .	500
Hesdin . . .	250	Metz	3000
Ardres . . .	150	Lauterbourg . .	200
Aire	500	Wissembourg. .	150
Arras. . . .	1000	Lichtenberg . .	150
Boulogne. . .	300	Petite-Pierre. .	100
Saint-Venant. .	300	Phalsbourg . .	600
Lille	3000	Strasbourg . .	3000
Dunkerque et ses forts . . .	1000	Schlestadt. . .	1000
Neuf-Brisach et fort Mortier .	1000 hommes.	Belfort . . .	1000 hommes.

Il est cependant bien entendu que le matériel du génie et de l'artillerie ainsi que les objets d'armement qui n'appartiennent pas proprement à ces places en seront retirés et transportés à tels endroits que le gouvernement français jugera convenable, pourvu que ces endroits se trouvent hors de la ligne occupée par les troupes alliées et des districts où il est convenu de ne laisser aucune troupe, soit alliée, soit française.

S'il parvenait à la connaissance du commandant en chef des armées alliées quelque contravention aux stipulations ci-dessus, il adresserait ses réclamations à cet égard au gouvernement français, qui s'engage à y faire droit.

Les places ci-dessus nommées étant en ce moment dépourvues de garnison, le gouvernement français pourra y faire entrer, aussitôt qu'il le jugera convenable, le nombre de troupes qui vient d'être fixé, en prévenant toutefois d'avance le commandant des troupes alliées, afin d'éviter toute difficulté et retard que les troupes françaises pourraient éprouver dans leur marche.

Art. 5. — Le commandement militaire, dans toute l'étendue des départements qui resteront occupés par les troupes alliées, appartiendra au général en chef de ces troupes; il est bien entendu cependant qu'il ne s'étendra pas aux places que les troupes françaises doivent occuper en vertu de l'article 4 de la présente convention et à un rayon de mille toises autour de ces places.

Art. 6. - L'administration civile, celle de la justice et la perception des impositions et contributions de toute espèce resteront entre les mains des agents de Sa Majesté le roi de France Il en sera de même par rapport aux douanes. Elles resteront dans leur état actuel, et les commandants des troupes alliées n'apporteront aucun obstacle aux mesures prises par les employés de cette administration pour prévenir la fraude; ils leur prêteront même, en cas de besoin, secours et assistance.

ART. 7. — Pour prévenir tout abus qui pourrait porter atteinte au maintien des règlements de douane, les effets d'habillement et d'équipement, et autres articles nécessaires destinés aux troupes alliées, ne pourront être introduits que munis d'un certificat d'origine et à la suite d'une communication à faire par les officiers commandant les différents corps au général en chef de l'armée alliée, lequel à son tour en fera donner avis au gouvernement français, qui donnera des ordres en conséquence aux employés de l'administration des douanes.

ART. 8. — Le service de la gendarmerie, étant reconnu nécessaire au maintien de l'ordre et de la tranquillité publique, continuera à avoir lieu, comme par le passé, dans les pays occupés par les troupes alliées.

ART. 9. — Les troupes alliées, à l'exception de celles qui doivent former l'armée d'occupation, évacueront le territoire de France en vingt et un jours après celui de la signature du traité principal. Les territoires qui, d'après ce traité, doivent être cédés aux alliés, ainsi que les places de Landau et Sarrelouis, seront remis par les autorités et les troupes françaises dans le terme de dix jours à dater de la signature du traité.

Ces places seront remises dans l'état où elles se trouvaient le 30 septembre dernier. Des commissaires seront nommés de part et d'autre pour vérifier et constater cet état et pour délivrer et recevoir respectivement l'artillerie, les munitions de guerre, plans, modèles et archives appartenant tant auxdites places qu'aux différents districts cédés par la France selon le traité de ce jour.

Des commissaires seront également nommés pour examiner et constater l'état des places occupées encore par les troupes françaises, et qui, d'après l'article 5 du traité principal, doivent être tenus en dépôt pendant un certain temps par les alliés. Ces places seront de même remises aux troupes alliées dans le terme de dix jours à dater de la signature du traité.

Il sera nommé aussi des commissaires d'une part par le gouvernement français, de l'autre par le général en chef des troupes alliées destinées à rester en France, enfin par le général commandant des troupes alliées qui se trouvent aujourd'hui en possession des places d'Avesnes, Landrecies, Maubeuge, Rocroy, Givet, Montmédy, Longwy, Mézières et Sedan, pour vérifier et constater l'état de ces places et des munitions de guerre, cartes, plans, modèles, qu'elles contiendront au moment qui sera considéré comme celui de l'occupation en vertu du traité.

Les puissances alliées s'engagent à remettre, à la fin de l'occupation temporaire, toutes les places nommées dans l'article 5 du traité principal dans l'état où elles se sont trouvées à l'époque de cette occupation, sauf toutefois les dommages causés par le temps et que le gouvernement français n'aurait pas prévenus par les réparations militaires.

Fait à Paris, le 20 novembre de l'an de grâce 1815.

CASTLREAGH, WELLINGTON,
RICHELIEU.

Suivent : 1° un article additionnel relatif à la reddition réciproque des déserteurs; 2° un tarif de vivres, fourrages, logement, chauffage, etc., pour l'armée d'occupation.

5. *Traité d'alliance entre les cours d'Autriche, de la Grande-Bretagne, de la Prusse et de la Russie, signé à Paris le 20 novembre* 1815.

Au nom de la très-sainte et indivisible Trinité :

Le but de l'alliance conclue à Vienne le 25 mars 1815 ayant été heureusement atteint par le rétablissement en France de l'ordre de choses que le dernier attentat de Napoléon Buonaparte avait momentanément subverti, Leurs

Majestés l'empereur d'Autriche, le roi du royaume uni de la Grande-Bretagne et d'Irlande, le roi de Prusse et l'empereur de toutes les Russies, considérant que le repos de l'Europe est essentiellement lié à l'affermissement de cet ordre de choses fondé sur le maintien de l'autorité royale et de la charte constitutionnelle, et voulant employer tous leurs moyens pour que la tranquillité générale, objet des vœux de l'humanité et but constant de leurs efforts, ne soit pas troublée de nouveau; désirant en outre de resserrer les liens qui les unissent par l'intérêt commun de leurs peuples, ont résolu de donner aux principes consacrés par les traités de Chaumont du 1er mars 1814 et de Vienne du 25 mars 1815 l'application la plus analogue à l'état actuel des affaires, et de fixer d'avance, par un traité solennel, les principes qu'elles se proposent de suivre pour garantir l'Europe des dangers qui pourraient encore la menacer.

A cette fin, les hautes parties contractantes ont nommé, pour discuter, arrêter et signer les conditions de ce traité, savoir : Sa Majesté l'empereur d'Autriche, le prince de Metternich et le baron de Weissemberg; Sa Majesté le roi du royaume uni de la Grande-Bretagne et d'Irlande, le duc de Wellington et milord Castlereagh; Sa Majesté le roi de Prusse, le prince de Hardemberg et le baron de Humboldt; et Sa Majesté l'empereur de toutes les Russies, le prince de Rasoumofsky et le comte de Capo d'Istria; lesquels, après avoir échangé leurs pleins pouvoirs, trouvés en bonne et due forme, se sont réunis sur les articles suivants :

Art. 1er. — Les hautes parties contractantes se promettent réciproquement de maintenir dans sa force et vigueur le traité signé aujourd'hui avec Sa Majesté Très-Chrétienne, et de veiller à ce que les stipulations de ce traité, ainsi que celles des conventions particulières qui s'y rapportent, soient strictement et fidèlement exécutées dans toute leur étendue.

Art. 2. — S'étant engagées dans la guerre qui vient de finir pour maintenir inviolables les arrangements arrêtés à Paris l'année dernière pour la sûreté de l'intérieur de l'Europe, les hautes parties contractantes ont jugé convenable de renouveler par le présent acte, et de confirmer comme mutuellement obligatoires, lesdits arrangements, sauf les modifications que le traité signé aujourd'hui avec les plénipotentiaires de Sa Majesté Très-Chrétienne y a apportées, et particulièrement ceux par lesquels Napoléon Buonaparte et sa famille, en suite du traité du 11 avril 1814, ont été exclus à perpétuité du pouvoir suprême en France, laquelle exclusion les puissances contractantes s'engagent par le présent acte à maintenir en pleine vigueur et, s'il était nécessaire, avec toutes leurs forces.

Et comme les mêmes principes révolutionnaires qui ont soutenu la dernière usurpation criminelle pourraient encore, sous d'autres formes, déchirer la France et menacer ainsi le repos des autres États, les hautes parties contractantes, reconnaissant solennellement le devoir de redoubler leurs soins pour veiller, dans des circonstances pareilles, à la tranquillité et aux intérêts de leurs peuples, s'engagent, dans le cas qu'un aussi malheureux événement vînt à éclater de nouveau, à concerter entre elles et avec Sa Majesté Très-Chrétienne les mesures qu'elles jugeront nécessaires pour la sûreté de leurs Etats respectifs et pour la tranquillité générale de l'Europe.

Art. 3. — En convenant avec Sa Majesté Très-Chrétienne de faire occuper pendant un certain nombre d'années par un corps de troupes alliées une ligne de positions militaires en France, les hautes parties contractantes ont en vue d'assurer, autant qu'il est en leur pouvoir, l'effet des stipulations des articles 1 et 2 du présent traité; et, constamment disposées à adopter toute mesure salutaire propre à assurer la tranquillité en Europe par le maintien de l'ordre établi en France, elles s'engagent, dans le cas où ledit corps d'armée fût attaqué ou menacé d'une attaque de la part de la France, comme dans celui où les puissances fussent obligées de se remettre en état de guerre contre elle pour maintenir l'une ou l'autre des susdites obligations, ou pour assurer et soutenir les grands intérêts auxquels elles se rapportent, à fournir sans délai, d'après les stipulations du traité de Chaumont, et notamment d'après les articles 7 et 8 de ce traité, en sus des forces qu'elles laissent en France, chacune son plein contingent de 60,000 hommes ou telle partie de ce contingent que l'on voudra mettre en activité, selon l'exigence du cas.

Art. 4. — Si les forces stipulées par l'article précédent se trouvent malheureusement insuffisantes, les hautes parties contractantes se concerteront, sans perte de temps, sur le nombre additionnel de troupes que chacune fournira pour le soutien de la cause commune, et elles s'engagent à employer, en cas de besoin, la totalité de leurs forces pour conduire la guerre à une issue prompte et heureuse, se réservant d'arrêter entre elles, relativement à la paix qu'elles signeront d'un commun accord, des arrangements propres à offrir à l'Europe une garantie suffisante contre le retour d'une calamité semblable.

Art. 5. — Les hautes parties contractantes, s'étant réunies sur les dispositions consignées dans les articles précédents pour assurer l'effet de leurs engagements pendant la durée de l'occupation temporaire, déclarent en outre qu'après l'expiration même de cette mesure, lesdits engagements n'en resteront pas moins dans toute leur force et vigueur, pour l'exécution de celles qui sont reconnues nécessaires au maintien des stipulations contenues dans les articles 1 et 2 du présent acte.

Art. 6. — Pour assurer et faciliter l'exécution du présent traité et consolider les rapports intimes qui unissent aujourd'hui les quatre souverains pour le bonheur du monde, les hautes parties contractantes sont convenues de renouveler, à des époques déterminées, soit sous les auspices immédiats des souverains, soit par leurs ministres respectifs, des réunions consacrées aux grands intérêts communs et à l'examen des mesures qui, dans chacune de ces époques, seront jugées les plus salutaires pour le repos et la prospérité des peuples et pour le maintien de la paix en Europe.

Le présent traité sera ratifié et les ratifications seront échangées dans deux mois, ou plus tôt, si faire se peut.

En foi de quoi les plénipotentiaires respectifs l'ont signé et y ont apposé le cachet de leurs armes.

Fait à Paris, le 20 novembre de l'an de grâce 1815.

Suivent les signatures.

Trois autres conventions spéciales signées, aussi le 20 novembre, font encore partie des traités de 1815 : la première, conclue en conformité de l'article 9 du traité principal, est relative à l'examen et à la liquidation des réclamations des sujets de Sa Majesté Britannique envers le gouvernement français ; la deuxième, conclue en conformité du même article, est relative aux réclamations provenant du fait de la non-exécution des articles 19 et suivants du traité du 30 mai 1814, entre la France, d'une part, et l'Autriche, la Prusse et la Russie, d'autre part ; la troisième est l'acte par lequel la neutralité de la Suisse a été reconnue par les alliés, et dont nous avons donné (page 288) les dispositions principales.

TABLE DES CHAPITRES.

PREMIÈRE PARTIE.

DEUXIÈME PARTIE.

Paris. — Imp. L. Poupart-Davyl, rue du Bac 30.

www.ingramcontent.com/pod-product-compliance
Lightning Source LLC
LaVergne TN
LVHW020607110826
845149LV00002B/389

* 9 7 8 2 0 1 3 3 9 3 0 7 2 *